本书获以下项目资助：

江苏省社会科学基金项目（项目编号：16YYB007）

全国高校外语教学科研项目（立项文号：2015JS0009B）

汉学家《论语》英译研究

A STUDY OF SINOLOGISTS' ENGLISH TRANSLATION OF *LUNYU*

张德福 著

中国社会科学出版社

图书在版编目(CIP)数据

汉学家《论语》英译研究/张德福著.—北京：中国社会科学出版社，2018.12
ISBN 978-7-5203-3489-1

Ⅰ.①汉… Ⅱ.①张… Ⅲ.①《论语》—英语—翻译—研究 Ⅳ.①H315.9②B222.25

中国版本图书馆 CIP 数据核字（2018）第 251466 号

出 版 人	赵剑英
责任编辑	刘　艳
责任校对	陈　晨
责任印制	戴　宽

出　　版	中国社会科学出版社
社　　址	北京鼓楼西大街甲 158 号
邮　　编	100720
网　　址	http://www.csspw.cn
发 行 部	010-84083685
门 市 部	010-84029450
经　　销	新华书店及其他书店

印　　刷	北京明恒达印务有限公司
装　　订	廊坊市广阳区广增装订厂
版　　次	2018 年 12 月第 1 版
印　　次	2018 年 12 月第 1 次印刷

开　　本	710×1000　1/16
印　　张	18.25
字　　数	285 千字
定　　价	78.00 元

凡购买中国社会科学出版社图书，如有质量问题请与本社营销中心联系调换
电话：010-84083683
版权所有　侵权必究

序

张德福博士的专著《汉学家〈论语〉英译研究》顺利付梓，我作为他曾经的导师为此感到由衷的高兴。这标志着他在治学道路上又迈出了新的步伐，体现出他持续投身学问的信念与壮心。

张博士在复旦大学读博期间，异常刻苦用功，可谓与时竞驰，珍分寸之阴，三年中绝大部分时间是在课堂与文科图书馆度过的，这为他日后的研究生涯打下较厚实的基础。进入博士论文写作阶段，他因积极卷入由我领衔的一个典籍研究项目而将《论语》英译研究作为选题，并在我指导下完成了论文写作，顺利通过答辩，获得博士学位。博士毕业后，他返回原单位，在继续从教的同时，开始了《论语》英译研究的再发轫，经几年的努力，在这个研究方向的开挖与拓展途中，找到新的学术聚集点，并下功夫着实地耕耘了一番，这本专著就是他努力研究的新结晶。此作我以为是有相当质量的，从某种意义上说，还填补了《论语》英译研究的一个空白，值得祝贺。

《论语》英译研究，可以说是近些年来我国翻译研究领域的一个热点，相关文章、专论或已近汗牛充栋。综观起来，这些文著大致可分为三种类型。一是评价型的，即是对一个译本从宏观或微观角度进行评判，甚至还会有专门指谬的章节；二是比较型的，即对两个或多个译本进行比较，比较角度可以是文化的，也可以是技术的，等等，呈现的是各译本的优劣之处；三是专题型的，即是在积累相当材料的基础上，围绕某一个较大的研究题目进行有系统的、深入细致的剖析或探赜，最终一般都以专著的形式呈现。相较于前两种类型，这第三种研究的前期工作更费时、费精力是不言而喻的，因而这个类型的《论语》英译研究做的人并不多，而恰恰是这个类型的研究，其对研究者的要求会更高，其研究成果所含的揭示性也会更深广些。张德福博士的这部专著就属这个类型。

本书集中对一批海外汉学家的《论语》全译本逐一进行了细致的耙梳，并以时间的推移与时势的演进，独特地将这些译本以四个时期作为分野，每一时期都有标志性译者作为首要述评，然后再娓娓论及相关重要译者的成果，既有评判，又有分析，且这种评判与分析都从每位译人的庭训教养、学术背景、从业生涯、价值取向甚或个人偏好等角度来进行，穿插其中的有许多比较细致的考证、探究乃至质疑等，这些内容不仅体现出作者严谨的治学态度，而且对相关领域的研究工作者都具有重要的提示或参考意义。

此书能写得成功，主要的原因是作者对所涉及的译本都事先花精力与时间进行了极为细致的研读，即先在所有译本的精微层面上苦下了笨工夫，这就确保了作者对于原译的把握，讨论就有底气。这一点在作者书中所引用的大量译例中就可以看得出来。我以为，学术研究，尤其是人文学科的学术研究，未尽精微者，一般难以致广大。这一条特别对中国学者而言，更有着承继中国传统学问之道的意义。

做学问首先是要扎扎实实地读书、读原著（也包括读原译）。现在我们看到的一个现象是，不少做翻译研究的人，并不是把读书作为基础与前提条件，而是纯粹以查书，包括运用各种搜索工具觅寻材料的方式来完成学术写作。如此这般当也可做出一份外形可观的所谓学术蛋糕，然而实际却是一款单调无味的面团而已，食用者咬上一角就倒了胃口，更谈不上去快其朵颐了，因为腹笥空空者是断然做不出真正有价值、有品味之学问的，即使形式上可以端出洋洋洒洒的文字，但其学术的含金量是没有的，其学术的可靠性是经不住推敲的。令我欣慰的是，德福此书的写作确实是以扎实读书为基础，以掌握较翔实材料细节为前提，评断分析都尽量做到出之有据，以备核查。

翻译研究是一个常究常新的领域，从这个意义上说，《论语》英译研究仍将会持续不断。这是因为不仅原有译本会引来新读者群的新解读与新分析，而且还会有新的译本在国内外问世。这样，《论语》英译研究的源泉活水也就不会停涌。诚然，每一时期的这种研究会受自身所处的特殊历史语境影响而独具风格。今天我们在中国改革开放新时代继续从事这项研究，其主要目标之一，应当是为中国文化与资讯有效走出去服务。通过这样的研究，我们梳理、探研国内外学者的中国典籍翻译，从中汲取有益的东西，为我们的对外翻译事业提供策略与原则借鉴。这个意识在德福的书中最后部分已有所论及。

我以为，当下对于中国典籍的外译而言，最重要的是，要认识到或考虑到，由于目的或者面向的读者群不同，这种翻译应当分清楚文学性翻译与学术性翻译、普及型翻译与研究型翻译的不同功能后再行动笔，而就国外广大读者对中国文化的当下认知程度而言，普及型翻译（包括通过各种大众传播媒介手段）应当是译者首要关注的问题，当然这也应是《论语》英译研究者在选题时的一个重要考量。我希望德福日后的研究能适当聚焦这个问题，并为此去做新的探索。文章合为大势而动笔，研究应向广众而选题，不亦正道乎？是为序。

何刚强
2018 年 8 月
写于沪上寓所补拙斋

目　　录

第一章　绪论 …………………………………………………………（1）
　第一节　选题缘起 …………………………………………………（1）
　第二节　国内外《论语》英译研究述评 …………………………（3）
　　一　国内《论语》英译研究 ……………………………………（4）
　　二　国外《论语》英译研究 ……………………………………（7）
　　三　《论语》英译研究的特点与不足 …………………………（13）
　第三节　研究的范围、目的与意义 ………………………………（14）
　第四节　研究途径与理论方法 ……………………………………（15）

第二章　起始期：附注存真 …………………………………………（17）
　第一节　早期《论语》英译概观 …………………………………（17）
　　一　高大卫的《论语》英译 ……………………………………（17）
　　二　理雅各的《论语》英译 ……………………………………（19）
　　三　詹宁斯的《论语》英译 ……………………………………（20）
　第二节　威妥玛与《论语》英译 …………………………………（23）
　　一　个人背景：从外交官到语言学者型译者 …………………（23）
　　二　历史文化语境 ………………………………………………（26）
　　三　翻译动机与翻译目的 ………………………………………（29）
　第三节　威译本的注释翻译 ………………………………………（31）
　　一　夹注 …………………………………………………………（31）
　　二　脚注 …………………………………………………………（41）
　　三　注译之外 ……………………………………………………（48）
　　四　余论 …………………………………………………………（51）

第四节　本章小结 ………………………………………… (54)

第三章　延伸期：质直求真 ………………………………… (55)
　第一节　本期汉学家《论语》英译概观 …………………… (55)
　　一　韦利与《论语》英译 ………………………………… (55)
　　二　韦译之外 ……………………………………………… (59)
　第二节　赖发洛与《论语》英译 …………………………… (63)
　　一　个人背景：从海关洋员到文化敬畏型译者 ………… (63)
　　二　历史文化语境 ………………………………………… (65)
　　三　翻译动机与翻译目的 ………………………………… (67)
　第三节　赖译本的质直翻译 ………………………………… (69)
　　一　赖译的"真实翻译" …………………………………… (70)
　　二　三类译误评析 ………………………………………… (73)
　　三　余论 …………………………………………………… (86)
　第四节　本章小结 …………………………………………… (87)

第四章　发展期：释译达意 ………………………………… (89)
　第一节　本期汉学家《论语》英译概观 …………………… (89)
　　一　庞德与《论语》英译 ………………………………… (90)
　　二　庞译之外 ……………………………………………… (94)
　第二节　魏鲁男与《论语》英译 …………………………… (98)
　　一　个人背景：从留学生到文化使者型译者 …………… (98)
　　二　历史文化语境 ………………………………………… (100)
　　三　翻译动机与翻译目的 ………………………………… (103)
　第三节　魏译本的阐释翻译 ………………………………… (104)
　　一　语义对等 ……………………………………………… (105)
　　二　词汇充分 ……………………………………………… (108)
　　三　语法正确 ……………………………………………… (110)
　　四　文体对应 ……………………………………………… (112)
　　五　读者因素 ……………………………………………… (114)
　　六　时空因素 ……………………………………………… (117)

  七　文化概念 …………………………………………… (119)

  八　余论 ……………………………………………… (121)

 第四节　本章小结 ……………………………………… (121)

第五章　繁荣期：多元逐新 ………………………………… (123)

 第一节　本期汉学家《论语》英译概观 ……………… (123)

  一　道森与《论语》英译 …………………………… (124)

  二　利斯与《论语》英译 …………………………… (126)

  三　安乐哲、罗思文与《论语》英译 ……………… (131)

  四　白牧之、白妙子与《论语》英译 ……………… (137)

  五　华兹生与《论语》英译 ………………………… (141)

  六　希勒与《论语》英译 …………………………… (143)

  七　其他《论语》英译 ……………………………… (146)

 第二节　亨顿与《论语》英译 ………………………… (157)

  一　个人背景：从诗人到作家型译者 ……………… (157)

  二　历史文化语境 …………………………………… (158)

  三　翻译动机与翻译目的 …………………………… (162)

 第三节　亨译本的语义、交际翻译 …………………… (163)

  一　语义转换 ………………………………………… (164)

  二　交际效果 ………………………………………… (169)

  三　语义和交际兼顾 ………………………………… (174)

  四　副文本的应用 …………………………………… (177)

  五　余论 ……………………………………………… (179)

 第四节　森舸澜与《论语》英译 ……………………… (179)

  一　个人背景：从专家到研究型译者 ……………… (180)

  二　历史文化语境 …………………………………… (182)

  三　翻译动机与翻译目的 …………………………… (185)

 第五节　森译本的丰厚翻译 …………………………… (187)

  一　丰厚翻译与《论语》文本 ……………………… (187)

  二　森译的"丰厚"特点 …………………………… (189)

  三　余论 ……………………………………………… (206)

第六节　本章小结 …………………………………………（207）

第六章　总结与思考 ……………………………………………（210）
　第一节　译者的显身 ……………………………………………（210）
　　一　汉学家《论语》英译本的翻译取向 …………………（210）
　　二　汉学家翻译行为影响因素及其表现 …………………（215）
　　三　汉学家译者主体性的演变特点 ………………………（218）
　第二节　汉学家《论语》英译研究的启示 ……………………（221）
　　一　汉学家及其典籍翻译的重要性 ………………………（221）
　　二　汉学家《论语》英译的衍变性 ………………………（224）
　　三　汉学家翻译行为影响因素的复杂性 …………………（226）
　　四　典籍复译及典籍翻译批评的必要性 …………………（227）
　第三节　中国典籍的跨文化传播 ………………………………（231）
　　一　《论语》跨文化传播研究现状 ………………………（231）
　　二　汉学家《论语》英译影响与传播 ……………………（232）
　　三　中国典籍跨文化传播模式构想 ………………………（240）
　第四节　中国典籍外译的反思与展望 …………………………（242）

参考文献 …………………………………………………………（248）

本书《论语》英语全译本列表 …………………………………（273）

本书《论语》英译者人名索引 …………………………………（277）

后　记 ……………………………………………………………（281）

第一章 绪论

在中外文化交流的过程中,儒家思想对东西方许多国家的历史发展与文明进步产生了不同程度的积极影响。其中,儒家经典及其思想的对外译介始终发挥着举足轻重的作用,而汉学家所扮演的译者角色尤为表现突出。在倡导中国文化"走出去"的背景下,汉学家译者群体及其《论语》英译现象无疑是一个值得深入探索的研究课题,具有非同寻常的学术价值和现实意义。

第一节 选题缘起

《汉书·艺文志》曰:"《论语》者,孔子应答弟子时人及弟子相与言而接闻于夫子之语也。当时弟子各有所记。夫子既卒,门人相与辑而论纂,故谓之《论语》。"(班固,2000:588)而《释名·释典艺》则云:"《论语》,记孔子与诸弟子所论所语之言也";又云:"论,伦也,有伦理也"(刘熙,1985:100—101),亦成一家之言,不无新见之意。无论如何,作为儒家经典,《论语》博大精深,正如赵岐在《孟子题辞》中所言:"《论语》者,五经之錧鎋,六艺之喉衿也"(转引自焦循,1987:14)。两千多年来,儒家思想作为中华传统文化的精髓,经过世代儒家学者的不断丰富和发展,成为中华民族精神的重要组成部分,反映出中国文化的核心价值观。《论语》集中体现了儒家创始人孔子关于政治、伦理、道德、教育、美学等方面的丰富思想,是对儒家时代精神深刻而全面的提炼和升华。数百年以来,随着中国与其他国家之间的不断交往,该书的译介在历史上对东亚、欧洲乃至整个世界都产生了深远的影响。

儒家思想在西方的译介和传播肇始于16世纪末，明人范立本所编《明心宝鉴》（Beng Sim Po Cam）为中国哲学著作的第一个西传译本①，其中包括孔子、孟子、荀子、朱熹等诸家的论述和格言。译者高母羡（Juan Cobo，1546—1592）为西班牙道明会传教士，被认为"是16世纪第一个把中国文献译成欧洲语言的人"（张西平，2001：298）。意大利耶稣会传教士利玛窦（Matteo Ricci，1552—1610）在华生活20余年，曾将"四书"译成拉丁文并寄回意大利，译本微加注释并题曰：Tetrabiblion Sinense de Moribus（汉语大意为"中国四书"）（费赖之，1938：55），是第一个迻译儒家经典"四书"的外国人②。1687年，比利时耶稣会士柏应理（Philippe Couplet，1623—1693）在巴黎出版了他与殷铎泽（Prospero Intorcetta，1626—1696）、恩理格（Christian Herdtricht，1624—1684）和鲁日满（François de Rougemont，1624—1676）三位传教士的拉丁文合著《中国哲学家孔子》（Confucius Sinarum Philosophus），该书不仅包括《论语》《大学》和《中庸》的译文，而且广泛论及儒家的思想和著述，在欧洲产生了较为广泛的影响。1711年，比利时耶稣会士卫方济（François Noël，1651—1729）在布拉格出版了第一个"四书"西文全译本，即拉丁文译本《中国六大经典》（Sinensis Imperii Libri Classici Sex），译本以《中国哲学家孔子》为基础，篇幅多达608页。

《论语》的英译始于英国人泰勒（Randal Taylor）经拉丁文转译而成的《孔子的道德》（The Morals of Confucius）③。该译本于1691年在伦敦出版，内容较为零散而无系统，涉及《大学》《中庸》和《论语》，其

---

① 关于该书的出版年代，有1592年、1593年、1595年三种说法，出版地点为马尼拉（姜林祥，2004：205）。另外，谭卓垣（Taam，1953：148）认为首部关于中国哲学的翻译作品是葡萄牙耶稣会士郭纳爵（Inácio da Costa）的《大学》（Ta Hsüeh）拉丁文译本，取名为《中国的智慧》（Sapientia Sinica），于1662年在江西建昌刊行，该观点值得商榷。

② 该译本为拉丁文非全译本，完成于1594年（一说1593年）（马祖毅，任荣珍，2003：34；参见何刚强，2007：77）；有关该译本的证据还见于艾儒略（Giulio Aleni）《大西利先生行迹》："利子尝将中国的'四书'译为拉丁文，寄回本国。国人谈之，知中国古书，能识真原，不迷于主奴者，皆利子之力也"（转引自姜林祥，2004：207）。

③ 有些中国学者将 The Morals of Confucius 译为《孔子的伦理》，似有欠妥之处，因为"伦理"（大致与英文"ethics"相对应）和"道德"分别指向西方文化和东方文化，两者在概念属性、文化渊源及语义内涵上皆有不同。

中有关《论语》的内容主要通过征引少量原作语句来解读孔子的道德思想。英国传教士马士曼（Joshua Marshman，1768—1837）从未到过中国，但在华人的帮助下学习中文，1809年在印度塞兰布尔（Serampore）由传教印书馆（The Mission Press）出版了其《论语》汉英对照节译本《孔子的著作》（The Works of Confucius），内容仅包括原作的第一篇至第九篇，该译本是迄今发现最早译自汉语原作的《论语》英译本。直到1828年，《论语》的第一个英语全译本作为英国传教士高大卫（David Collie）英译"四书"的一部分在马六甲出版。有学者研究认为，在所有中国哲学家当中，孔子在西方被研究得最多（Taam，1953：147），而《论语》是除《道德经》之外翻译成西方语言最多的中国典籍（Durrant，1981：109）。对于儒家思想，美国著名汉学家史景迁（Jonathan D. Spence）有如此评价："儒家学说绵延不绝，经久不衰，在人类历史上难以找到任何政治文化可与之比肩者"[①]（Spence，1979：159）。

据统计，国外《论语》英语全译本迄今已超过30个，其中汉学家译者扮演着举足轻重的角色。调查发现，伴随着新译本的诞生及相关学科的发展，国内外有关《论语》英译的研究不断深入和拓展，涉及译本、译者、译介史等诸多方面，研究内容丰富而多彩。然而，把汉学家作为一个《论语》译者群体并对其译本进行较为全面的历时研究至今付之阙如，阻碍人们充分认识汉学家译者及其译作的阶段特征和演变脉络，难以正确理解两者在中西文化交流中的地位、作用和特点，不利于促进中国典籍的外译与传播，影响国家文化"软实力"在国际上的提升，因此很有必要就此进行深入而系统的研究。

第二节　国内外《论语》英译研究述评

作为儒家经典，国外《论语》英译现象由来已久，肇始于1691年转译自拉丁文本的《孔子的道德》，至今已三个世纪有余，经历了从

[①] 英语原文为：One would be hard pressed, surveying any of the political cultures in human history, to find a parallel for the continuity, longevity, and vitality of Confucianism；该中文为笔者所译，以下汉语译文若无特别标注，皆为笔者所译。

《论语》非全译本到全译本的发展过程,尤其是 20 世纪 90 年代以来全译本的数量增加迅猛,译本风格也多姿多彩。伴随着《论语》各种译本的诞生,国内外学者对《论语》英译的研究几乎同时出现,从最初书评到后来的学术性研究著述。鉴于《论语》翻译研究涉猎广博,不仅有翻译界学者作为主力军,而且哲学、史学、文学等领域的学者也参与其中,形成中外相关研究各具特色的景象。

一 国内《论语》英译研究

国内学者对《论语》英译的研究至少始于 20 世纪 80 年代[①],最初表现为对《论语》名言翻译的评析(谭文介,1988)。其实,早在 1935 年吴经熊于《天下》(T'ien Hsia)月刊连载长文《孔子真面目》(The Real Confucius),不仅论及孔子的寻父之谜、双重性格、幽默与坏脾气以及内心冲突,而且结合例证分析指出:《论语》原文诸多章节言有尽而意无穷,一经翻译其节奏和意蕴便损失大半(Wu,1935:184);该文可视为国内学者最早初探《论语》英译的学术论文。20 世纪 90 年代以来,随着研究主题、研究方法以及研究视角的深入和拓展,研究成果也日趋丰富。综合分析现有文献资料,国内《论语》英译研究按照侧重研究的主题大致可以分为四类:译本研究、译者研究、译介史研究和综合性研究。

译本研究包括译本整体研究和译本局部研究,在所有四类《论语》英译研究中最为常见。译本整体研究一方面涉及单个译本研究,如就威利《论语》译本的翻译策略进行研究,探讨典籍英译的"两个合理性"(何刚强,2005);研究庞德《论语》翻译风格和特色,展现了译者对汉字的痴迷和对孔子的信仰(邸爱英,2009);从译者生平简介、翻译目的等方面对威妥玛《论语》译本的介评(李钢,2011)。另一方面又包括两个及以上译本的研究,如有关理雅各和刘殿爵两个《论语》译本的比较研究认为,理译采用书面语,多复句且措辞古雅,刘译多为口语体,喜单句且通俗易懂(刘重德,1998:332);指出韦利译本文字

[①] 关于《论语》的英译研究,有学者认为"国内研究开始于上世纪 90 年代"(王琰,2010a:70),该观点似乎欠妥。

比较简练，接近原文写作风格，行文表达难易程度介于理雅各和刘殿爵两个译本之间（刘重德，2001：15—17）；多视角研究理雅各、庞德和斯林哲兰德跨世纪《论语》三个译本，兼议典籍复译的必要性（魏望东，2005）；对理雅各和威利两个《论语》英译本"文质"风格的评鉴（何刚强，2007）。译本局部研究是就一个或多个译本的某一方面或特定内容所进行的针对性研究。如关于《论语》英译本核心概念或关键词的研究（王辉，2001；韩星、韩秋宇，2016）；以关键范畴为例比较分析理雅各与韦利《论语》译文体现的义理系统（程钢，2002）；运用语境和纯理功能思想探讨威利、潘富恩和温少霞、赖波和夏玉和的三个《论语》英译本翻译研究的功能语言学特色（陈旸，2009）；从中西哲学对话的维度研究安乐哲《论语》翻译的哲学思想（陈国兴，2010）；基于副文本与正文本的意义关系探索马士曼《论语》英译本的特点与效果（尚延延，2016）。

译者研究侧重于《论语》英译本译者的研究，也涵盖译者自身感言及他人对译者的评介，皆一定程度上涉及对相关译本的评判。如介评理雅各及其儒经翻译，肯定译者在中西文化交流中的重要地位，认为理氏开启英语世界认识中国文化精华的通路（刘凌维，1996）；从翻译实践、翻译理论以及翻译对创作的影响等层面对儒经译者庞德的多维度研究（蒋洪新，2001）；以《中国经典》为主要参照，从理雅各的生平入手，研究译者的翻译目的、读者对象、译文特色和历史地位（王辉，2003）。译者的切身体会和感悟可以视为译者研究的一种特殊现象，如李天辰（1999）从理解要透彻、要译出内涵、用词要准确、译法要多样等方面就自己主译的《论语》英译本所作的感言，对进一步研究译者及其译本颇具参考价值。

译介史研究注重有关《论语》译介及其研究成果的相关研究，是国内学者研究《论语》英译的重要组成部分，此类研究史料丰富，对初涉《论语》英译研究者极具参考意义。如关于《论语》在海外传播史的研究，论及《论语》早期西文版本《中国哲学家孔子》（1687），传教士理雅各英译本（1861），利斯英译本（1997）、美籍华人黄治中（笔者注：应为黄继忠）英译本（1997），以及多个其他西方语种《论语》译本（顾犇，1999：101—106）；综合考量《论语》自16世纪末开始西译以来所出现的 30 多个英译本，探讨其英译的缘起与发展历程（王东波，2008b）；依据译者身份分类对《论语》英译研究的总结与评价（杨平，2009）；依次就 1809 年首个《论语》英译本及其后所产生的 28 个全译本，结合相关研究史料对这些译本及其译者加以简要介评（王勇，2011a）。

综合性研究是在前三类研究基础上的延伸和发展，近年来成果丰硕，主要包括同时兼顾以上两个及更多类别内容的研究，也涉及带有跨学科性质的相关研究、对《论语》英译研究的研究等。如阎振瀛的专著《理雅各氏英译论语之研究》（1971）深入而系统地研究了理雅各《论语》译本，从译者个人生平谈起，考证理氏英译《论语》的版本、参考用书、注疏、音译及专有术语，进而从译文处理之方式和译文迻译之手笔品鉴理氏译本译文，对译文不足之处提出商榷，并就理氏英译《论语》理论与实际加以检讨。而跨学科性《论语》英译研究视野开阔，有关学术成果在国内较为鲜见，却很值得关注和肯定。如借助于《论语》英译的两种诠释定向，研究西方汉学和《论语》英译的互动关系，强调《论语》英译活动对西方汉学当代发展的积极影响（王琰，2010b）。

最具代表性的综合性研究当为有关《论语》英研究的博士论文，其中部分已出版相关专著，囿于篇幅，中国知网博硕士学位论文数据库中近二百篇涉及《论语》英译研究的优秀硕士论文此处不再赘述。譬如，岳峰（2003）运用跨学科研究法多角度分析、阐述理雅各的汉学造诣、在华活动及其相关原因，认为他对中国典籍的严谨译介及相关领域的研究对中国文化的传播起到重要作用；陈克培（2006）以理雅各个人经历、宗教思想、知识结构等为切入点，结合"译名之争""上帝观"等案例探讨其汉学研究特征，认为理氏长期从事儒学研究，坚持对中国典籍采用文献性的忠实翻译原则，译者的思想观念变得更加开放和宽容；王东波（2008a）通过比较研究理雅各译本与辜鸿铭译本认为，前者旁引博涉，语义翻译，译注结合以凸显学术性，而后者以意译为主，各自成章，尊重读者以引发共鸣，并指出两个译本各自的不足之处；李冰梅（2009）旨在论证韦利的文化身份建构过程、时代诗学对韦氏个人文学观和翻译观的影响、在《论语》翻译中折射出他对中国文化的认识，以及中国文化对其个人的意识形态和人格的反作用；金学勤（2009）从翻译动因、文本比较、阐释特点、影响效果等方面比较研究理雅各、辜鸿铭二人的译本，揭示文化经典跨语际翻译中的跨文化阐释本质，进而探讨典籍英译的悖论；曹威（2010）以20世纪70年代以来的《论语》英译为研究对象，认为英语世界的西方学者在诠释原作所蕴含的哲学思想的过程中，孔子形象变得越来越清晰，更接近中国人心目中的孔子，为儒家文化研究提供了新思考和新视角；王勇（2011b）在描述《论语》英译历史的基础上，从翻译转喻性的视角出发，对《论语》英译中涉及的翻译传统、翻译策略、称谓翻译、个案分析、术语翻译等五个方面进行了历时的对比分析；刘雪芹（2011）在区分不同"语境化"概念的基础上，通过观察译本中的辅文本，具体分析了《论语》英译本在生产和接受过程中涉及的各个意义上的"语境化"；杨平（2011）从中西文化交流的视域梳理《论语》外译的历史和现状，多视角就《论语》英译进行分析和总结，表明《论语》翻译的过程是文化传播和文化利用的过程；王琰（2012）选取汉学各阶段的代表性《论语》译本为个案，从西方汉学的视角，运用宏观和微观相结合的跨学科研究方法，总结《论语》英译在西方汉学中的学术价值和贡献；李钢（2012a）认为《论语》英译经历了一个从西方中心主义历史语境向文化多元化历史文化语境嬗变的过程，在《论语》英译时采取的翻译策略大体上经历了从"求同"到"存异"，从"归化"到"异化"的历史进程。

二　国外《论语》英译研究

在国外，《论语》英译研究起步较早，几乎与《论语》英译本的诞生同时出现，即便从1814年西方汉学在法兰西学院的创立算起，相关研究迄今也已有两个世纪。国外学者早期《论语》英译研究也基本体现出感悟式的特点，如阿博特（Abbot，1863：xix）在关于理雅各两卷本"四书"英译的研讨会上，就理氏译文风格与其他译者相比较，同时通过分析相同章节的不同译文表明，由于特定章节语义不确以及对其可能存在的误解，译者在此基础上做出一般性结论会存在风险。国外《论语》英译研究在此包括两类：一是众多外国学者对《论语》英译的研究，二是中国港台学者在国外发表的相关研究成果。鉴于有关文献梳理成果较少，这里参照国内《论语》英译研究的分类稍加详述。

国外译本研究也包括单个译本研究和两个及以上译本研究。此类研究以篇幅简短的书评形式出现最多，如阿博特（Abbot，1870）以"夫子之道忠恕而已"（"里仁第四"）为例对《论语》最初的两个传教士全译本加以比较，认为理雅各译文较为含糊不明，而柯大卫译文显然通过一个注释更为充分地说明了汉语原文的表现力；乔希（Joshi，1938）认为苏慧廉《论语》新版译本（1937）价廉物美，新增导论既概述孔子一生的主要事迹，又描绘一幅有关当时中国的有趣画卷，富有教育性和启蒙意义；美国汉学家何谷理（Hegel，1984）认为刘殿爵企鹅版《论语》译本（1979）已经取代韦利《论语》英译本成为一种有关中国思想的大学课程标准教材，新版本（1983）新增汉语原文以便参照，然而由于评论和注释不足，对专业读者价值有限。比较而言，专门研究《论语》英译的学术论文不仅篇幅较长，而且无论在深度和广度上都显得更为重要、更值得关注。如关于《论语》英译本核心概念"仁"的深入研究（McLeod，2012；Fung，2015；Fiori & Rosemont，2017）；美国汉学家杜润德（Durrant，1981：109—119）针对刘殿爵《论语》英译本的书评总体上持肯定态度，相信它将会长久作为哲学和比较文学课程的一种标准资源，而译者本人就像理雅各、苏慧廉、翟理斯、顾赛芬、卫礼贤和韦利一样理应成为西方从事《论语》翻译的最杰出汉学家之一；不过，杜氏使用更多的笔墨集中从前后译本的关系、译文注释和概念转换三个方面例证剖析该译本的不足之处。亨德森（Henderson，1999：791—793）认为白牧之和白妙子《论语》合译本提出了有关《论语》篇章形成的演进假设即"层累理论"（accretion theory），并在译本的附录以及关于译文和文本历时重组的注释和评论中提供了各种证据，译本尽管存在诸多可疑之处，但将跻身于迄今所出版关于中国思想的最有意义的、最令人印象深刻的英文著作之列。

有关《论语》多译本比较研究，国外研究成果往往内容丰富而深入，思想性较强。此类研究成果大致可以分为两小类：针对多译本特定内容或方面的比较研究和对多译本的整体比较研究。关于多译本具体内容的比较研究，如郑文君（Cheang，2000：563—581）强调，尽管《论语》原文涉及的话题众多，但大致归为两类：一是有关个人行为与集体行为之关系，二是关乎个人行为与圣人境界之关系。她指出，衡量一个译本的成功与否取决于其多大程度上捕捉到人物活生生现身的特性——一种可辨的个人声音；当然，译者在转换文本的过程中，不得不做出多种可能的诠释，结果会是一种复合体——既尽可能利用实际的文本话语，又尽量饱含译者的个性。通过比较评析安乐哲和罗思文、白牧之和白妙子、利斯、黄继忠等人的四个《论语》英译本，她认为各个译本中的孔子以迥然不同的声音进行言说，或许更应当说，不同个人的声音赋予了孔子——由于不同的诠释让同一个人物的不同方面加以活现。阿尔（Alt, 2005：461—469）通过详细讨论"雍也篇"一章幽秘难解的文字——"子曰：'觚不觚，觚哉！觚哉！'"（如语气词"哉"起何种作用？它是表示同意和肯定，挖苦和讽刺，还是惊讶和怀疑的语气？）后认为，安乐哲和罗思文、刘殿爵、韦利、道森的翻译虽非自相矛盾，但并不契合《论语》的意思，而白牧之和白妙子的译文与《论语》的整个主题较为相符，因为孔子相信君子与礼器是脆弱的社会构成，该构成乃基于礼的实践。最后总结指出，该章文字可解读成孔子对弟子的一个警告，目的是鼓励其践行这些规则和惯例，正如"觚"若不按照古代的礼仪所使用，就不是真正的"觚"，进而揭示了这样一个道理：一个人的本体论地位与一个人的本体规范和惯例的实践相关。

关于多译本的整体比较研究，国外代表性成果如法国华裔汉学家程艾兰（Cheng, 1999：387—388）通过比较利斯和黄继忠两个译者的《论语》译本，指出利斯英译本的精神始终源于个人偏见，将孔子以现代人的身份加以呈现，其思想具有跨越时空的普遍意义，译文风格口语化，例证分析其法译本和英译本同样存在不足之处，而黄继忠译本没有展示译者试图体现的广博学识，相反许多注释并没能给人以启发，译本拼音法使用也不规范，它最多可用作一种大学生教材，尤其是较之于白氏夫妇深入文本分析的《论语》英译本（1998），在翻译方法和文本层面上都鲜有新意。美国汉学家史嘉柏（Schaberg, 2001：115—139）就20世纪90年代出现的七个《论语》英译本（包括六个新译本和一个修订本）加以评析，指出多译本评论不仅仅在于判断哪个更好、如何好，更在于好在哪里以及为谁好。安乐哲和罗思文合译本鼓励读者寻找一种为避免文明冲突而采取的实用主义途径；刘殿爵1992年版译本在许多措辞细节而非基本释译方面不同于其1979年企鹅版译本，继续以圆润丰满、妙言睿语般的译文吸引众多读者。这两个译本皆附有汉语原文，为掌握些许汉语的读者提供便利。道森译本语言质直，篇幅简短，便于携带，收录有限但值得肯定的有用参考资料；而利斯译本比其他译本在语言上更为自由、辛辣、可读，可谓是饱含英文格言风格的范本；黄继忠译本关注原作许多章节的不同解读，对那些认真习读《论语》原作的人实为必要，即便阅读译文亦然；亨顿译本比其他译本更体现口语化的特色，会更有效地符合新世纪读者的口味；白氏夫妇的合译本针对那些有兴趣研讨早期文本产生之确切时间的读者，包括汉学家读者和非专业读者。当然，这些译本也各有这样或那样的不足之处，尤其是两个合译本的质量和批评性考量明显存在不足，会将初入门的读者引向歧途。同时，史嘉柏从儒家思想作为一种没有历史的语言、如何对待经典和"过犹不及"三个方面，观照特定的译本加以具体分析与评论，进而阐发己见。

还有一类书评内容较为庞杂，评论对象涉猎广泛，如美国贝尔蒙特大学教授张仁宁（Littlejohn，2005：99—109）就曾撰文兼论一部文集和森舸澜《论语》英译本，认为美国瓦萨学院教授万百安（Bryan W. Van Norden）主编的《孔子和〈论语〉》（Confucius and the Analects：New Essays，2002）所录文章分为两个部分，第一部分（四篇）基本认可《论语》作为经典的完整性及其基本观点，而第二部分（六篇）大都运用文本批评的方法论证作者自身的观点并阐释原作的构建；关于森舸澜译本（2003），作者深信该译本将与安乐哲和罗思文《论语》合译本一道成为超越前人众多译本的两部佳译，强调两者各具特色：前者译文直白可读，采用传统评注，附录富有价值，而后者附有汉语原文，术语英译兼用拼音和汉字，附录信息量大。

国外侧重《论语》译者研究的著述虽然数量不多，但因成果研究深入颇值得关注。如理海大学（Lehigh University）吉瑞德（Norman J. Girardot）教授所著《维多利亚时代的中国翻译：詹姆斯·理雅各的东方朝圣》（又译名《朝觐东方：理雅各评传》）（The Victorian Translation of China：James Legge's Oriental Pilgrimage，2002）通过分阶段考察理雅各的生活环境及相关历史背景,结合丰富的文献史料,援引相关历史人物,活现了中华帝国和维多利亚时代英国的方方面面;同时,观照理雅各的中国典籍(包括《论语》)翻译,明证理雅各作为一名译者在中国的传教活动及后来的英国学术界堪称具有开拓性的跨文化朝圣者,对十九世纪末的人文科学尤其汉学和比较宗教两个领域影响深远。

《论语》译介史研究在国外比较有限,尤其是较为集中而系统地深入研究《论语》英译的文章更为少见。不过,谭卓垣所撰时间跨度大、史料丰富的《孔子研究》(On Studies of Confucius)(Taam, 1953:147—165)无疑是个例外。该文从1593年意大利传教士利玛窦翻译《四书》论起,到1667年耶稣会士拉丁文版本《中国哲学家孔子》,再到1711年卫方济拉丁文译本《中国六大经典》。介评的《论语》英译本包括马歇曼译本(1809)、理雅各译本(1861)、辜鸿铭译本(1898)、翟林奈译本(1907)、苏慧廉译本(1910)、韦利译本(1938)以及林语堂译本(1938)。同时,还兼论其他语种译本,如顾赛芬(Séraphin Couvreur)《四书》法译本(1895)和卫礼贤(Richard Wilhelm)《论语》德译本(1910)。对中外研究孔子和《论语》的论著也有诠述,国外著作如修中诚(Ernest R. Hughes)《中国古代哲学》(1942)、顾立雅(Herrlee Creel)《孔子:其人及神话》(1949),而国内著述则有董仲舒《春秋繁露》、朱熹《四书章句集注》、朱彝尊《经义考》、崔述《洙泗考信录》、康有为《孔子改制考》、钱穆《论语要略》和《先秦诸子系年》等。所论及的日本相关研究著作包括蟹江义丸(Kanie Yoshimaru)《孔子研究》(1904)、服部宇之吉(Hattori Unokichi)《孔子及孔子教》(1917)及其《论语》日译本(1922)、武内义雄(Takeuchi Yoshio)《论语之研究》(1939)、津田左右吉(Tsuda Soukichi)《〈论语〉和孔子之思想》(1946)等。谭氏总结认为,关于孔子和《论语》的研究(包括译本研究)仍有待进一步拓展和深入,指出有关研究应当采用多视角,包括语言运用以及所有各种形式的内外证明。

以研析译作(亦或涉及译者、译介史)、跨学科为主要特征的综合性《论语》英译研究在国外较为突出和普遍。如在上文所涉万百安主编的论文集《孔子和〈论语〉》中,就有多篇论文以译文剖析为切入口,呈现出这种特点,像罗登(Robert B. Louden)在宗教神学、伦理学、人本主义等层面，结合文本分析评判沃尔夫（Christian Wolff）关于孔子以及芬格莱特、罗思文、郝大维和安乐哲等汉学家（译者）关于《论语》的见解。关于如何理解《论语》，梅约翰（Makeham，2006：95—108）认为哲学解释学与如何理解中国早期文本密切相关，指出就像历史本身那样，文本意义的充分性犹如加达默尔所言仅仅"体现在理解的变化过程之中"（realized in the changing process of understanding），进而对意义重新分类和界定；通过借助加达默尔"效果历史意识""视域融合"等思想对《论语》文本及译本个案加以研究，强调读者或译者在重构文本的历史语境过程中扮演着关键角色。美国学者切德尔（Mary P. Cheadle）所著《庞德的儒经翻译》（*Ezra Pound's Confucian Translation*，1997）是深入研究译者庞德及其译作的一部力作。该书沿着庞德如何成为一名儒者的人生轨迹，探究其缘何致力于中文翻译，分阶段依次论述其后来所从事的儒家典籍翻译，包括反映儒家极权主义色彩的《大学》、作为形而上之梦体现儒家极权主义色彩的《中庸》、呈现片段式儒家思想的《论语》等内容，强调贯穿其儒家典籍翻译始终的是"创造性翻译"（creative translation）[①]。爱尔兰学者弗拉纳根（Frank M. Flanagan）博士在其专著《孔子、〈论语〉与西方教育》（*Confucius, the Analects and Western Education*，2011）中，通过时而观照汉学家理雅各、卫礼贤、韦利、刘殿爵、森舸澜、安乐哲等《论语》译者的译文及其观点，结合考察特定的历史文化语境，以儒家家国思想为切入点，围绕"正名"说、"礼"的名与实、教与学、儒家君子等主要话题，多维度探索孔子、《论语》与西方教育的关系（参见张德福，2018）。

还有一类学术论文虽然并非直接研究《论语》英译，却与《论语》翻译及其研究息息相关，也颇值得关注。塞顿（Setton，2000：545—569）以《论语》之模糊性何以存在为研究对象，认为该模糊性包括三类：规定性之模糊、简洁性之模糊和文本之模糊，分别主要与孔子关于因材施教的话语、《论语》原作表达言简义丰的风格特色和某些特定

[①] "Creative translation"为该书作者借用沙利文（Sullivan，1964）的术语，并被解释为介于德莱顿（John Dryden）的翻译分类"释译"（paraphrase）和"拟译"（imitation）之间；另外，关于德莱顿的翻译三分法思想可参见罗宾逊（Robinson，2006：172）。

的文字与短语表达相关，进而提出一种以从具体到抽象为基本特征的儒家认识论方式，论证孔子丰富而复杂的语言观。美国德克萨斯州立大学教授顾明栋（Gu，2010：34—47）通过研究《论语》原作文本的开放性、"谁之孔子？哪部《论语》？"、孔子的矛盾形象等内容，强调正如《论语》是一个面向所有读者的文本一样，孔子不可能不是每个人的孔子，因为他将会以不同的形象出现在每位读者心中。梅约翰（John Makeham）的专著《传承者兼创造者：中国〈论语〉注疏家及其注疏》（*Transmitters and Creators*：*Chinese Commentators and Commentaries on the Analects*，2003）则以《论语》注疏传统为核心，分四个部分论述代表性注疏家及其作品，即何晏等所著《论语集解》、皇侃著《论语义疏》、朱熹著《四书集注》和刘宝楠与刘恭冕合著《论语正义》，且每部分皆以注疏家个人生平为切入点，分析并考辨其注疏著作所关注的主题和问题，进而呈现其注释的独特性和一致性；梅氏时而借鉴西方解释学思想以阐发己见，强烈批评当下中国研究忽视传统注疏作为一种哲学表达方式所起的作用。

三 《论语》英译研究的特点与不足

综上所述，国内外学者针对《论语》英译所作的研究具有如下特点：较之于国外《论语》英译研究，国内有关研究起点较晚，研究者主要来自译学界，而国外学者则以汉学家为主力军；国内研究侧重从译文语言层面研究译本和译者，评价译本质量，总结译者翻译方法、策略和特色，并关注《论语》译介史的梳理，而国外《论语》英译研究的范围更为广泛，除了译本的语言鉴评外，更加注重运用跨学科方法进行综合研究，如在哲学、历史、教育等层面研究《论语》英译现象，发现译本的历史价值和现代意义。

国内外《论语》英译研究所存在的主要问题可以概括为四个方面。一是研究对象庞杂不明：有些研究误将节译本、编译本、选译本等视为全译本，甚至有的居然把英文儒家典籍研究著述作为译本研究对象；二是多译本研究的可比性不强：不少多译本研究缺少合理的可比性，主要缘于对译者身份、译本产生的背景、译本自身的特点、研究主题等因素缺乏充分考虑；三是译本研究的深度和广度存在薄弱之处：如当下《论语》英译个案研究重复度高、例证分析较为单薄而说服力不强、因史料的匮乏仍有《论语》英译本研究迄今无人问津、对国内《论语》英译本的集中研究至今付之阙如；四是对特定译者群体的历时研究存在不足：现有研究虽然涉及不同身份的译者，却鲜有从历史的高度对特定译者群体如传教士汉学家译者进行深入而系统的研究。

第三节　研究的范围、目的与意义

汉学家是从事中国历史、文化、语言、文学等方面学问的学者或专家。就研究范围而言，本书所涉及的是从事《论语》英译的汉学家，不包括诸如原初宗教服务意图明显的理雅各、苏慧廉等传教士译者，以及因华人身份而可能受到中国传统观念影响的刘殿爵、黄继忠等华人译者，即地道的西方汉学家。一方面，译者身份是本研究的一个关键因素，只有明确界定，才可能确保研究对象的可比性以及研究结果的可靠性，况且学界已对这两类译者进行了相当多的研究（如关于理雅各《论语》英译研究的博士论文就已有多篇）；另一方面，也是考虑到国外《论语》译本数量较多，便于更集中深入研究课题的客观需要。同时，本研究所关注的《论语》英译本主要为全译本，则是考虑到研究对象的完整性、可比性、有效性和说服力。因此，本研究的主要对象是具有西方文化突出背景的汉学家及其《论语》英语全译本，译本数量达13个；对其他身份背景的国外译者以及港台译者的十余个《论语》英语全译本则扼要介评，偶尔在必要时也会兼及西方汉学家颇有影响的非全译本。有鉴于此，本研究的《论语》英译个案始于19世纪60年代的威妥玛译本，止于近年出现的希勒译本（2011），基于汉学家《论语》英译活动的衍变特点，按年代依次划分为四个阶段，即起始期（1860—1890）、延伸期（1900—1940）、发展期（1950—1980）和繁荣期（1990—），除繁荣期之外，大致40年为一个阶段。

本研究的主要目的包括：多维度集中对汉学家译者群体及其《论语》英译本进行深入而系统的历时研究；通过分阶段研究汉学家《论语》英译本典型个案，揭示汉学家《论语》英译的翻译策略、翻译方法及其突出特色；观照个人背景、历史文化语境等因素，围绕译者的翻译动机与翻译目的,勾勒汉学家《论语》英译本的翻译取向;分类考察典籍翻译中影响汉学家翻译行为的各种因素及其表现,揭示汉学家译者主体性的演变特点;调研汉学家译本的翻译影响与传播效果,尝试构建中国典籍的跨文化传播模式,并对中国典籍外译进行思考。

本研究的理论意义和实践意义主要包括:分阶段、多视角研究汉学家《论语》英译本典型个案,为今后《论语》英译以及中国典籍外译提供理论与实践参考;发掘典籍翻译中影响和制约汉学家译者群体翻译行为的因素及其表现形式,考证汉学家译者主体性的演变特点,能够深化典籍翻译主体以及典籍翻译批评的理论研究;探研汉学家《论语》英译现象,呈现汉学家译者的典籍翻译思想,进而推动典籍翻译及其系统或整合研究,促进世界认识儒家思想乃至整个中华文化;明证汉学家群体及其典籍翻译的重要地位,有助于发挥汉学家译介、传播中国典籍的作用;发现汉学家英语《论语》现象的翻译取向,初步构建中国典籍的跨文化传播模式,预测中国典籍外译的发展趋势,能够丰富中国典籍外译史的研究,为有关部门制定中国典籍外译与传播政策提供借鉴和参照。

第四节 研究途径与理论方法

本研究将采用历时性研究为主并兼顾共时性研究、定性和量化分析相结合的思路,分阶段研究《论语》英译本个案,结合译者个人背景和特定历史文化语境,运用融微观的文本分析和宏观的文化研究为一体的综合研究方法。具体研究方法主要包括文献研究法、比较研究法、个案研究法、描述性研究法等。《论语》英译涉及语言、文化、历史、哲学、文学等诸多因素,其研究必然需要相关学科的理论,除了翻译学理论外,本研究还将运用包括语言学、诠释学、比较文学、历史学、传播学等在内的跨学科理论和方法。

书中所涉及的翻译理论将包括语言学派、功能主义学派、文化学派、解构主义学派等思想,主要用于对不同历史阶段汉学家《论语》英译本的个案研究,结合量化统计评析译本的风格特色,总结译者的翻译策略和具体翻译操作方法。需要强调的是,贯穿本研究整个过程的是描述翻译理论思想。作为一门经验性学科，描述翻译学旨在对翻译研究对象进行描述、解释和预测（Toury，2001：1）；不同于规定性或规范性翻译理论，描述翻译理论对重新界定翻译研究目的具有积极的启发意义，注重研究翻译存在的本来面貌，并解释其发生和性质（Hermans，2004：35），该思想恰恰反映出本研究的原初动机和基本要求。

对于在翻译活动中译者的制约因素分析，本研究主要借鉴皮姆（Pym，1998）的翻译多元因果论和杨晓荣（2005）提出的一个系统而综合的翻译相关因素分析模式。翻译多元因果论源于亚里士多德的四因说，认为翻译的产生与形成包括四类原因：物质因或初始因（包括源语文本、源语、译语等翻译前提条件）、目的因（主要为翻译存在的目的和用途）、形式因（与翻译的历史规范相关）和动力因（与译者及其地位相关）（Pym，1998：149）①。翻译相关因素分析模式旨在表明包括先结构（或前结构）②、对（读者）接受的考虑、翻译目的以及对原作的理解等因素对译者的制约作用，进而影响译者采取相应的翻译策略（杨晓荣，2005：186—188）。

鉴于翻译相关因素分析模式中的先结构所列举因素较多且偏细，故而不便操作，对（读者）接受的考虑和翻译目的、对原作的理解和个人语言知识结构、翻译动机乃至翻译目的往往密不可分，同时参照翻译多元因果论的思想，结合本书研究对象与内容的特点，这里打算对该模式略作适当调整。影响译者先结构的因素分为两大类，即有关译者自身的个人背景和译者所处的特定历史文化语境，其他部分因素也略加整合，调整后的影响并制约译者从事翻译活动的因素包括个人背景、历史文化语境以及翻译动机与翻译目的，并将运用于书中每个阶段的汉学家《论语》英译典型个案研究。

---

① 关于翻译多元因果论的详细评介，请参见姜倩《开辟译史研究的多维视角：简评皮姆的翻译多元因果论》，《复旦外国语言文学论丛》2008年春季号。

② 海德格尔认为，"解释从不是无前提地把握事先给定的事物，而是具有他所谓理解的前结构，这就是所谓前理解。前理解包括三种要素：前有（Vorhabe）、前见（Vorsicht）和前把握（Vorgriff）。"（洪汉鼎，2001：204）同时，"把某物作为某物加以解释，这在本质上是通过前有、前见和前把握来进行的"（洪汉鼎译）（Heidegger，1979：150）。以上内容另请参见海德格尔（1999：176）。

第二章 起始期：附注存真

在西方，始于17世纪末的《论语》英译现象，直至19世纪20年代末才出现第一个《论语》英语全译本。据统计，整个19世纪先后共见证了四个《论语》英语全译本的诞生，即高大卫译本（1828）、理雅各译本（1861）、威妥玛译本（1869）和詹宁斯译本（1895）。其中，高大卫、理雅各和詹宁斯三人皆为传教士译者，只有威妥玛及其译本符合本研究主要对象的条件，故威译本将成为起始期的研究重点。同时，通过简要介评其他三个译本，以提供研究该阶段汉学家《论语》英译活动所必要的相关背景知识和历史语境。

第一节 早期《论语》英译概观

如前文所述，《论语》英译发轫于1691年经拉丁文转译而成的《孔子的道德》，而1809年英国传教士马士曼在印度刊行的《论语》节译本才真正成为外国人依据原作英译《论语》的滥觞，这种以转译、节译以及编译为特点的早期《论语》英译现象一直延续到19世纪20年代。

一 高大卫的《论语》英译

据现有的文献来看，《论语》的第一个英语全译本为英国传教士高大卫（David Collie，？—1828）所完成，于1828年在马六甲（Malacca）由传教印书馆（The Mission Press）作为《通称为四书的中国经典》(*The Chinese Classical Work Commonly Called The Four Books*) 一书的一部分（即"The Lun Yu（Dialogues）"）而出版，这也是儒家"四书"典

籍首次出现完整的英译本，译者高大卫实可谓西方英文全译儒家经典"四书"的第一人。高大卫在1822年到达马六甲，并跟随英国传教士马礼逊（Robert Morrison，1782—1834）学习中文，后担任英华书院（Anglo-Chinese College）第三任校长（1824—1828）并讲授中文，该书院乃马礼逊于1818年所创办的教会学校，兼收中西学生，在中西文化交流史上具有重要的地位。

高大卫英译"四书"的首要目的是"学习一些汉语知识"（acquiring some knowledge of the Chinese language），其次既帮助中国学生"学习英语"（acquiring the English language），又引导他们反思其先贤所倡之致命讹误（Collie，1828：i）。关于该译本，译者最初并未打算出版：尽管译者本人对汉语的热情令人难以置信，但"四书"绝非像译者所担心的——译本会给读者留下寻常乏味的印象，当然译者也不会盲目热情，以至相信该译本引起一般读者的兴趣；若非朋友们对原作称颂有加，该译本可能至今仍为服务教学的手稿（同上：i—ii）。译者认为该译本能够为初涉中国研究以及热心追索古人思维活动的人提供帮助，并指出"四书"可以作为一个公允的标准来评判儒家先贤当时在宗教和道德领域所取得的成果，而基督徒细读之后完全有理由感谢受教于这一"更为卓越之道"（a "more excellent way"）（同上）。关于对待《论语》原作的态度，译者暗示原作表达的含糊和精练颇具挑战性，自己在中国人的帮助下有意识地加以保留，译文通过与原文逐一比对而校订，并参照前人关于"四书"部分内容的拉丁文和英文译本（尽管多有不同），但主要以中国注疏家为依据（同上：v—vi），这些对客观评价高译本颇具参考价值。

就该译本的风格特点而言，有研究指出译者基于自己的传教士立场对儒家的一些观点做出了评判（王勇，2011a：73）；较为深入的研究表明，高译本具有鲜明的基督教色彩和西方文化倾向，由于译者身份和视野的局限导致译本严重失真和对儒家文化的曲解（张晓雪，2014：44）。通过逐篇抽样考察，笔者认为以上观点基本合理，不过也发现：该译本正文大都在语言风格和句法结构上与原作颇为近似，体现直译多于意译的特征，注释（包括夹注）一般易于接受，而评论内容一旦与基督教神学相比附，所传达的观点往往就会与原作所蕴含的儒家思想相左。就译文的篇章结构而言，高译本与何晏《论语集解》、朱熹《四书章句集注》

等皆有不同之处，故该译本很可能为译者博采多家著述之结果。

二 理雅各的《论语》英译

理雅各英译《论语》之作最初是《中国经典》（*The Chinese Classics*）第一卷的组成部分，于1861年在香港由伦敦传道会印刷所（The London Missionary Society's Printing Office）出版。译者理雅各（James Legge，1815—1897）为英国传教士，1839年曾师从伦敦大学学院汉语教授修德（Samuel Kidd）学习汉语数月，后受伦敦会（London Missionary Society）委派在1840年抵达马六甲，并于1843年随英华书院来到香港。从此，他一边从事传教和教学，一边研读中国经籍。

在传教工作伊始，理雅各（Legge，1861：vii—ix）便清醒地意识到，自己只有完全掌握中国人的经书，亲自考察中国圣贤涉猎的整个思想领域，并探寻中国人在道德、社会和政治生活方面的基础，才能胜任自己的传教职责，而现有的译本并不令人满意；关于译作，理雅各要求首先应让自己满意，然后真正地服务于"传教士以及其他中国语言文学学习者"（missionaries and other students of the Chinese language and literature），以上正是促使理氏从事中国典籍翻译的最初动机和目的。理雅各认为，《论语》为汉代学者郑玄所著，其《论语》英译本主要以朱熹《四书集注》为底本，采取汉英对照、译注并存的形式，追求译文忠实于原作。理雅各还首次把《论语》的书名英译为"Analects"，为后世众多《论语》英译者所效仿。

较为深入的个案研究表明，理雅各译本主要特色包括：首先注释详尽，包括对全书内容、各篇和各章内容的介绍和解释，以及分析和理解关键词语、提供背景知识、对孔子的言论发表看法等内容；其次，译文以原文为中心，大多采用直译；同时，直译有时造成译文不够通顺、自然（甄春亮，2005：258—261）。这一研究结果与理雅各英译中国典籍的整体风格特点较为一致，即"理氏所译理解原作基本正确，译笔严谨细腻，简洁雅致；大量的注解反映出他对我国经典翻译的严肃认真态度，有许多地方值得我们借鉴"（林煌天，1997：399）。的确，对于理雅各及其英译，甚至连文化怪杰辜鸿铭（1996：345）也不得不承认理氏"对中国经书具有死知识的渊博的权威"，"他的工作尽了力所能及的努力，是完全严谨的"。

从 1861 年到 1886 年，理雅各勤勉不懈，在中国学者王韬①等人的协助下，先后将包括儒家经典在内的中国主要典籍全部译出，共计 28 卷，影响深远，开创了翻译史上的"理雅各时代"（Leggian epoch）（Girardot，2002：8），是西方历史上系统翻译中国典籍的第一人，并成为牛津大学首任汉语教授，也是被誉为汉学界诺贝尔奖之称的"儒莲奖"的首位获得者。理译本对《论语》英译影响深远，后世许多《论语》译者如詹宁斯、苏慧廉、赖发洛等都声称理雅各为《论语》英译的先行者，受益于理译，且多有溢美之词②。

三　詹宁斯的《论语》英译

詹宁斯《论语》英译本全名为：*The Confucian Analects：A Translation, with Annotations and an Introduction*，于 1895 年由乔治·劳特利奇父子出版公司（George Routledge and Sons）刊行。译者詹宁斯（William Jennings，1847—1927），亦被译名为珍宁斯，曾任英国格拉斯米尔（Grasmere）的牧师，后供职于香港圣约翰大教堂。除了英译《论语》外，詹氏还译有韵体《诗经》（*The Shi King*，1891），两者皆收入"约翰·路博克爵士一百丛书"（Sir John Lubbock's Hundred Books），后者也由同一家出版公司印行。

在詹译本的"导论"（Introduction）中，译者对孔子、个人生平及《论语》原作加以介绍和高度评价，对孔子思想及其在中国的重大影响则结合《论语》具体章节内容加以评述，其间征引西方名人苏格拉底、卡莱尔（及其讲演集《英雄和英雄崇拜》）等有关思想观点，进行比较说明。通过阅览詹译本，不难发现译者如下的翻译动机和翻译目的：除了儒家思想的重要地位，译者还意识到为了更好地服务于传教工作，其译

---

① 需要指出的是，1862 年王韬（1828—1897）因致函太平天国而遭到清朝政府通缉，在英国驻沪领事麦华陀（Walter Henry Medhurst）的帮助下于 1862 年 10 月 4 日逃到香港，此时《论语》作为《中国经典》第一卷的一部分已经印行，故理雅各《论语》英译本与王韬无涉。

② 如苏慧廉在其《论语》英译本"前言"里就直言道：理雅各一直是良师益友；每次读其译作，那精深广博的学识、苛求准确的态度、非凡探究的精神以及清楚明晰的表达都令人印象深刻（Soothill，1910：ii）。

文不像理雅各译本那样明显地带有比附基督教的色彩。关于译本说明，詹宁斯提到人名英译，特别是原作中同一个人的不同称谓令人困惑，故译文尽可能选取单一表达，并对原作的章节适当整合；尤其对理雅各及其译作《中国经典》表示感谢，尽管自己的译文是研读并借鉴大量中文注疏著作的结果，且多与理译不同（Jennings，1895：35—36）。同时，该译本没有像理雅各译本那样逐一翻译原作的篇名，而是在每篇译文正文之前增添数个关键词语，以概括该篇的主旨，如"学而"篇所增添的内容包括：主要讲学习，学习之乐趣、诱导和目标，孝、悌等本分，以及各种言论（同上：39），这一做法颇具特色，不仅体现译者对原作的整体把握，而且反映出译者的良苦用心，有助于英文读者理解原文。

除了再现原作简洁的风格，詹宁斯还利用拆字的方法来表达对汉字魅力的理解，比理雅各（如关于汉字"习"的解读）更进了一步，令人印象深刻。譬如，关于表示"五德"的汉字说明（Jennings，1895：36—37）现简介如下：

Knowledge or Wisdom，知，*chi* = 矢 + 口，ability to speak to the point, to hit the mark；

Humaneness，仁，*jin* = 人 + 二，fellowmen standing by each other；

Right or righteousness，義，*i* = 羊 + 我，meaning that everyone should attend to his own sheep and not steal any of his neighbours'；

Propriety，禮，*li* = 礻 + 豊，to show a vessel used for sacrificial offerings；

Faithfulness，信，*sin* = 人 + 言，a man standing by, or to, his word。

詹宁斯这一翻译操作方法不由得让人联想到后世《论语》英译者庞德的类似做法，且后者走得更远，并成为庞氏译本的一个突出特色。总体看来，詹宁斯译本仍以直译居多，注释（包括夹注）使用频率较高，很大程度上实为译者本人独立完成且颇有新意之作①。

---

① 有研究指出，詹宁斯译文虽然贴近原作，"但西化儒家思想教义的倾向也非常明显（Jennings，1895：367）"（李钢、李金姝，2013：129）；该观点认为詹译"贴近原作"似可接受，不过"非常明显"西化儒家思想倾向的观点似乎值得商榷：1895 年版詹译本包括正文、导论、索引等在内也仅 224 页，该文用于支撑观点的证据出处（即詹译本之第 367 页）显然有误，更何况即便存在一例孤证，结论亦难以让人信服。

这里需要补充的一点是，在 2005 年出现了美国纽约市立学院英语教授霍恩（Charles Francis Horne，1870—1942）编撰、由凯辛格出版公司（Kessinger Publishing）出版的英译本：*The Analects of Confucius*: *Deeds and Sayings of the Master Teacher*，该译本摘选自霍恩主编、由帕克·奥斯汀·利普斯科姆公司（Parke, Austin, and Lipscomb, Inc.）出版的《神圣的书籍与东方早期文学》（*Sacred Books and Early Literature of the East*，1917）第十一卷（Volume XI）。根据该译本的脚注以及笔者的抽样比读，发现译本的正文文字实为詹宁斯译本（1895）的翻版，其他部分如导论、索引甚至脚注等内容则多有删略，尤其缺失詹译本每篇的概要文字与每章的编号，给读者的阅读带来不便，因此它最多称得上是一个不太令人满意的编译本而已。

关于传教士研读、翻译并传播以儒家文化为代表的中国文化，许正林（2004）总结认为主要有四个动因："一是远离西方的神秘大国本身对西方人具有吸引力；二是说服教会到中国传教的必要性；三是教职人员教务报告的客观要求；四是以中国古代文化来证通基督教教义"（转引自李玉良、罗公利，2009：239—240）。可以说，译介包括《论语》在内的中国典籍，是传教士译者在特定历史时期出于多种主客观需要的结果，尤其是为了更有效地从事自身的传教事业所做出的一种必然性选择。同时，以理雅各为代表的传教士所从事的《论语》英译活动，特别是他们以基督教神学附会并诠释儒学、耶儒相互参照的翻译理念，独具特色的翻译策略乃至各种具体的翻译方法与手段，对后代传教士译者及其他背景身份的西方译者都产生了深远的影响。

此外，19 世纪还出现了一些《论语》英语非全译著作，如殷铎泽与柏应理合编英译之作《孔子的道德》（*The Morals of Confucius*）于 1835 年在美国纽约由威廉·高文出版公司（William Gowan）印行，主要涵盖《大学》《中庸》和《论语》相关内容，并指出《论语》在方法和表达上不同于前面两者，但三者反映了同样的道德；巴纳德（L. E. Barnard）摘译《论语》之作《孔子道德语录》（*Moral Sayings of Confucius*）于 1855 年由位于美国克里弗兰（Cleveland）的一家出版公司（A. B. & Co.）刊行；德国礼贤会（Rhenish Mission）传教士花之安（Ernst Faber，1839—1899）转译自汉学家穆麟德（P. G. von Möllendorff）德文著作的《儒学汇纂》(*A Systematical Digest of the Doctrines of Confucius*)，主要内容选自《论语》《大学》和《中庸》，于 1875 年在香港由中国邮报社 (The China Mail Office) 印行；英国驻华领事阿连壁 (Clement Francis Romilly Allen，1844—1920) 的《论语》节译本《论语节选》(*Some of the Analects of Confucius*) 于 1887 年在上海出版等。

第二节　威妥玛与《论语》英译

在 19 世纪 60 年代，不仅出现了理雅各译本，而且诞生了另一个重要的《论语》英语全译本，即威妥玛译本。译者威妥玛初为外交官，数十年在华的社会阅历以及外交工作的客观需要，让他谙熟中国的语言文化和社会生活。加之个人语言学习的天赋极强，随着文化态度的不断变化以及跨文化身份的逐渐形成，威妥玛能够在工作之余，投身于汉语学习与研究，成为第一个完成儒家经典《论语》英译的非传教士汉学家，因此威译本在本研究中具有开创性的重要意义。

一　个人背景：从外交官到语言学者型译者

威妥玛 (Thomas Francis Wade，1818—1895)，英国外交官、语言学者、汉学家，因用罗马字母标注汉语发音而发明威妥玛式注音法而闻名于世。威氏出生于伦敦，为家中长子，早年曾在剑桥大学三一学院读书，1842 年随英军来华，先后担任翻译、英国驻上海副领事、上海海关税务司、英国驻华使馆参赞、英国驻华公使等职，在中国生活 40 余年。在华期间，为了便于外国人学习和掌握汉语，曾编写汉语课本《语言自迩集》(*Yü-yen Tzǔ-erh Chi*，1867) 和《文件自迩集》(*Wên-chien Tzǔ-erh Chi*，1867)，并撰写《寻津录》(*The Hsin Ching Lu/Book of Experiments*，1859)、《汉字习写法》(*Han Tzǔ Hsi Hsieh Fa*，1867) 等。

西方人尝试使用罗马字母给汉字注音的努力由来已久。1605 年，利玛窦曾运用他与另外数名传教士编订的用罗马字为汉字注音的方案写了四篇文章，其中三篇宣传天主教教义，后由教会单独合成一卷，取名《西字奇迹》(*Wonder of Western Writing*)。1626 年，法国耶稣会传教士金尼阁 (Nicolas Trigault) 对利玛窦等人的罗马字注音方案加以修订补充，在杭州出版了《西儒耳目资》（*A Help to Western Scholars*），这是一本帮助西方人学习汉语的罗马字注音字汇。不过，早期这些传教士设计的拼音方案对后世影响有限。威妥玛编创的汉语拼音法始见于《北京话音节表》（*The Peking Syllabary*），后收录于 1859 年刊行的《寻津录》，并在 1867 年出版的北京话课本《语言自迩集》中得以运用，后被广泛用来拼写中国的人名、地名及物名。该拼音法后来经过其学生翟理斯（Herbert A. Giles）修订和完善，通过翟氏《华英字典》（*Chinese-English Dictionary*，1892）进一步得到推广，故该拼音方法又被称为威妥玛-翟理斯式拼音法（Wade-Giles Romanization）。尽管中国早在 1958 年全国人民代表大会就批准公布了"汉语拼音方案"，继而国际标准化组织于 1982 年承认该方案为拼写汉语的国际标准，但甚至 20 世纪 90 年代末出现的汉学家《论语》译本仍采用该拼音法（如汉学家亨顿在 1998 年出版的《论语》英译本），该拼音法的影响之久远由此可见一斑。

除了影响深远的威氏拼音法，威妥玛编写的两部汉语学习教材同样具有重要地位。最初为了帮助在中国从事领事工作的外交官同事，威妥玛于 1867 年先后编写出版了《语言自迩集》和《文件自迩集》，前者关注官方口语的学习，后者侧重官方书面语的训练。有学者认为，威妥玛之所以在外交领域地位显赫，主要得益于其高超的汉语水平；威氏除了从事外交活动外，深入研究中国的语言，不仅自身汉语水平很高，还积极探索帮助西方人学习中文的有效途径，而《语言自迩集》和《文件自迩集》正是威妥玛为了实现上述目的而编撰的汉语教材，凝结了他多年潜心研究汉语和汉语教学的心血（程龙，2012：206）。威妥玛所编写的这两部教材具有重要的价值和意义，它们明确区分口语教学和书面语教学，能够根据教学对象精选教材语料，"开创了全新的汉语教学模式"，"也对当时整个西方汉语教学、教材编写都产生了深刻的影响"，且选择的教学材料"做到了选文的经典性、实用性、趣味性兼顾"，启迪后续教材的选文原则；从整个汉语教学史的角度看，自此"西方人的汉语学习开始转向主要以实用、而非研究为主要目的"（同上：212）。

其实，从威妥玛的个人经历中也可发现其极强的语言学习天赋和能力。早在入伍英国陆军期间，威妥玛就曾利用闲暇热心于意大利语和希腊语的学习，来华的第二年（1843）即任香港英国殖民当局翻译。

1845 年任香港最高法院广东话翻译；1858 年任英国全权专使额尔金（James Bruce, 8th Earl of Elgin）的中文翻译，参与中英《天津条约》（1858）、《北京条约》（1860）的签订活动。关于威妥玛的翻译实践，值得一提的还有其汉译的郎费罗《人生颂》（A Psalm of Life）一诗。在《谈中国诗》（1945）一文中，钱钟书先生称郎费罗的《人生颂》为"第一首译成中文的西洋近代诗"①，由英国驻华公使威妥玛先翻译为汉语散文，而后由尚书董恂改为一首七绝（钱钟书，1997：531）。虽然钱先生对威译散文并不赞许，但由此也可管窥威妥玛语言兴趣之广以及个人风雅的业余交往。

　　有趣的是，从现有的文献中还能发现两位英国《论语》译者威妥玛和理雅各交往的蛛丝马迹。理雅各曾撰文提及他对威妥玛的印象，与当时的俄国大使相较，发现威氏对公共事务谨慎寡言，而后者看起来坦率且善于言谈；作为传教士的理雅各和士兵出身的外交官威妥玛彼此存在隔阂，甚至当他们在英国皆成为全职汉语教授之后，两位汉学家的关系既友好又紧张（Girardot，2002：582—583）。从中可以看出，威妥玛和理雅各之间的个人交往一般，不难想象他们在学术上的交流也不会深入，诚如笔者通过逐篇抽样比较两个人各自的《论语》英译本所发现的：除了译文基本上皆质直以求本真外，两个译本无论在语言内容还是表现形式上都差异明显，很难发现彼此之间的相互影响②。

　　数十年的在华工作和生活让威妥玛独特的异域文化身份逐渐形成，

---

　　① 关于西洋诗歌的首次汉译，中国学界有不同观点：吴宓认为辜鸿铭当年所译《痴汉骑马歌》"为吾国人介绍西洋诗歌之始"（转引自钟兆云，2002：46）；贺麟指出，严复于 1898 年所译赫胥黎《天演论》中引用蒲伯（Alexander Pope）的诗句是中国最早的英诗汉译（贺麟，2009：224—225）；马祖毅（1998：383—384）认为，最早中译的英国诗除了贺氏所言外，还应包括严复所译丁尼生（Alfred Tennyson）诗作《尤利西斯》（Ulysses）中的一些诗句；沈弘、郭晖（2005：44—53）则明确断定，我国第一首汉译英诗不是郎费罗的《人生颂》，而是"弥尔顿的《论失明》"等。

　　② 虽然威妥玛《论语》英译本于 1869 年印行，但据译本说明文字，该译本早在 1861 年 1、2 月间就已翻译完成，时间上与 1861 年首版的理雅各译本不相上下，这里故有此说。不过，理雅各修订的《中国经典》第一卷在 1893 年由位于英国牛津的克拉伦登出版社（Clarendon Press）刊行，理氏不仅改变了最初观点，认为孔子是一个伟人，他的教诲对信奉基督教的西方人具有重要启示，而且拼音法兼用威氏拼音法和在原来译作（Sacred Books）中使用的拼音法（Girardot，2002：461），这或许可以看作威妥玛对理雅各英译《论语》的一种影响。

对待他者文化的态度也随之不断发生变化,经历了一个积极改变的过程。美国汉学家芮玛丽(Mary C. Wright)研究认为,"威妥玛也许是外交人员中最迷恋中国文化的人",甚至"他自称他之所以从海关部门开始其生涯,主要是为了从事汉学研究"(芮玛丽,2002:50—51)。1883年4月,坦普尔(Richard Temple)在英国皇家历史学会宣读题为《中国历史的政治经验》(Political Lessons of Chinese History)的论文,涉及中国早期文明,蒙古人的入侵及中原人民的无畏抵抗,蒙古人的统治特点与后期衰败,满族人的入侵与建国,满族人的统治特点、著名君主及当下的衰败等内容,而威妥玛正是作为嘉宾进行点评,对文中有关蒙古人入侵与影响的结论提出否定看法,并就粤人抗元、中国的君臣关系、太平天国运动等提出自己的见解(Temple & Wade,1883:204—241)。此时,威妥玛不仅仅是一位从事中国语言文化研究的学者,俨然在西方成为一名从事该领域研究的学术权威。的确,1895年威妥玛去世后,法国汉学家高第(Cordier,1895:412)就曾在汉学杂志《通报》(T'oung Pao)上发表纪念文章盛赞威妥玛的汉学成就。

二 历史文化语境

自中世纪后期以来,西方国家逐渐走上了资本主义道路。其中,英国在18世纪60年代就开始了工业革命,到19世纪上半叶,大机器工业逐渐取代了工场手工业。为了实现资本的原始积累,也为了适应经济发展对世界市场的需求,欧洲各国依仗船坚炮利向世界各地扩张,不断加强殖民化进程。在大肆掠夺他国财富的同时,欧洲列强还通过多种途径了解、掌握其传统文化思想,并结合西方宗教文化的传播来服务于殖民扩张的目的,如明末清初的天主教耶稣会士最初所扮演的主要角色。

正是在鸦片战争爆发之际,威妥玛随侵华英军来到中国。为了维护自己的国家利益,他一开始便表现出态度较为强硬的殖民者本色。关于威氏争取开放通商口岸以及对待觐见清帝礼节的行为,《清史稿》"志一百二十九"有如下记载:"英使威妥玛与法、俄、美、布各国咸以为请,允仍开琼州。十二年(1862),穆宗亲政,始觐见。初因觐见礼节中外不同,各国议数月不决,英持尤力,至是始以鞠躬代拜跪,惟易三鞠躬为五,号为加礼"(赵尔巽等,2002:102)。在威妥玛任英国驻华全权公使期间,1876年发生了马嘉理事件,《清史稿》亦有如下记录:"光绪元年正月乙卯,英繙译官马嘉理被戕于云南。……威妥玛疑之,声言将派兵自办。帝派湖广总督李瀚章赴滇查办。威妥玛遂出京赴上海,于是有命李鸿章、丁日昌会同商议之举。威妥玛至津见李鸿章,以六事相要,鸿章拒之。政府派前兵部侍郎郭嵩焘使英,威妥玛亦欲拒议"(同上)。后来,威妥玛以马嘉理事件为名胁迫清政府签订中英烟台条约,从而扩大英国在华特权。关于1870—1880年中英教案,有学者研究认为,主要根源于英国的侵略及教会邪恶势力的横行、外交讹诈和利用炮舰威胁清廷,其间威妥玛扮演着举足轻重的角色,"一再利用强权压迫清廷命令地方官严防新的反教斗争,发布告示禁止反教,以免再次出现教案,使英国在华权益受到新的损失"(赵润生、赵树好,1996:76)。

然而,这只是威妥玛最初为了维护本国在华利益所展现的强硬态度,作为在华生活数十年、长期浸淫于中华文化的西方人,威妥玛也有其自身变化甚至积极改变的表现。在两次鸦片战争失利后,清政府为了应对内忧外患,一度掀起了洋务运动,尝试对外开放,通过变法自强以实行新政。1866年3月,威妥玛向总理衙门呈递《新议略论》,"指明中华免危之计,惟在借法自强,故令备此以闻",对清政府的外交和内政提出批评与建议,希望清政府改革弊制,实行新政。如关于"借法自强",威氏征引《易经》之语:"穷则变、变则通、通则久",指出"中国自主之要,在借法兴利除弊"(威妥玛,2002:12—16)。因此,有研究认为,《新议略论》以及赫德于1865年10月提出的《局外旁观论》"对洋务运动的产生起了重要催化作用",两者提出的"借法自强"就是建议中国采用资产阶级生产方式以求"自强",对当时的中国不无可取之处(董方奎,1993:78—82)。

在洋务运动发起之初,洋务派深感译员在外交事务中的重要性,急需培养翻译人员。1862年7月,恭亲王奕䜣、李鸿章、曾国藩奏准在北京设立同文馆,成为清末最早的洋务学堂。奕䜣正是在威妥玛的帮助下,聘请英国圣公会传教士包尔腾(John S. Burdon, 1826—1907)担任外籍教习,培养合格的翻译人才。作为驻华外交官,威妥玛所实施的合作政策招致批评者们的不满,认为他(以及卫三畏等人)是"比大沽口炮台更有效地抵御西方文明、捍卫中国人的傲慢自大和排外主义的四角堡垒"(芮玛丽,2002:49)。然而,威妥玛这种跨文化身份①的衍变仍在继续,到了1882年,甚至"英国政府认为威妥玛贯彻侵略政策不力,把他从中国召回"(郑志民等,1992:42)。可见,威妥玛在华期间对待异域人民、社会和文化的态度充满了矛盾,经历了从敌视到理解进而尊重,以至相当程度的同情的变化过程。

1883年,威妥玛退职回国,三年后将所藏中文图书4304册赠与剑桥大学②。他在写给剑桥大学的信中声明,捐献这些藏书的原因有二:一是希望这些不同种类的书籍能有助于学术界和剑桥大学中文系高年级学生的学术研究,二是认为藏书中有很多版本和文献在中国是孤本和绝本;强调这批高价冒险购买的著作涉及中国的佛教、道教、艺术绘画、音乐、植物学和医学,几乎用尽他在华的全部生活费用,甚至要求这些书严禁带出图书馆(郑志民等,1992:42—44)。在1887—1890年期间,威妥玛担任皇家亚洲学会(Royal Asiatic Society)主席,于1888年任剑桥大学首任汉语教授,直至1895年去世。

威妥玛数十年来极尽个人财力去收集、购买中文书籍,除了作为西方掠夺者的本性和身份,还透露出他非同寻常的跨文化身份,加之担任汉语教授多年,这不能不说很大程度上反映出威氏对待他者文化态度的积极变化,体现了他对中国语言文化的兴趣甚至相当程度的喜爱。在宓吉(Alexander Michie)著《阿礼国传》(第二卷)(1900)中,如此描述威妥玛的学术研究对其政策的影响:"透过中国不朽历史的闪光迷雾,在这个冥思的头脑中呈现出的中国,与任何其他现存的国家都不同,是一个令人崇敬的对象","这样一个庞大统一的古代文化会完全压倒这个政治人物"(转引自芮玛丽,2002:51)。英国《泰晤士报》曾评价

---

① 跨文化身份(intercultural identity)为跨文化传播学的一个重要术语,是一种介于个人和超过单一社群之间的联系,主要包括个体并不局限于自身社群而适应新文化的情感认同,进而显示一种摆脱狭隘的社群利益而兼纳他见的观念(Kim,1994:10)。

② 关于威妥玛所赠图书,李真于2011年11月10日在《中国社会科学报》刊文《以西音之法通中国之音——近代汉语拉丁化的历史》认为,威妥玛所捐赠的书籍"共计4734册,883种",或可参考。

道,"威妥玛爵士的一生正是中英四十年关系史的缩影,在对华所有重要决策过程中,他都发挥了举足轻重的作用"(Cordier,1895:408)。诚然,外交官的绚丽光环很大程度上掩盖了威妥玛作为汉学家和语言学者的身份,这里选取威妥玛及其《论语》译本为研究对象也是还原其汉学家和语言学者本来面貌的一种努力。

身为外交官,威妥玛还参与过中国的海关事务,负责税务管理。在清政府同意下,1854年英、法、美三国领事馆各派一人组成"关税管理委员会",英方的成员即为曾任上海副领事的威妥玛,并掌握实权。詹庆华(2008:332—333)研究认为,"欧洲汉学研究之风的开启与外籍税务司海关的早期洋员威妥玛的汉学研究和教学不无关系",并指出"威妥玛作为近代中国海关洋员的祖师之一,可算是西欧老一代著名的汉学家"。的确,在19世纪后半叶,伴随着西方来华人士的增加,特别是传教士和驻华外交官的在华活动,对华研究变成了一种客观需要,也让"中学西渐"成为一种现实。就英国汉学而言,"无论最初的原动力是商贸往来、宗教传播,还是单纯的学术研究,这些传教士和外交官出身的早期汉学家们的研究在实质上推动了英国汉学的发展"(李真,2011)。

三 翻译动机与翻译目的

威妥玛《论语》译本英文全名为:*The Lun Yü; Being Utterances of Kung Tzǔ, Known to the Western World as Confucius*(《论语:孔子即西方所谓孔夫子之言论》),于1869年在伦敦印刷,出版社不详。威译本除了封面标题外,译本包括两个部分:译本正文和正文前的简短说明,正文共计142页,而说明文字不足二百个单词。该说明言简义丰,译者在1869年5月26日撰写于伦敦,对读者理解与该译本相关的信息至关重要。该说明让西方读者了解到译本的翻译对象为《四书》之第三部分即关于孔子及其一些贤明弟子的言论。

更为重要的是,该说明明确指出,译本的翻译动机乃因一博学聪慧中国人诱导之结果,此人在威译本注释中标示为K.,并解释道,K.像他的许多同胞一样,倾向征引汉代而非宋代注疏家来解读孔子,尽管宋代大儒朱夫子被海内外大多数学者认为是儒家思想的真正倡导者。关于该译本及其印行,威妥玛还有如下说明:从那时(1861年)起,自己就再没有读过原作及其注疏,也无闲暇来修订自己的译本,现印制数册只是为了保存如今的翻译成果,以免唯一手稿可能遗失所造成的危险。关于读者及译本的期待,威妥玛补充说:如有读者偶遇该译本,自己不得不告诫他此译甚至并未打算私下传阅,若时间和健康允许的话,相信此译将会更值得关注。

  从该文字简短的说明,我们还能够得知威译本完成的时间及地点,即 1861 年 1、2 月间于北京翻译完成。上文提及,威妥玛作为英国全权专使额尔金的中文翻译参与签订中英《北京条约》,而该条约的签订时间为 1860 年 10 月 24 日。此时,威妥玛已于 1859 年出版了《寻津录》(包含《北京话音节表》)。译者威妥玛能够在如此短的时间内完成《论语》的英译,难道真的如其所言仅仅是缘于一名中国学者的"诱导"那么简单吗?答案显然是否定的。综合上文有关论述来看,威妥玛最初以一个殖民者的身份来到异乡他国,经过数十年的生活阅历、社会交往以及对中华文化的了解与适应,其文化态度亦经历了一个从敌视到客观面对,再到尊重乃至包含些许同情与喜爱的过程,不能不影响着个人在价值观念、文化取向、思维方式等方面的变化,威氏独特的跨文化身份也逐渐随之形成,这些因素的影响和作用无疑十分重要。如关于何谓儒家,晚年的威妥玛在 1894 年 11 月有如此独到的见解:儒家不是宗教,可以非常肯定地这么讲,而是一种普通的伦理兼政治的"纽带"(bond),让数以百万计的人受到集权统治(Jennings, 1895:13—14)。

  威妥玛英译《论语》的动机和目的既包括主观的个人因素,如作为语言学者对中国语言文化尤其儒家思想的了解、认识和兴趣,也受到外部客观因素的影响,如儒家典籍在中华传统文化中的重要地位,西方人学习儒家经典《论语》的价值和必要性,以及他人尤其与之交往的中国文人对他的影响。显然,中国学者 K. 只不过是其中一个重要影响因素,一个直接的诱因而已。像上文提及与威妥玛交往甚厚并参与汉译朗费罗英文诗的士大夫董恂(1807—1892),本身就是一位诗文家,一生所著颇多,威妥玛又怎能不会受到此等博学之人的影响呢?可以说,威妥玛正是在多重主客观因素的影响和制约下,在特定的历史文化语境中,基于对中国语言文化的了解和认知,以一名语言学者的身份从事儒家经典《论语》英译实践的。

第三节 威译本的注释翻译

文献疏理表明，威译本的相关研究成果极为有限，如从译者生平、翻译目的等方面对该译本的简要介评（李钢，2011），很有深入研究的必要。通观威译本，读者不难发现较之于先前以及后来的《论语》英译本，该译本绝大多数章节的译文都附有注释，这正是整个译本最具特色之处。据统计，威译本附有注释的译文共有466章，占译本全部章数（499）的比例超过90%。该译本的注释包括夹注和脚注两类，前者指排印在译本正文中间的注解，后者为排印在译本页脚处的注文。威译本正是通过极为广泛地灵活运用两类注释，在整体上足以确保并再现《论语》原作所蕴含的丰富思想。这里需要着重说明的一点是，本节及下文所涉译本中的翻译讹误并非笔者的主观认定，而是综合参考国内《论语》权威注释本之后所做出的判断。对于《论语》原作中那些历来存在不同解释的歧义章节，若非必要则存而不论。

一 夹注

细读威译本发现，该译本的夹注根据功用大致可以分为两类：替换性夹注和补释性夹注。前者在译文中以小括号"（ ）"为标示，表示译文表达的选择性或不确定性，而后者以中括号"[ ]"为标志，体现译文潜在的语境和背景信息。

（一）替换性夹注

替换性夹注主要运用在字面释义、同义替换等情况下，帮助读者了解原文的本真风貌，凸显原作的丰富含义。例如：

（1）"信近于义，言可复也。"（"学而第一"）

If your engagement (lit. your good faith) be near to what is right (or just), your word may be kept.

（2）子曰："十室之邑，必有忠信如丘者焉，不如丘之好学也。"（"公冶长第五"）

The Teacher said: In a community of ten families there will be sure to be some as loyal and sincere as Ch'iu (myself), but none so desiring to learn as

Ch'iu.

例（1）译文把"信"意译为"your engagement"的同时，为了保存原作的字面意思，译者使用了夹注（lit. your good faith）以显原貌，而第二个夹注（or just）则表明此处"just"与"right"语义一致，可以相互替换；例（2）译文亦步亦趋，质直再现原文的语序和表达风格，其中两次出现的"丘"全部音译，并对第一个译文"Ch'iu"施以附注（myself），以避免读者对译文的不必要困惑或误解，比直接将"丘"译为"myself"更能反映中国古人的言语特征、再现原作的表达效果。

威译中还有一类替换性夹注用来表示他人之见、原文复出参照以及西方相似格言妙语的征引等，表现形式十分丰富多姿。试看：

（3）樊迟问知。子曰："务民之义，敬鬼神而远之，可谓知矣。"（"雍也第六"）

Fau Ch'ih asked touching knowledge, *chih*. The Teacher said: Whoso devotes himself to what properly concerns the people (or, to what the people properly, rightfully require), has the spirits of the dead and the gods in awe, but keeps them at a distance (is not incessantly praying and sacrificing K.), may be said to have *chih*.

上例译文关于"敬鬼神而远之"的夹注（is not incessantly praying and sacrificing K.）虽与译者之见存在些许差别，但也有可资借鉴之处，故译文通过附注表明该译文源自译本协作者 K. 的理解，译者谨严的翻译态度亦由此可见一斑。

（4）"古之学者为己，今之学者为人。"（"宪问第十四"）

Of old they that studied, [studied] because of themselves (*esse*). Now they that study, study because of men (*videri*).

（5）"君子思不出其位。"（"宪问第十四"）

The *chün-tzǔ*'s thoughts go not beyond his place. (*Ne sutor*).

例（4）译文的两个替换性夹注为拉丁语单词："esse"和"videri"，意思分别接近英文"to be"和"seem to be"，类似汉语"内在本质"和"外在表现"之意。这不由得让人联想起英国利兹大学的学校格言：Esse quam videri，译为汉语即是：外观莫如实质。此处两个拉丁语单词的使用实可谓精巧别致，与原文颇为契合，令读者浮想翩翩。

在例（5）译文中，夹注为两个拉丁语单词构成的表达：Ne sutor（译为英文便是：no cobbler），也自然容易让人联想到拉丁语格言：Ne sutor ultra crepidam，意思近于英谚：A cobbler should stick to his last（补鞋匠应守鞋楦头）。查《马克思恩格斯全集》（第二十三卷）"第十三章 机器和大工业"第181页，可以发现如下注释内容：

"鞋匠，管你自己的事吧！"（《Ne sutor ultra crepidam!》）——是古希腊著名画家阿佩莱斯在一个鞋匠批评他的画时所作的回答，这个鞋匠对绘画一窍不通，只能看出所画的鞋的某些毛病。

进一步查证可获知相关细节：阿佩莱斯（Apelles）的一幅人像因鞋带画错曾遭到一名鞋匠批评，画家依言改正；然而，那鞋匠又批评人像双脚画得不好，该表达即是用来回敬该鞋匠的批评之语。现在人们通常用该语表达"人应各守本业或本分，少管他人闲事"之意。该夹注实可谓言简意赅，言外之意耐人寻味。

《论语》原作存在多处章节复出现象，威译本一般利用夹注以标示，如"不在其位，不谋其政"分别在"泰伯第八"和"宪问第十四"复出，后者以夹注（v. sup. viii. 14）指向前者的译文。关于原文章节复出的夹注，在威译中也存在欠妥之处：

(6) "已矣乎！吾未见好德如好色者也。"（"卫灵公第十五"）

Ah! truly (sic) I have seen none who loved well-doing so much as lewdness.

该例译文既缺少通过夹注或脚注对前章"吾未见好德如好色者也"（"子罕第九"）加以观照，又与该章译文"I have not seen [so many] (given to) loving virtue as loving lust"很不一致，显然不利于再现原作的本真风貌。

概而言之，威译本中替换性夹注主要存在两类有待改善的问题：表达失当和替换存疑，共计30余处。试看：

(7) （子华使于齐，冉子为其母请粟。）子曰："与之釜。"请益。曰："与之庾。"冉子于其粟五秉。（"雍也第六"）

The Teacher said: Give her a *fu* (= 6 *tou*, 4 *sheng*). He asked for more and the Teacher said: Give a *hsü*. Jan Tzǔ gave her five *ping* (= 16 *ho* = 16x10 = 800) of rice.

上例属于夹注表达欠妥的问题。该例译文有两个夹注，第一个夹注（ = 6 *tou*, 4 *sheng*）比较清楚，即"等于6斗4升"，而第二个夹注（ = 16 *ho* = 16x10 = 800）实在不清不明，令人困惑不已。通过查证发现，尽管不同注疏家对"釜""庾"和"秉"的解读不尽相同，但也找到了能够消除该夹注所引起困惑的线索：秉，"古代量名，十六斛。五秉则是八十斛。古代以十斗为斛……周秦的八十斛合今天的十六石"（杨伯峻，2009：55）。可见，此处威译夹注不仅缺少必要的容量单位词，而且"秉"和"五秉"混乱并置，对"秉"夹注似应改为 (= 16 *ho* = 16x10 *tou*)，而"五秉"则为 (= 800 *tou*)。此外，译文对容量单位词"釜"和"秉"进行夹注，而独缺关于"庾"的夹注，也不能不让人生疑，似有添补的必要。

(8) 朝，与下大夫言，侃侃如也；与上大夫言，訚訚如也（"乡党第十"）

At court with the lower *ta-fu* he spoke (blandly?) peremptorily (K.) with the higher *ta-fu* (straightforwardly? or blandly), firmly, but temperately.

例(8)是较为典型的夹注存疑例证，译文中的夹注通过使用"?"表明译者对原文的理解或表达的不确定性；该例译文通过夹注（blandly?）显然表示译者怀疑己见，采纳 K. 的解读：peremptorily，并分别加以标示。不过，根据杨伯峻（2009：96）的解释，"侃侃如也"为"温和而快乐的样子"，钱穆（2011：234）的注解也颇为相似，认为"侃侃"指"和乐貌"，因而此处译文夹注中的译者之见似乎更为合理可取。

替换性夹注也偶尔存在稍嫌啰唆甚至名不副实的情况，这可能与威译本未能进一步校订和完善有关。如下面例(9)关于"器"的译文夹注（an article of certain restricted uses, as an oar, a carriage, etc.）不够简练，而例(10)的译文夹注（He is too studious to attend to such things.）是对该章译文的补充性解释，有说明原因的作用，似应使用补释性夹注标示"[ ]"，请看：

（9）子曰："君子不器。"（"为政第二"）

It was said by the Teacher: The *chün tzǔ* is not a utensil (an article of certain restricted uses, as an oar, a carriage, etc.).

（10）"君子食无求饱，居无求安……"（"学而第一"）

The *chün tzǔ*, when eating, does not seek to be filled; in his dwelling, does not seek to be comfortable. (He is too studious to attend to such things.)...

（二）补释性夹注

补释性夹注主要是为了译文的完整表达所作的必要补充和说明，帮助读者更好地理解原文的背景信息或丰富含义。此类夹注往往不可或缺，直接关系到读者对译文表达的充分把握和准确理解，与原作本来面貌的再现息息相关。

第一类补释性夹注是译者对原文重要概念所蕴藏含义的解读，有助于读者深入理解和思考。例如：

（1）"十世可知也？"（"为政第二"）

Can any one foretell [the fortunes, or principles, or ways, of] the [next] ten ages. （笔者注：句尾应为问号"？"）

（2）季文子三思而后行。子闻之，曰："再，斯可矣。"（"公冶长第五"）

Chi Wên Tzǔ, [a *ta-fu* of Lu,] thought thrice before he did anything. The Teacher hearing of this said: Twice will do.

例（1）译文有两个夹注：第一个夹注 [the fortunes, or principles, or ways, of] 是译者对原文"十世"可能隐含的意思加以具体引申和说明，第二个夹注 [next] 用来直接修饰"十世"（ten ages），以明确其指称意义，两者对试图理解原文含义的英文读者来说是必要的；此外，该译文还附有脚注解释道，一"世"（age）一般为30年，也值得一提。例（2）译文较为质直，原文简洁风格得以再现，夹注 [a *ta-fu* of Lu,] 是对"季文子"译文的说明，用于解释人物身份，类似译文如"王孙贾""管仲""孔文子"分别被译为 Wang Sun-kia [a *ta-fu* of Wei]、Kwan Chung [a *ta-fu* of Tsi]、Kung Wên Tzǔ [formerly a *ta-fu* of Wei]，此种夹注虽非不可或缺，但有利于读者更好地了解语境和把握语义。

第二类补释性夹注用于对原文章节句法成分的补充，帮助译文自然地道。试看：

(3)"逝者如斯夫！不舍昼夜。"（"子罕第九"）

[Time] moves as doth this. It resteth not day or night.

(4)"巍巍乎！舜禹之有天下也，而不与焉。"（"泰伯第八"）

Sublime [was their virtue]! Shun and Yü were rulers of the empire, yet gave not themselves any concern therefor (sic).

古汉语通常简洁洗练，《论语》原作语言也不例外。例(3)和例(4)译文质直，前者使用夹注[Time]补充说明原文字面无而内隐的主语，后者则是通过对原文潜在的主语和谓语动词[was their virtue]的增补，让译文完整且语义显豁，皆符合读者的阅读期待。

第三类补释性夹注侧重语义的整体性，是对原文较为完整译句或章节译文的补充说明，以避免读者阅读时可能产生的误解。请看：

(5)"有酒食，先生馔。曾是以为孝乎？"（"为政第二"）

[If they, the juniors, have] wine and food, (or, if there be a question of wine and food,) let the elder-born eat. This done, will the duty [of the son or junior] have been fulfilled? [No.]

(6)"（'相维辟公，天子穆穆。'）奚取于三家之堂？"（"八佾第三"）

Does this apply to the sacrificial halls of the Three Families? [No; they are but *ta-fu*, not even kung, Dukes].

例(5)译文除了一个替换性夹注外，有三个补释性夹注：第一个夹注[If they, the juniors, have]属于第二类补释性夹注，补释了必要的主语（"have"一词似应置于夹注之外）；第二个夹注[of the son or junior]是对"孝"（duty）所属对象的解释，属于第一类补释性夹注；第三个夹注[No.]即是对整个译句所传达的真正含义的直接诠述，以免不必要的误解。例(6)译文的夹注更为翔实，不仅断然给出否定回答[No]，而且对原因做出进一步的解释：they are but *ta-fu*, not even kung, Dukes。需要说明的是，此类补释性夹注在威译本中并不常见，仅出现在上下文语境不明从而可能引起误读的章节。

毋庸讳言，威译本中补释性夹注也存在不足之处，大致亦可分为两类：表达欠妥和补释存疑，共计20余处。

（7）孟氏使阳肤为士师，问与曾子。（"子张第十九"）

Mêng (one of the family of Mêng) made Yang Fu, [brother of Tsêng Tzǔ,] ssǔ shih (governor of a prison). He asked Tsêng Tzǔ [how to bear himself].

（8）"貌思恭"（"季氏第十六"）

He should desire that his bearing be dignified [?].

例（7）译文的夹注包括替换性夹注和补释性夹注各两个，其中第一个补释性夹注 [brother of Tsêng Tzǔ,] 是对"阳肤"（Yang Fu）的补充说明，然而出现错讹，因为"阳肤"一般被认为是曾子的弟子，如刘宝楠引包氏之语曰："阳肤，曾子弟子"（刘宝楠，1990：747；参见钱穆，2011：461；杨伯峻，2009：201），该夹注却误其为曾子之兄（弟）。例（8）译文乃意译之结果，实为威译本所鲜见，译文通过夹注 [?] 表示译者的困惑，此类存疑的译文显然有待改善。

（三）两种夹注兼用

威译本经常兼用替换性夹注和补释性夹注，从而使译文语义更为丰盈，表达也更加充分和自然，有助于再现原文的本来风貌。其实，上文个别例句已涉及两类夹注的兼用，以下稍作进一步探讨。

（1）"君子周而不比，小人比而不周。"（"为政第二"）

The chün tzǔ is universal [in his philanthropy,] and not special. The siao jên is special (or, a partisan) and not universal.

上例译文有两个夹注：第一个夹注 [in his philanthropy,] 用于补充必要的语境，缺之则整章译文语义不清不明，而第二个夹注（or, a partisan）表示另一种表达方式，少之则并不影响读者对译文的理解，这正是补释性夹注和替换性夹注的最显著差别。值得注意的是，上例译文显然不同于杨伯峻、钱穆等现代学者的理解，而与朱熹的注解一致。此外，该章译文中的"siao jên"似应改为"hsiao jên"以便使得整个译本就"小人"的英译保持一致。再如：

（2）"里仁为美。择不处仁，焉得知？"（"里仁第四"）

The habitations of men (or, to dwell) where there is jên, are excellent.

Whoso when he is choosing [a dwelling] does not choose one where there is *jên*, has he wisdom?

（3）子曰："吾未见刚者。"或对曰："申枨。"子曰："枨也欲，焉得刚？"（"公冶长第五"）

It was said by the Teacher: I have not seen any one who is immovable (proof against temptation). Some one answered [him. There is] Shân Ch'êng. The Teacher said: Ch'êng is self-indulgent; how can he be [said to be] proof against temptation?

像例（1）译文一样，例（2）译文也分别有一个替换性夹注（or, to dwell）和一个补释性夹注 [a dwelling]，然而两者所不同的是，后者通过两个英语同源词的运用让两个夹注的表达内容更具一致性，译文语义之连贯尤为值得肯定，也足见译者的认真态度及尽心之处。例（3）译文分别使用一个替换性夹注和两个补释性夹注，除后两者 [him. There is] 和 [said to be] 帮助译文准确再现原文表达特点和含义外，前者（proof against temptation）的功用不可小觑：既引申出"刚"之译文"immovable"的引申义，又照应译文之下文"proof against temptation"，亦足见译者的良苦用心。

威译通过大量兼用替换性夹注和补释性夹注较好地传达出原作的丰富含义，但偶尔也会存在夹注的缺失（或为排印疏忽所致），造成译文在一定程度上悖离原文，如：

（4）"孰谓微生高直？或乞醯焉，乞诸其邻而与之。"（"公冶长第五"）

Who says that Wei-shêng Kao [a man of Lu] is straightforward? Some one begged vinegar of him, and he begged some of his neighbours and gave it to [the said person,] instead of telling him frankly that he had not any.

通过比较原文和译文，读者不难发现上例译文部分内容即"instead of telling him frankly that he had not any"是原文文字表达所无而为译者所引申的内容，故应当使用一个夹注加以标示。

（四）夹注与音译

音译作为威译本较为常用的翻译手段，呈现早期威氏拼音法的特点（与后期威妥玛-翟理斯拼音法有些许差别），在多个层面有着广泛的表现。除了译文中经常采用音译（以斜体形式）兼释义核心概念如"仁"（译为：jên, disinterestedness）、颜色词如"绀"（译为：kan, a certain black）、某些短语如"喑喑如"（译为：yin-yin-ju, with a gentle and bland manner）外，威妥玛对注释（包括夹注和脚注）和音译的综合运用更是该译本保存原作本真面貌及其丰厚思想的重要方法。夹注与音译的兼用可以分为两类：一类为夹注内容涉及音译，另一类是被夹注对象为音译。这里让我们先来看第一类的使用。

（1）子罕言利与命与仁。（"子罕第九"）

The Teacher seldom spoke of gain, advantage (*li*), the will of heaven (*ming*), or disinterestedness (*jên*).

上例原文歧义暂且不论（见下文），译者对原文意译，三个夹注（*li*）、（*ming*）和（*jên*）是分别对三个核心概念"利""命"和"仁"的音译，以便于读者了解原文的真相；不过，需要补充说明的是，"利"的译文为两个并置的英语单词即"gain, advantage"，不仅译文形式与原文难以对应，而且语义不够准确，易引起读者误解原文，似可采用替换性夹注来加以改善。

从音译对象的词性来看，威译本除了音译名词外，还涉及对动词、形容词、介词等表达内容的音译。试看：

（2）"富与贵，是人之所欲也，不以其道得之，不处也。"（"里仁第四"）

Wealth and honour are what men desire; if they are not attainable by right means (*tao*, walking the right way), I will have none of them (*pu ch'u*).

（3）"善人，吾不得而见之矣。"（"述而第七"）

A virtuous (*shan*) man I shall not live to see.

（4）季氏富于周公（"先进第十一"）

Chih Shih was wealthier than (*yü*) Chou Kung.

例（2）译文有两个音译夹注：第一个夹注（*tao*, walking the right way）是对名词"道"的音译兼释义，而第二个夹注（*pu ch'u*）为动词"不处"的直接音译；例（3）和例（4）译文质直达意，夹注（*shan*）和（*yü*）分别为原文中形容词"善"和介词"比"的音译。

针对少数特定内涵丰富的短语表达，威译偶尔也会加以音译，如下例中的"善人之道"：

（5）子张问善人之道。（"先进第十一"）

Tzǔ Chang asked concerning the well-doing man, (asked *shan jên chih tao* the way of the well-doing man, how is it as compared with the *tao* of the sage?)

较之于上一类音译，另一类被夹注对象为音译的现象似乎更为常见，既包括多种词性的表达，又涉及不同形式的短语。以名称表达为例，除了人名、地名等常见的专有名词外，还包括表示器物名称的词语，如"觚"被译为：*ku*（thought to be a particular sort of wine-cup），表示汉文化独有的度量衡概念，如"釜"被译为：*fu*（=6 *tou*, 4 *sheng*），某些颜色词，如"玄（冠）"被译为：*hsüan*（black with a shade of red），表示风俗习惯的词语，如"齐"（通"斋"）被译为：the *tsai* rite (fast)，等等。下面再看几个颇为典型的例证：

（6）"未若贫而乐，富而好礼者也。"（"学而第一"）

It is not so well as when a man, though poor, is happy, or, though rich, is a lover of *li* (careful in the observance of forms).

（7）季氏旅于泰山。（"八佾第三"）

Chi Shih [of Lu] was *lü* (performing the rite so called) on the T'ai Shan [to the spirit of that mountain].

（8）乡人傩，朝服而立于阼阶。（"乡党第十"）

When the villagers *no* (put on masks and exorcised?) he put on his court dress and stood on the steps east (the host's place).

例（6）译文夹注（careful in the observance of forms）所注解的对象不仅包括核心概念词"礼"（*li*），更涵盖整个短语"好礼"（a lover of *li*），语义也更为显豁；例（7）译文的第二个夹注（performing the rite so called）是对音译动词"旅"（*lü*）的注解，而例（8）原文中的"傩"原本为名词，意为一种民间驱鬼迎神的仪式，此处用作动词，夹注（put on masks and exorcised?）是对音译动词"傩"（*no*）的进一步解释，由于译者威妥玛对此注解存疑，故使用了问号"?"，这也足见译者谨严的学者风范和翻译态度。

下例译文中的第一个夹注［At the ceremony called］是对音译短语"乡人饮酒"（*hsiang-jên yin chiu*）的补充解释，为读者较好地提供了必要的背景信息：

（9）乡人饮酒，杖者出，斯出矣。（"乡党第十"）

［At the ceremony called］ *hsiang-jên yin chiu*, the wine feast of the villagers, ［in Chu fou, he waited until］ those with staves (the men of 50 odd) went out; he then went out.

诚然，威译本中个别音译译文似乎没有必要，如动词"谓"译为"（And he） *wei*, said"（"微子第十八"）；有时也会由于音译表达缺少必要的夹注而造成读者的困惑。试看：

（10）"可以托六尺之孤，可以寄百里之命，临大节而不可夺也——君子人与？君子人也。"（"泰伯第八"）

［The man to whom］ might (may) be committed the orphan ［prince］ six *ch'ih* high, ［to whom］ may be given in charge the government of ［the realm of］ 100 *li*, who, when he cometh to a ［time for shewing］ great loyalty, will yet not be shaken, — is such a man a *chün-tzǔ*? Aye, is he a *chün-tzǔ*. （笔者注：译文尾句中的"is he"应为"he is"）

这是《论语》原作中首次出现表示长度单位概念的词"尺"和"里"，译者仅仅分别音译为"*ch'ih*"和"*li*"，前者"尺"因与人之身高相关，读者或许可以依据语境和常识加以推断其长度，而后者"里"的长度概念对普通英语读者而言则难以理解，很可能会令他们如坠云里雾中。

二 脚注

据逐页统计，威妥玛《论语》英译本共出现脚注 174 个，而译本正文共计 142 页，平均每页超过一个脚注，最多的一页达到七个，可见译者使用脚注的频率是相当可观的。从脚注的内容来看，大致包括两类：一类是阐发己见，即译者本人对有关译文内容的进一步解释和说明，另一类是博采诸家，为译者征引他人的观点就特定译文内容提供的见解和观点。

(一) 阐发己见

阐发己见的注解约占脚注总数的三分之一，主要是译者为了详细解释相关章节译文所作的说明文字，注解对象广泛，从词语概念到整个章节内容。例如：

(1) "夫子温、良、恭、俭、让以得之。"（"学而第一"）

The Teacher is gentle, amiable, unassuming (sedate, decorous), (or well-bred, careful in demeanor to all), moderate, and duly humble (or lowly).

从该例译文来看，译者在翻译"温、良、恭、俭、让"时小心谨慎，尤其对"恭"的迻译更是达到极致，居然使用了两个替换性夹注（sedate, decorous）和（or well-bred, careful in demeanor to all）以尽可能充分地释义；不仅如此，译者唯恐译文不周，这里又使用一个脚注加以说明[①]：作为五种美德，"温"（wên）指体现礼节之柔和，"良"（liang）指心善不犯人，"恭"（kung）指出于自尊以敬人，"俭"（chien）指始终限于用度，"让"（jang）指先人而后己。

(2) 季子然问："仲由、冉求可谓大臣与？"（"先进第十一"）

Chi Tzǔ Jan asked [the Teacher]: Chung Yu, Jan Ch'iu, may they be spoken of as *ta ch'en*?

例（2）译文关于"季子然"（Chi Tzǔ Jan）的脚注为：季子然乃季孙家族之一员，而季孙则为鲁国主要大夫，实为"该国之沃尔西"（Wolsey of the state），而孔子对由和求供职于季孙并不满意。经查，托马斯·沃尔西（Thomas Wolsey）生前深得英国国王亨利八世的信任，历任大法官、国王首席顾问等职位，权倾一时。尽管季孙和沃尔西在出身背景等方面存在差异，但两个人在各自国家所拥有的举足轻重的地位的确颇为相似。此处译者把季孙比作西方显赫人物、时为英国重臣的沃尔西，让熟悉英国历史文化的读者甚感亲切，季孙的形象跃然纸上。关于该例译文需要补充一点，因下文涉及"大臣"和"具臣"的解释和比较，故此处"大臣"仅音译为"*ta ch'en*"，既无夹注也无脚注。

[①] 此处及本章下文"脚注"的说明内容皆为笔者据原英文脚注（限于篇幅而多为省略）所译之结果，有时会采用直译方式以现原貌。

威译本中类似征引西方历史名人、俗谚等以阐释译文还有多处,如关于"好勇不好学,其蔽也乱;好刚不好学,其蔽也狂"("阳货第十七"),译者对"勇"(yung)有如此脚注:"勇"是后天所得,"刚"(kang)则与生俱来,如人皆可言任何武士(warrior)之"勇",但不同于"拿破仑一世对威灵顿的看法"(Napoleon I's opinion of Wellington);关于"疾之已甚"("泰伯第八"),译者征引西方谚语"Let sleeping dogs lie."以释之,此处虽然存在些许牵强之嫌,但作为一种释义尝试手段不无借鉴意义。

译者有时利用此类脚注旨在阐发对中华传统文化思想的深入理解,往往洋洋洒洒、不惜笔墨。试看:

(3)"可与共学,未可与适道;可与适道,未可与立;可与立,未可与权。"("子罕第九")

[The sage teacheth man by degrees. He holdeth it] right to study with [any,] but not as yet [to attempt (induce them)] to enter with them (him) the tao, [K. to force them into it before they are fit for so high a subject: when they are equal to it,] right to enter with them upon the tao, but not to join with them in forming resolves, [or if] to join with them in deliberation on ordinary plans (or, resolves), yet not to join them in measures extraordinary.

关于上例译文,译者所作的脚注达二百余个单词,篇幅为威译本所有脚注之最(近乎该章整个译文篇幅的三倍),内容也最为丰富:译者从圣人的角度,在三个层面即"共学""适道"和"立(权)"对该章译文加以解读;接下来,通过进一步分析,强调唯圣人有智慧能够做到持之有道,而非凡人能及;最后,从四个阶段,即"学"(学习)→"道"(理论和道德之实践)→"立"(自立)→"权"(权宜或原则之变通),加以剖析和总结。这一脚注既发掘该章所蕴藏的丰富含义,又帮助读者深入领悟儒家思想的精髓。

细读威译发现,译文中存在数处脚注欠妥的问题,这里试举一例:

(4)子谓公冶长,"可妻也。虽在缧绁之中,非其罪也。"以其子妻之。("公冶长第五")

The Teacher said Kung-yeh Ch'ang is a fit man to marry a wife: Although he is being dragged along in cords, he is not to blame. And he gave him his daughter to wife.

译文所附脚注为：It is observed that Confs. gave Nau Jung the more honourable wife of the two, because he kept out of the much of the law, into which Kung-yeh Chung, though innocent, had fallen.

该脚注的评价内容涉及孔子的两位弟子：公冶长和南容，而南容来自原作的下文，即"子谓南容，'邦有道，不废；邦无道，免于刑戮。'以其兄之子妻之。"（"公冶长第五"）因此，该脚注应当是对这两部分译文内容的注解，置于后者译文结束处为妥，从而更易于读者理解和接受。就脚注内容所表达的见解而言，出处似乎不明，但仍可寻得蛛丝马迹，如"公冶长之长不及南容，故圣人以其子妻长，而以兄子妻容，盖厚于兄而薄于己也"（朱熹，1983：75）。

（二）博采诸家

博采诸家的脚注大约占威译本脚注总数的三分之二，其中以涉及译本协作者 K. 的见解最多（尽管其见解亦多源自传统经典注疏），有 66 处（不含译本夹注中 K. 的解读），约占此类脚注总数的一半，其次为朱熹、"十三经注疏"等学者或著述的观点。较之于阐发己见的脚注，此类脚注不仅数量更多，而且内容更为丰富，译者通过旁征博引对译文进行阐发和思辨，令读者获益良多。试看：

（1）"礼之用，和为贵。"（"学而第一"）

In the practice of the [five] *li*, obligations, the element most precious is *huo*, unconstrainedness.

上例译文的脚注通过引述 K. 的观点来阐发"和"与"礼"的关系：K. 认为，"和"是充分践行"礼"的结果，五种"礼"的习练是从属性的，然而该从属性绝不足以忽略各种礼仪，例如子悼父，自然有权依礼适时哀泣；不过，若子之表现越礼，则非"和"。最后该脚注对五礼加以补释说明：吉（祭祀之礼）、凶（哀丧之礼）、军（兵伐之礼）、宾（待宾之礼）和嘉（嫁娶之礼）。

（2）子曰："夷狄之有君，不如诸夏之无也。"（"八佾第三"）

It was said by the Teacher: The I and the Ti have rulers (sovereigns); they are not as the states of China, which have none.

例（2）译文所附的脚注更为翔实：不仅明确标示译者顺从 K. 的理解，而且指出 K. 之见解源自程子（程颐），即"夷狄且有君长，不如诸夏之僭乱，反无上下之分也"（转引自朱熹，1983：62）。此外，脚注还提及在译者看来邢昺颇合中国人口味的不同注疏："此章言中国礼仪之盛"（何晏、邢昺，1999：30），用杨伯峻（2009：24）的话来讲，即"文化落后国家虽然有个君主，还不如中国没有君主哩"，并对此质疑道：孔子会如此大胆吗？（Would Confs. be so bold?）其实，仔细比读两种注解，不难发现两者大相径庭，其根源在于对"如"的不同理解：前者将其解读为"像""犹如"之意，后者视其为"比（得上）"的意思。

下例则更为明确地凸显了脚注之于威译本的重要性：短短一章译文居然有四个脚注！现抄录以试析：

（3）"道千乘之国，敬事而信，节用而爱人，使民以时。"（"学而第一"）

Whoso would govern a state of 1000 chariots[1] (a large fief), should be careful (or cautious, attentive) in business, and of good faith;[2] sparing in his expenses and a regardful lover of (his best) men;[3] and should employ his people [only] at the proper season.[4]

1 Ma cites the Szŭ-Ma Fa (Szŭ-Ma Jang-tsü) to show that 6 *ch'ih* = *pu*, 100 = 1 *mou*, 100 = 1 *fu*, 3 *fu* = 1 *u*, 3 = 1 *ching*, 10 = 1 *t'ung*, 10 = 1 *ch'êng*, 1 of which sent forth a chariot, 1000 *ch'êng* or chariots = 116 *li* and more. Pao says 1000 chariots was 100 – *li kuo*.

经查证，该脚注应当是参阅了何晏注、邢昺疏《论语注疏》如下相关内容：

> 马曰："……《司马法》：'六尺为步，步百为亩，亩百为夫，夫三为屋，屋三为井，井十为通，通十为成，成出革车一乘。'然则千乘之赋，其地千成，居地方三百一十六里有畸……"包曰："道，治也。千里之乘者，百里之国也。……"（参见李学勤，1999：4-5）

小心考证并加以精简采纳（虽然脚注部分内容"1000 *ch'êng* or chariots = 116 *li* and more"似乎不明欠妥），此乃语言学者之为也。进一步查证可知，马融依据《周礼》，而包咸参照《王制》和《孟子》，故造成两者注解分歧。

2 K. says, this refers only to foreign relations with neighboring fiefs; against Pao, who says, faithful towards the people, but says not how.

该脚注则传递出两种不同的观点：K. 认为"敬事而信"仅指与邻国的外交关系，而包氏（包咸）则强调取信于民，即"为国者，举事必敬慎，与民必诚信"（同上：5）。

3 Says K., scholars, the learned.

4 Pao says, not taking them from their agricultural labours. K. quotes Chou Li, to show that men were used but once a year, viz., in winter only and then but three days per person.

脚注 3 是通过引述 K. 的观点对"节用而爱人"之"人"加以注解，可以看出 K. 对"人"和"民"的不同解读，以及译者对 K. 及其异己之见的重视。脚注 4 则是关于"使民以时"，包咸认为是指免于农业劳作，即"不妨夺民务"（同上：5），而 K. 通过征引《周礼》表明，"使民"一年仅一次，只在冬季每人三天而已。这两个脚注同脚注 1 和脚注 2 一样皆发出了 K. 的声音，K. 作为译本协作者的身份可谓实至名归。同时，从某种意义上来讲，该例的四个脚注皆反映了译者对待原文小心谨慎、诠释译文一丝不苟的认真态度，这种学术性兼思辨性的态度正是一名语言学者型译者的鲜明特点。

在威译本脚注中，译者的这一特点还体现在那些有关释疑兼存疑、争议章节处置的脚注。试看：

（4）子罕言利与命与仁。（"子罕第九"）

The Teacher seldom spoke of gain, advantage (*li*), the will of heaven (*ming*), or disinterestedness (*jên*).

关于例（4）译文，脚注参考了 K. 的观点，意味深长地解释道：传统注疏对此章没有存疑，而朱熹对此悖实之句（仅就"仁"而言）也毫无说明，十三经相关注疏有专门解释，即"孔子以其利、命、仁三者常人寡能及之，故希言也"（参见李学勤，1999：111）；或许，的确如此；若此，他如何向其弟子反复灌输"仁"之价值呢？

该脚注不仅体现了译者对传统注疏的合理性质疑，而且与一些学者的思索和解读不无契合之处，如金人王若虚《误谬杂辨》、清人史绳祖《学斋占异》皆认为"与"有赞许之意等（转引自杨伯峻，2009：85），译者认真思考原文的态度不得不令人油然而生敬意。类似存疑的脚注再如关于"君子"（详见"述而第七"："圣人，吾不得而见之矣；得见君子者，斯可矣。"）译文有如此质疑作为脚注："是像十三经注疏所示，圣人仁而君子恒吗？"（Is the *shêng jên*, *jên*, as 13 Commr. implies, and the *chün-tzǔ*, *hêng*?）

（5）"唯女子与小人为难养也，近之则不孙，远之则怨。"（"阳货第十七"）

Women and servants are hard to rear (it is hard to know how to treat them). If thou treat them familiarly they obey not. If thou keep them at a distance, they will bear thee hate.

例（5）译文的脚注通过借鉴 K. 之观点有如此解释：孔子对自己的妻子不够满意，其父和其子亦然。三者皆与妻子断绝关系。孔子的母亲与其父并未合葬。传统观点认为，孔子乃野合之子。此说见于《礼记》。

该章一直被认为是《论语》最具争议的章节之一，尽管脚注内容有不尽人意之处，但也引证典籍著作①，不乏合理性，在一定程度上有助于解决普通读者的困惑，如此处置原文争议章节亦有可资借鉴之处。

（6）"诚不以富，以祇以异。"（"颜渊第十二"）

[From the Shih King] He esteemeth not the rich, but him that is not like others (the man of virtue and talent).

上例原文出自《诗经》，译文脚注指出：据诸注疏家的观点，该文字内容应当移至"第十六篇"之"第十二章"，即"齐景公有马千驷，死之日，民无得而称焉。……"（"季氏第十六"）。其实，在此章译文

---

① 经查证，郑玄注《礼记·檀弓上》有"孔子少孤，不知其墓"之说："孔子之父郰叔梁纥与颜氏之女征在野合而生孔子，征在耻焉，不告"（李学勤，2000：205）；而时间更早、更有影响的类似说法源自《史记·孔子世家》："纥与颜氏之女征在野合而生孔子"（司马迁，1959：1905）。

之始亦能查得类似相互参照的信息，可见，译者博采诸家以合理借鉴，不仅便于读者理解译文，而且反映原文可能错乱章节的事实，体现出其严谨的翻译态度。

威译本偶尔也出现脚注合理而译者未能加以利用，进而译文致误的译例。比如：

（7）"知者乐水，仁者乐山。知者动，仁者静。知者乐，仁者寿。"（"雍也第六"）

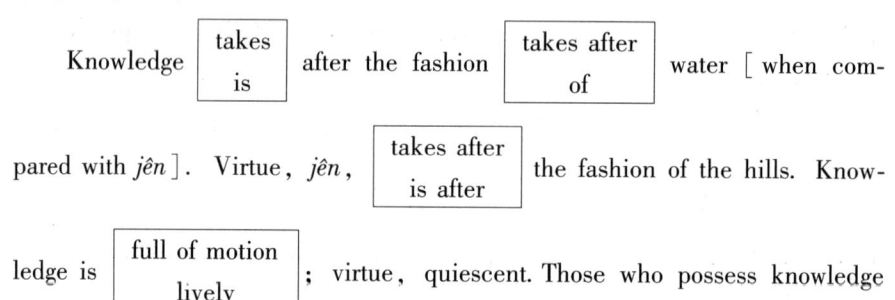

Knowledge [takes is] after the fashion [takes after of] water [when compared with *jên*]. Virtue, *jên*, [takes after is after] the fashion of the hills. Knowledge is [full of motion lively]; virtue, quiescent. Those who possess knowledge enjoy themselves; but those who possess *jên*, live longest.

无论何晏注、邢昺疏《论语注疏》，还是朱熹《四书章句集注》、刘宝楠《论语正义》、杨伯峻《论语译注》等著述，该章出现的三组"知者"和"仁者"都注解为指人；更何况，译文的脚注也表明 K. 持同样的观点："者"乃人也（*chê* means persons）。威译却仅将最后一组"知者"和"仁者"如此处理，而其他迥然不同的译文无法给出适当的缘由和依据，显然不妥，亦造成译文语义不畅。此外，该章译文对可替换性内容的平行设置也不同寻常夹注，颇为醒目，很可能是译者难以取舍两种不同译文（也有可商榷之处）的缘故，且威译本另有数个章节的译文也如此排印。

三 注译之外

在威妥玛《论语》英译本中，没有夹注或脚注的章节共计 33 章，占该译本全部 499 章的比例不足 7%，虽非注释翻译，但译文同样反映了威译本"存真"翻译的基本特征，故此作为必要补充加以鉴评。为了追求再现原作的本真面貌，译者对此类译文用心良苦，往往妙手偶得，罕见讹误，体现出一名语言学者型译者的专业学识和认真态度。

(一) 概念对应

无注之译通常译文质直，反映译者作为语言学者的思维特征和表达方式，其中，概念对应是此类译文的一个基本特色。例如：

(1) "赐也！尔爱其羊，我爱其礼。"("八佾第三")

Tzǔ! Thou lovest the sheep, I love the rite.

(2) "君子欲讷于言而敏于行。"("里仁第四")

The chün-tzǔ seeks to be slow in speech, but prompt in action.

(3) "君子喻于义，小人喻于利。"("里仁第四")

The chün-tzǔ is clear about justice; the hsiao jên about profit.

例 (1) 原文共有十个汉字，而译文则用了九个英语单词，除原文的语气词"也"省略未译外，其译文单词和原文汉字逐一对应，甚至标点符号也不例外，译文令人称奇；值得一提的是，此处原文中的"礼"为特指，译者没有像大多数情况下那样音译为"(the) li"，而是径直采取意译，译法甚为妥帖。例 (2) 译文中的"(the) chün-tzǔ""seeks (to)""(be) slow in""speech""but""prompt in"和"action"分别和原文的表达概念"君子""欲""讷于""言""而""敏于"和"行"一一对应，且语序一致，实在是妙不可言。同样，例 (3) 译文与原文之间也是概念对应，分号";"的应用也值得赞许；不过，也正是出于译者作为语言学者的本能意识，译文合理运用语法省略手段，如第二个"喻于"译为"about"而非"is clear about"，致使原文工整对仗的风格流失，让译文逊色不少。当然，例 (2) 中"敏于"译为"prompt in"而非"(to) be prompt in"，严格地说亦属于语法省略。

在威译本中，即便是原文中功能概念类似的表达，译者偶尔也会采用不同的翻译操作方法以示突出和强调，令人注目和思索。如下例原文中"愚""鲁""辟"和"喭"皆为表示人物个性概念的形容词，译者对形容词"愚"和"鲁"(似乎更为常用)直接意译，而形容词"辟"和"喭"(较为罕用)则音译加意译，而该章译文的布局排印也别具一格。

(4) 柴也愚，参也鲁，师也辟，由也喭。("先进第十一")

Ch'ai is dull.

Sêng is blunt.

Shih is *p'i*, not straightforward.

Yu is *nien*, coarse.

有时，由于原文的概念在译语中缺少对应的概念，译者也会尽可能采取必要的变通手段加以灵活处理。试看：

（5）"唯仁者能好人，能恶人。"（"里仁第四"）

It is only those who have the virtue of *jên* who can tell who is virtuous *hao* and who evil *ngo*.

上例针对原文两个动词性概念"好"和"恶"，分别借用从句、形容词"virtuous"和"evil"进行转换，并且两者皆兼用音译手段以弥补译文再现原文风貌的不足。

（二）语序一致

语序一致是威译本中无注之译的另一个基本特色，往往比概念对应更为常见。其实，在不少情况下，语序一致和概念对应并存不悖（如上文相关例句），所不同的是语序一致的无注之译更具灵活性，因而译文和原文在概念层面上经常存有差异之处。试看：

（1）"人而无信，不知其可也。大车无輗，小车无軏，其何以行之哉？"（"为政第二"）

Man without truth, I know not what worth he possesses. A bullock waggon without a yoke, a cart without a collar, how are they to be got along?

较之于原文，上例译文亦步亦趋，但译者灵活运用多种翻译手段，如译句增添必要的主语（即"I"）、名称概念"大车"与"小车"以及"輗"和"軏"的替代释译等，使得译文语义明晰，行文畅达。

（2）子谓子夏曰："女为君子儒，无为小人儒。"（"雍也第六"）

The Teacher, addressing *Tzǔ Hsia*, said: Be a *chün-tzǔ* scholar; do not be a *siao jên* scholar.

（3）"主忠信，毋友不如己者，过则勿惮改。"（"子罕第九"）

Place foremost loyalty and good faith; have no friend that is less worthy than thyself; when thou art in error, be not afraid to amend it.

就原文句式而言，例（2）和例（3）并不相同，译文虽各有微调，如前者省译原文主语"女"、后者妙用 when‑从句，然而两者的译文皆采纳英语祈使句式，与原文语序也相当一致，成功地重现原文的表达效果。

从整体上来看，威译本中的无注之译大都质直达意，令人称道，但极个别例句或可商榷。譬如，下例"如其仁"的译文似乎语义不明，多少令人不知所云：

（4）如其仁，如其仁。（"宪问第十四"）
Who so *jên*? Who so *jên*?
比较：Such was his benevolence. Such was his benevolence. （Lau, 1979：126）

此外，为了再现原作的本真面貌，威译本还会对译文斟酌推敲，精细处理。譬如，译本把书名音译为：*The Lun Yü*，并附以副标题：*Being Utterances of Kung Tzǔ, Known to the Western World as Confucius*，"孔子"音译为"K'ung Tzǔ"，而"（孔）子曰"之"子"译为：the Teacher，该译名比前译如柯大卫拉丁化名称"Confucius"和理雅各之"the Master"以及后世译本的译文（多采用"the Master"）更合乎孔子本人的真实身份，因为"（孔）子曰"之"子"本指"（孔）夫子"，即为"老师"之意，故此译可谓更为准确地道，能够有效再现本义；章首的"（某）曰"利用被动语态译为：It was said by (someone)，像"子曰"译为：It was said by the Teacher，如此表达比主动语态更具客观性，语义也更为精准［值得注意的是，当"子曰"随后的内容涉及孔子本人时，则译为：The Teacher said；对话中"（子）曰"一般译为"said"，表现主动的含义］；译本所有说话内容不用引号，现当代《论语》英译者也有类似处理，如许渊冲（2005）[①]等。

四 余论

充分发挥译文注释的功用是威妥玛《论语》英译本最突出的特色，也是再现原作言简义丰之特色的有效手段，并以此践行附注存真的翻译追求，既与针对"厚语境化"（thicker contextualization）文本的"丰厚

[①] 许渊冲（Xu Yuanchong, 1921—）英译《论语》之作《汉英对照论语》英文名为：*Confucius Modernized*：*Thus Spoke the Master*，于 2005 年在北京由高等教育出版社（Higher Education Press）首次印行，后作为"许译中国经典诗文集"之一《论语：汉英对照》（*Thus Spoke the Master*, 2012）再次出版，在国内外产生了一定的影响。

翻译"①（thick translation）思想相一致（Appiah，2000），也契合副文本理论强调在翻译实践中发挥包括注释在内的多种副文本作用的宗旨（Genette，1997）。诚然，威译本还具有其他令人瞩目的特点：首先该译本是威式拼音法在《论语》英译中的首次使用，且运用广泛，如上文音译法的大量实例即为明证；其次，译本虽为甫就之译，但通过与朱熹《四书章句集注》之"论语集注"逐章比对发现，两者篇章结构一致，故威译所依据的原文版本颇具可信度和权威性；第三，译本释义博采诸家，而非"只参照了汉代孔安国的《论语》注释版本进行翻译"（李钢，2011：102），除了观照译本协作者 K. 的见解外，还主要参阅并借鉴《四书章句集注》《论语注疏》等经典注解著作，译文和注解较为客观，令人信服；第四，译本灵活采用多种翻译操作手法，以再现原作的本真风貌；最后，译本的英文表达具有早期英语的色彩，包括从词汇表达如"ye"、"thyself"、"shew"（即"show"）、"bearest"（动词第三人称单数）和"mine elder"到语法运用如 if‐从句、before‐从句和though‐从句中的时态使用原形动词。

　　威妥玛译本积极而成功地采用译文注释的翻译策略，究其原因，大致可以包括：首先是译者作为语言学者的几近求全责备式的谨严翻译态度；二是译者质直达意以存原貌的翻译理念②；三是清朝尤其晚清经学训诂传统，关注字词语义的考辨，以及精通博识儒经奥义的译文协作者K. 的影响等。同时，由于译本初译未能进一步斟酌和修订，一方面造成没有剔除不必要的注释，特别是那些替换性夹注；另一方面威译本也难免存在不足之处。后者主要表现在译文注释欠妥甚至讹误，译文不够规范，尤其个别核心概念音译不够统一（如"君子"译为"*chün-tzǔ*"和"*chün tzǔ*"）以及单词拼写的异常缩略（如脚注中"孔子"为"Confs."和"十三经"为"13K"）。然而，瑕不掩瑜，威译本通过充

---

　　① "Thick Translation"是美国学者阿皮亚（Kwame A. Appiah）于1993年提出的翻译概念，注重"厚语境化"（thicker contextualization）的翻译。关于它的译名，这里采用"丰厚翻译"（张佩瑶，2007：36），该术语亦译为厚翻译、深度翻译等。

　　② 通过比对威妥玛和董恂的《人生颂》英译文，钱钟书先生认为，威译为"逐字逐句对译"，而董译则是依仿威译"而作出自己的诗"（钱钟书，1997：347），这似乎可以看作威氏倾向直译的一个佐证。

分发挥译文注释的功用，译文整体上反映出附注存真的基本特征，较为成功地再现了原作的本真风貌。

由于威妥玛本人最初并未打算公开刊行其译本，只是期望假以时日进一步修订完善，故威译本鲜为世人所知，所产生的影响亦较为少见。不过，经调查发现，汉学家翟林奈在翻译《论语》时，曾多次征引过威妥玛的译文。此处试举一例。为了表明汉语富有弹性以及转换为欧洲语言的不易，翟氏引用理雅各、威妥玛、詹宁斯和辜鸿铭①四位译者关于"以约失之者鲜矣"（"里仁第四"）的英译加以例证：

Legge：The cautious seldom err.

Wade：It seldom happens that a man errs through excess of moderation.

Jennings：Those who keep within restraints are seldom losers.

Ku Hung-ming：He who wants little seldom goes wrong.

比较：Few are those who err on the side of self-restraint. （Giles，1907：97）

此外，1986年，大英图书馆发起"十九世纪"（The Nineteenth Century）图书出版项目，为期30年，采用单片缩影胶片的形式对19世纪出版的重要英文著作进行重新制作。其中，"十九世纪中国图书"（Nineteenth Century Books on China）②就将威妥玛《论语》英译本（*The Lun Yü：Being Utterances of Kung Tzǔ, Known to the Western World as Confucius*）作为其中之一，于1997年由位于剑桥的查德威克－希利出版公司（Chadwyck-Healey Ltd）制作出版，此举不得不说是对威译本的充分肯定和积极评价。同时，笔者希望也相信将来会有更多的学者关注威译本，对该译本的研究也会随之愈加深入。

---

① 辜鸿铭（Ku Hung-ming，1857—1928）《论语》英译本名为：*The Discourses and Sayings of Confucius：A New Special Translation, Illustrated with Quotations from Goethe and Other Writers*，于1898年在上海别发洋行（Kelly and Walsh, Limited）出版，是第一个由中国人英译的《论语》全译本，采用顺应译语文化的归化翻译策略，对后世颇有影响。

② "十九世纪中国图书"包括733种关于中国的专著和英文译著，剑桥大学艾尔默（Charles Aylmer）教授认为，该图书选集是该时期关于中国的最佳著作之精选代表（也涵盖少量18世纪末和20世纪初的作品），包括许多珍稀之作，时至今日才初次制作发行，详情参见"Nineteenth Century Books on China"相关网页（http：//c19.chadwyck.co.uk/html/noframes/moreinfo/china.htm）（2013－07－11）。

第四节　本章小结

就《论语》英译而言，早期经历了一个从最初的非全译本到全译本的变化过程。在19世纪，先后出现了高大卫、理雅各和詹宁斯三位传教士译者，其《论语》英语全译本以文化利用为主要特征，采用以耶释儒、耶儒互参的翻译策略，直译兼顾注释（包括夹注）的译文虽然与起始期的威妥玛译本颇具一致性，却因译者传教士身份而令译文多少带有宗教色彩。这些译本后来成为传教士乃至众多西方人学习汉语、了解儒家思想乃至中华文化的重要途径，有效地服务于西方的传教事业，也为中西文化交流做出了巨大贡献。同时，以上传教士《论语》英译本在翻译策略、翻译方法、译文格式等方面对后代译者产生了广泛而深远的影响。

威妥玛在华工作和生活数十年，在各种主客观因素的影响下，对待作为"他者"的中国社会文化，从最初的敌视到尊重，继而同情乃至最终的喜爱，经历了个人文化态度的根本性转变，并最终形成自己独特的跨文化身份。作为汉学家，威妥玛在从事繁忙的外交事务之余，不仅能够研编影响深远的威氏拼音法、汉语学习教材等，而且还成为首位英译完成儒家经典《论语》的非传教士译者以及剑桥大学首任汉语教授，这种深入探研中国语言文化并认真译介儒家思想的精神不能不令人心生敬服之情。

作为语言学者型译者，威妥玛呈现出严谨的翻译态度，受到学识广博的译文协作者K.、晚清经学训诂传统等因素的影响，其译本强调对原作文本的字斟句酌，并采用附注以存真的直译手法达到有效迻译儒家思想的目的。概而言之，威译本以发挥译文注释功用为突出特色：夹注体现替换和补释两大功能，而脚注则阐发己见和博采诸家；无注之译追求概念对应和语序一致；译文整体上反映出附注存真的基本特征，能够再现原作的本真风貌。尽管19世纪《论语》英译以传教士译者为主流，但外交官兼汉学家威妥玛从语言学者视角翻译的开创性译本独树一帜，并对后世产生了一定的影响。

第三章　延伸期：质直求真

进入20世纪以后，汉学家《论语》英译活动有了进一步发展，截至20世纪40年代，国外《论语》英语全译本先后出现了三个，即赖发洛译本（1909）、苏慧廉译本（1910）和韦利译本（1938）。其中，苏慧廉是英国传教士，其译本不属于本研究的主要对象，仅简略处理；赖发洛译本和韦利译本为本章研究重点，这里选取赖发洛及其《论语》英译本为主要个案研究对象。

第一节　本期汉学家《论语》英译概观

在延伸期，赖发洛《论语》英译本初版即为"哈佛经典"（Harvard Classics, Vol. 44, Part 1），其后两次修订完善并多次刊行，然而罕有深入研究，与受到广泛研究的韦利《论语》英译本形成鲜明对比。本节除了探研汉学家韦利及其译本外，还将对苏慧廉全译本、翟林奈非全译本等加以简要介评。

一　韦利与《论语》英译

韦利（Arthur David Waley, 1889—1966），又译名威利、魏理等，是英国汉学家、翻译家。韦利自幼酷爱语言和文学，1903年在英国著名的拉格比学校（Rugby School）读书，1907年入剑桥大学国王学院攻读古典研究，师从著名教授迪肯森（Goldsworthy L. Dickinson）和摩尔（George E. Moore），对东方文化研究产生浓厚的兴趣；从1913年到1929年在大英博物馆东方部工作，后在伦敦东方与非洲研究学院任教。二战后，韦利致力于写作、翻译及学术研究，先后获牛津大学和阿伯丁大学荣誉博士学位，并获英国女王诗歌金奖（Queen's Gold Medal for Poetry, 1953）等荣誉。他精通汉、满、日等多种语言，学识渊博，成果非凡，在研究和翻译中日文学领域所取得的成就尤为突出，被誉为"没有到过中国的中国通"（马祖毅、任荣珍，2003：229）。韦氏著译甚丰，其中译介的中国典籍除《论语》（1938）①外，还主要有《道德经》（*Tao Te Ching*）［收于《道及其力量》（*The Way and Its Power*, 1934）一书］、《诗经》（*The Book of Songs*, 1937）、摘译本《西游记》（*Monkey*, 1942）等。

众所周知，第一次世界大战给欧洲各国人民带来了空前的灾难，对西方社会造成了极大的损失和破坏。韦利翻译《论语》正值二战爆发的前夕，作为一名富有同情心且观察敏锐的学者，他在自己相关研究及翻译实践中表现出对现实的关切。美国汉学家史景迁（2005：384）研究认为，从中国诗人白居易身上，韦利发现了一种浓厚的包容，而且韦利所处时代的忧患，似乎早在一千多年前就为白居易所识破，"厌恶自命不凡，同情穷人，又无情地揭露鄙俗行径"。1949年，韦利出版专门研究白居易的传记著作《白居易的生平与时代》（*The Life and Times of Po Chu-i*），向西方读者深入介绍这位杰出的中国诗人。英国女诗人、文艺评论家西特韦尔（Edith Sitwell）曾在一封致韦利的信中论及他翻译的《西游记》等译作（包括《论语》）："对《西游记》我了解得不多。但是它却让我感到必然性的存在，感觉到平和的喜悦，这是我经常能从你的译作中体会到的感觉"（史景迁，2005：389）。史景迁认为，韦利的译作之所以牢牢地吸引着广大读者，就在于让人感受到"黑暗的势力以及非理性都已被战胜"，并"以东方的风格为受到严重威胁的生活祈祷祝福"（同上：390）。此外，德·格拉齐指出，韦利的犹太人身份影响其一生，令他对弱势群体深怀同情（De Gruchy, 2003：54），这似乎是对韦利看待他者文化态度的独特个性及其价值取向的进一步佐证。

不仅如此，韦利在二战期间爱憎分明，正义感表现十分突出，反映出自己作为一名西方知识分子的可贵良知。1940年，韦利在《亚细亚

---

① 关于韦氏《论语》英译本的出版时间，李冰梅（2011：241）在《文学翻译新视野》一书的"附录一"有关韦利的简介中也有涉及，却误将其定为1937年。

评论》(Asiatic Review) 上发表题为《感激中国》(Our Debt to China)(Waley, 1940：554—557) 的文章，除了介绍徐志摩在翻译及传播英国文化方面的贡献，还表达了自己对处于战火之中的中国人民的同情。在中国抗日期间，韦利还曾担任"全英援华运动总会"的副会长，援助中国人民的正义抗战。此外，韦利与萧乾、季羡林、胡适等中国学者皆有友好交往。在萧乾负笈剑桥期间，韦利不仅在《地平线》(Horizon) 发表诗作《审查：一首中国体诗》(Censorship: A Poem in the Chinese Style, 1940) 题献给萧乾，而且后来同作家福斯特 (Edward M. Forster) 一道成功推荐萧乾成为剑桥大学国王学院研究生。值得一提的是，韦利因翻译日本文学的突出贡献，于1959年被日本政府授予勋三等瑞宝章，然而出于对帝国主义战争的反对之情，韦利并未去日本领奖。

1958年，韦利在《大西洋月刊》(The Atlantic Monthly) 发表论文《谈翻译》(Notes on Translation)，通过丰富的例证评析比较集中而全面地表达了韦利的翻译观，包括不同类别的翻译服务于不同目的、译者不必甚至并非最好是一名创造性的天才、（较之于谱曲者）译者的角色更像一名音乐演奏者等，并深入介绍林纾的翻译实践及其相关观点，尤其林译留给人们的启示如译者应乐于玩弄文字、如何选择所译作品等 (Waley, 1958：107—112)。作家兼翻译家科恩 (John M. Cohen) 和汉学家霍克思 (David Hawkes) 分别于1950年和1961年在《泰晤士报文学增刊》(The Times Literary Supplement) 撰文《韦利博士的翻译》(Dr. Waley's Translation) 和《译自中文》(From the Chinese) 研究韦利的翻译思想，并给予高度评价。

韦利《论语》英译本名为：The Analects of Confucius，于1938年在伦敦由乔治·艾伦和昂温出版公司 (George Allen & Unwin Ltd) 首次出版。除译本正文之外，该译本还包括"前言"(Preface)、"导论"(Introduction)、"附录"(Appendix)、"补充注释"(Additional Notes)、"索引"(Index) 等内容。关于《论语》英译，韦利的翻译理念不同于以往众多西方译者，他明确倡导国学大师顾颉刚 (Ku Chieh-kang) 提出的"一个时期一位孔子"(one Confucius at a time) 的基本观点 (Waley, 1938：14)，认为只有这样才能真正理解《论语》的丰富文化思想。对于《论语》原作，韦利的思辨和质疑有时会走向极致，甚至认为人们有理由假设它包含孔子本人很少的话语，或许根本连一句话也没有（同上：25），以至于韦译本存在删除、省译译者所认定的原作中不真实的文字，如第十篇（即"乡党第十"）、第十八篇（即"微子第十八"）的部分章节（同上：13）。这一切也都反映出一名学者型译者态度谨严、学术考辨的典型特征。

国内外有关韦利《论语》英译本研究的著述丰富，多有褒誉之词。杜布斯（Dubs, 1939: 557—558）在关于韦译本的书评中，认为该译本有两大优点：一是译者借鉴现代中国学术思想的成果；二是译本的文学性优于先前译本。但也指出，导论部分包括大量难以服众的内容，体现译者的固执己见如有关孔子对天的态度，且大多数章节译文与先前佳译尤其是苏慧廉的《论语》英译本相像。谭卓垣（Taam, 1953: 153）肯定韦利在导论部分对《论语》进行了学术性和批评性兼顾的评价，认为其汉语术语的界定佳于苏慧廉的译本，强调韦译本充分利用理雅各和苏慧廉的两个译本，洋溢着现代学术气息和认真研究精神。

国内学者对韦译本也进行了深入研究，如比较研究理雅各与韦利翻译《论语》的义理系统发现，理雅各基本上以《四书集注》的义理为依据，而韦利则以清儒的义理为旨归，义理上自成系统，各具特色，是两个译本能够长久行世、又不能被完全取代的重要原因（程钢，2002: 17—28）；通过比较研究理雅各与韦利的两个《论语》经典英译本，指出两个译本虽各自存在问题，但妙译纷呈，文质颉颃："理译"基本尚"质"，"韦译"大致趋"文"（何刚强，2007: 77—82）。也有基于具体统计与大量实例的研究表明，韦译本虽在语义合理性上不尽如人意，但在句法合理性上可圈可点，可能正是后者使"韦译"至今仍在很大范围内获得肯定；不过，错讹之处"大约要占到整部《论语》篇章的百分之二十五"（何刚强，2005: 15—19）。

关于韦译本对原作内容的质疑与调整，体现出韦利作为一名学者型译者的特质，这里试举一例。韦利在翻译《论语》"里仁第四"篇的第三章（子曰："唯仁者能好人，能恶人。"）和第四章（子曰："苟志于仁矣，无恶也。"）时，将两章合二为一，在注释中征引《大学》和《国语》的语句加以说明理由，并指出第三章原文的"子曰"应省译，即：Of the adage 'Only a Good Man knows how to like people, knows how to dislike them,' the Master said. He whose heart is in the smallest degree set upon Goodness will dislike no one（Waley，1938：102）。对此，同为《论语》译者的利斯认为，韦利此举企图在为他篡改原文而辩护，却令人难以信服（Leys，1997：131），该观点也不无道理，值得读者三思。

综合译本正文、注释、前言和导论等内容来看，韦利《论语》英译本具有以下鲜明的特色：首先，译者不仅阐明个人有关《论语》文本考据的观点，而且在译文尤其注释评论中多有实践，对西方学术界以及后世《论语》译者深有影响；其次，译者虽然认为原作多少显得机械、让人乏味，但译文尚求文学性，颇具现代语言气息，以服务于普通读者；第三，译本的学术性色彩较浓，译者长达 67 页、思辨丰富的导论以及大量旁征博引的注释等内容令人印象深刻；第四，更为重要的是，韦译本畅达可读，虽直译居多，却文质兼具；较之于先前的威妥玛译本、赖发洛译本，呈现出从直译到释译的过渡性译本特点。正是因为韦译本内容丰富，信息量大，具有考辨性、学术性、知识性等特点，除正文以外的其他内容对普通读者来说具有一定的挑战性。

韦利《论语》英译本自 1938 年问世以来，影响深远，迄今魅力尤存。2000 年，美国"人人丛书"（Everyman's Library）再版韦利《论语》英译本，该套经典丛书在英语世界具有重要影响。作为国内近年来两套重要的丛书，"大师经典文库"和"大中华文库"皆选用韦译本在 1998 年和 1999 年分别由外语教学与研究出版社和湖南人民出版社出版，前者称之为我国古代哲学典籍的权威英译本，而后者是 1995 年立项的中国历史上首次系统全面地对外译介中国文化典籍的国家重大出版工程，旨在向世界说明中国。韦利《论语》英译本对后世的影响如此之重大，究其原因，很大程度上"与韦利译者的权威及其译本的经典化密切相关"（林精华等，2010：315）。

二 韦译之外

（一）苏慧廉的《论语》英译

苏慧廉《论语》英译本名为：*The Analects of Confucius*，于 1910 年在日本横滨由福音印刷合资会社（The Fukuin Printing Company, Ld.）

出版。译者苏慧廉（William Edward Soothill，1861—1935），又译名苏特尔、苏熙洵等，为英国偕我会（United Methodist Free Church）传教士。1881 年，苏慧廉受偕我会派遣来到中国温州。在华期间，积极传教办学，后来任山西大学堂西斋总教习（Principal of the Imperial University, Shansi）；回国后曾担任牛津大学汉语教授一职。除英译《论语》外，苏氏还著有《学生四千常用汉字袖珍字典》（*The Student's Four Thousand and General Pocket Dictionary*，1899）、《中国传教纪事》（*A Mission in China*，1907）、《中国三大宗教》（*The Three Religions of China*，1913）、《中国历史》（*A History of China*，1927）、《中国和英国》（*China and England*，1928）等。

苏慧廉译本印行颇广，代理发行商包括中国美华书馆（The American Presbyterian Mission Press）、日本卫理公会出版社（The Methodist Publishing House）、英国奥利芬特-安德森-费里尔出版公司（Oliphant, Anderson & Ferrier）以及美国弗莱明·雷维尔公司（The Fleming H. Revell Company）。作为儒家经典的译者，苏慧廉不满意于先前的译本，新译博采多家（如理雅各和辜鸿铭），对宋儒朱熹有关《论语》的注解多有参考，尊重并赞许儒家学说。谭卓垣指出苏慧廉关于圣人孔子的解读毫无新意，他的贡献在于向读者提供关于孔子的历史背景以及对关于中国的古代地理名称的考证（Taam，1953：152）。然而，囿于自身的传教士身份及基督教思想的影响，基于服务传教事业的根本目的，其翻译动机和翻译策略以及关键词"仁"的英译"都带有浓厚的基督教教义色彩和西方宗教哲学意识"（丁小英，2009：65）。以上观点表明，苏慧廉译本在相当程度上背离了儒家的本真思想，像其他《论语》传教士译者一样会误导西方读者走向了解儒家思想的歧途。

（二）翟林奈的《论语》英译

翟林奈《论语》英译本全名为：*The Sayings of Confucius: A New Translation of the Greater Part of the Confucian Analects*（《孔子语录：〈论语〉之大部分新译》），于 1907 年在英国伦敦由约翰·默里出版公司（John Murray）出版。该译本虽为非全译本，但影响颇大，有关研究成果甚至远远超过一些《论语》英语全译本，如国内研究就有杨平（2008）、戴俊霞（2011）、李冰梅（2015）等，故作为本研究的特例在此也单独加以简要介评。译者翟林奈（Lionel Giles，1875—1958）是出生于中国的英国汉学家，其父为著名汉学家翟理斯（Herbert A. Giles，1845—1935）。1900 年，翟林奈返回英国并担任大英博物馆东方部主任一职，负责管理东方图书。除了英译《论语》外，他还翻译过《孙子兵法：世界最古老的军事策略》（*The Art of War: The Oldest Military Treatise in the World*, 1910）、《老子》（*The Sayings of Lao Tzu*, 1904）、《孟子》（*The Book of Mencius*, 1942）、《列仙传》（*A Gallery of Chinese Immortals*, 1948）等。

翟译本主要包括"导论"（Introduction）和译本正文两个部分。"导论"长达 30 页，对孔子及其思想进行了深入的介评，就理雅各对原作及儒家思想的误读（如刻意贬低儒家褒扬基督教）和误译做出许多批评，但也指出并肯定理雅各后期思想观念的转变。该译本最突出的特色是译者按照不同主题对原作篇章内容进行重新调整和编排，可谓开创了《论语》编译的新篇章，对后世《论语》编译者产生了影响。翟译本主要包括"为政与公务"（Government and Public Affairs）、"个人品德"（Individual Virtue）、"孔子评人"（Confucius' Estimate of Others）、"孔子自评"（Confucius on Himself）、"杂论"（Miscellaneous Sayings）、"举止言谈（轶事）"（Personalia）、"人评孔子"（Confucius as Seen by Others）、"弟子之语"（Sayings of the Disciples）等部分，所译章节内容近乎《论语》原作的三分之二。从内容来看，译文主要参考了四位中外译者，即理雅各、威妥玛、詹宁斯和辜鸿铭。总起来说，翟译本注释简略得当，表达质朴，兼采多家，力避传教士译本的基督教色彩，尤其按主题分类的新颖编排，虽然有违《论语》的原貌，却有利于西方读者更好地理解和接受原作所蕴含的丰富儒家思想。

此外，美国学者道森（Miles Menander Dawson，1863—1942）于 1915 年在伦敦由乔治·帕尔默·普特南子嗣出版公司（G. P. Putnam's Sons）印行了其编撰的《孔子的伦理》（*The Ethics of Confucius*）一书，内容十分丰富，涉及"四书""五经"等著述，其中有关《论语》章节的翻译借用了理雅各的译文；其后又编撰了《孔子的智慧：孔子及其弟子伦理语录》（*The Wisdom of Confucius: A Collection of the Ethical Sayings of Confucius and of His Disciples*）一书，于 1932 年由国际袖珍图书馆出版公司（International Pocket Library）印行，而编译之作《孔子基本教义》（The Basic Teachings of Confucius）于 1942 年在纽约由新家图书馆（The New Home Library）出版。英国汉学家修中诚（Ernest Richard Hughes，1883—1956）所著《中国古代哲学》（Chinese Philosophy in Classical Times）于 1942 年在伦敦由约瑟夫·马拉比·登特子嗣公司（J. M. Dent & Sons Ltd.）印行，也涉及《论语》部分章节的英译，其目的是通过翻译《论语》的章节内容来解读孔子其人及其哲学思想。另有英国学者厄普沃德（George Allen Upward，1863—1926）基于理雅各译本编译的《孔子语录》（Sayings of K'ung the Master），于 1904 年在伦敦由东方出版社（The Orient Press）印行；美国弗吉尼亚大学波特（William Sumner Appleton Pott，1893—1967）副教授有关"四书"选译的英文著作《中国政治哲学》（Chinese Political Philosophy）于 1925 年在纽约由阿尔弗雷德·诺普夫出版公司（Alfred A. Knopf, Inc.）刊行；德国作家德布林（Alfred Döblin，1878—1957）编译之作《孔子鲜活思想》（The Living Thoughts of Confucius）于 1940 年在纽约由朗曼斯·格林公司（Longmans, Green & Co.）出版；澳大利亚学者萨德勒（Arthur Lindsay Sadler，1882—1970）《论语》摘译之作《儒家文选》（Selections from the Confucian Texts）于 1944 年在悉尼由澳大利亚医学出版公司（Australasian Medical Publishing Co.）印行；考克斯（E. A. Cox）所撰插图解说译本《孔子语录》（The Sayings of Confucius）于 1946 年由刘易斯出版有限公司（F. Lewis Publishers Ltd.）印行；英裔学者格林利斯（Duncan Greenlees，1899—1966）转译自法国汉学家鲍狄埃（Guillaume Pauthier）之法译本《孔子与孟子》（Confucius et Mencius）的"四书"摘译之作《中国的福音》（The Gospel of China）于 1949 年由神智出版社（The Theosophical Publishing House）刊行等。

该时期尤其值得一提的还有两个《论语》英译本。一是中国台湾学者郑麐（Cheng Lin）翻译完成《英译四书》（The Four Books, Confucian Classics），于 1948 年由上海世界出版社（The World Publishers）印行，成为首位完整英译"四书"的中国人；其中，《论语》部分按照诸如孔子自我描述、孔子个人习惯、孔子轶事、孔子与弟子等 11 个不同主题重新组构，译文畅达，便于西方读者领悟原作所蕴含的儒家思想，值得深入探研。二是谢德怡（Tehyi Hsieh，1884—1972）博士早在1931年编译完成、于美国波士顿由中国服务局（Chinese Service Bureau）印行的《子曰》（*Confucius Said It First*），该书短小精悍，有些内容中西参照，尤其书中"Sayings of Confucius"部分按照行为、家庭、孝、友谊、政事、学、君子等主题对《论语》相关内容加以归类，有利于西方普通读者理解原作及有关孔子思想。

第二节 赖发洛与《论语》英译

一 个人背景：从海关洋员到文化敬畏型译者

赖发洛（Leonard Arthur Lyall，1867—1940），又音译名为兰雅、莱尔、莱奥等，出生于伦敦，是英国汉学家。1886年以海关洋员的身份来华，入中国海关任帮办。在北京学习汉语九个月，后在安徽、广东、湖北、上海、湖南、江苏、云南等地海关任职，在华40余年。从现有的文献资料来看[①]，个人海关工作经历包括：从1905年7月到1906年10月，任沙市海关税务司；1910年主管思茅海关，成为该海关的第三任税务司；从1913年11月到1927年5月，赖发洛在总司署、江海关等处任职，其中1919—1920年、1922—1925年两任江海关税务司。

在赖发洛始入海关工作之际，英国人赫德（Robert Hart，1835—1911）为时任总税务司。赫德极为重视外籍海关职员的汉语能力，甚至强调说，"诱导大家学习中文，就给了每一个人以在本质上是这个国家里最重要的东西"（姚梅琳，2005：207—208）。他还利用由海关税收资助的同文馆作为学习汉语的场所，积极鼓励他们掌握汉语。就是这样，许多海关洋员通过经年的努力学习，不仅熟悉和掌握中国的语言文字，而且通晓博大精深的中国文化，这其中就包括赖发洛。

面对陌生的语言文化环境，赖发洛通过自身的勤奋和努力，加之海

[①] 主要包括《中国海关密档：金登干函电汇编（1874—1907）》（第四卷）（中华书局1992年版）、《中国海关密档：金登干函电汇编（1874—1907）》（第七卷）（中华书局1995年版）、《中国近代海关史大事记》（中国海关出版社2005年版）、《全球化视野：中国海关洋员与中西文化传播（1854—1950年）》（中国海关出版社2008年版）等著述，也是下一节内容的重要参考资料。

关工作的客观需要以及多年的在华生活，汉语能力和知识水平迅速提高，并赢得他人的赞许。德国籍海关洋员赫美玲（Karl E. G. Hemeling）博士中文造诣颇深，曾编纂《英汉官话字典及翻译手册》，英文书名为: *English-Chinese Dictionary of the Standard Chinese Spoken Language*（官话）*and Handbook for Translators*，于1916年由海关造册处出版。在词典序言中提到十余位需要特别感谢的中外人士，其中就有时任税务司的赖发洛。显然，此时的赖发洛一定意义上已然成为一名相当熟悉英汉语言转换的专家。其实，在晚清海关的外籍洋员中，像丁韪良（William A. P. Martin）、夏德（Friedrich Hirth）、沙谔文（Erwin R. von Zach）、艾约瑟（Joseph Edkins）、马士（Hosea B. Morse）以及总税务司赫德、下文提及的文林士等人后来都成为颇为有名的"中国通"或汉学家。像马士不仅是名著《中华帝国对外关系史》（*The International Relations of the Chinese Empire*）的作者，而且其关于中国近代史的观点对费正清产生过重要影响，有学者研究认为"费正清教授的基本观点未能脱出马士的窠臼"（陈霞飞，1992a：210）。

与此同时，赖发洛还通过与晚期文人保持友好的交往，不断提升自身的中国语言文化素养，进而增强对儒家典籍的理解和思考。首先是帮助赖发洛翻译《论语》的协作者经乾堃（King Chien-kün）。在赖译本（第二版）"前言"（Preface）的最后部分，译者专门提及并感谢这位功不可没的译文帮助者，此人后来还与赖氏合译了《中庸》（*The Chung-yung; or, The Centre, the Common*, 1927）。素有"清末怪杰"之称的辜鸿铭，文博中西，特立独行，竟然也把赖发洛当作"朋友"和"先生"。关于《论语》中核心概念"仁"的翻译，辜鸿铭详细地描述了自己经历从译为"道德感"（moral sense）到改译成"神性"（Godliness）的过程，"因为这种至上的道德，按照基督教的概念，它是上帝的属性，我们中国人则将其认作人类的内在特质"（辜鸿铭，1996：204）。同时，辜氏不仅提及理雅各将"仁"译为"完美的德行"（perfect virtue），而且对于自己的译文"moral sense"，还声称"我的朋友赖发洛先生不同意将'仁'译成'道德（moral）'，因为，'道德'使他想到'伪君子'（prig），他将其译作爱（love）"（同上）。而赖发洛在《论语》英译本（第一版）的"前言"中，特别强调在汉英词语对应方面极为受益于"辜鸿铭先生的妙译"（Mr. Ku Hung-ming's clever translation）（Lyall，1909：v）。不难看出，从两个人的言辞之间，透露出十分丰富的信息：其一，赖发洛和辜鸿铭之间的交往可以称得上相当密切；其二，他们的交往非同日常往来，至少具有一定的学术性；其三，从中还可以看出，他们就《论语》英译进行过较为深入的交流与研讨。

二 历史文化语境

鸦片战争以前，中国的海关大权由皇帝派遣的海关监督掌控，"具有官商性质的行商，是对外贸易的经营者"，随着一系列丧权辱国的不平等条约如《南京条约》的签订，中国海关"开始转变为受帝国主义控制的半殖民地半封建性质的海关"（陈霞飞、蔡渭洲，2012：5—6）。海关洋员"来自20多个国家"，"从最初的数十人，发展到20世纪初的千余人"（戴一峰，2008：序言）。

赫德任清海关总税务司长达近乎半个世纪（1863—1911），逐渐形成了一套完整的招聘制度，其中就有熟悉汉语优先原则。赫德在招聘外籍职员之初，就特别强调，"海关是中国的机关，外籍职员自然要为中国政府办事，海关必须有尽可能多的人了解中国并懂得汉语"（詹庆华，2008：59—60）。1899年1月18日，赫德发出的总税务司通令第880号规定："若不能用中文进行工作，不论是谁，都不能提升为副税务司和税务司；已经或以后晋升为副税务司或税务司的，如果没有足够的汉语知识和汉语说写能力，将被搁置一边，他们的职责应减少甚至免除"（同上：309）。赫德还重视海关洋员的精挑细选，坚持严格的招录原则，"认为中国海关关员必须德才兼备"（张广志，2012：43）。后来，安格联（Francis A. Aglen）在继任总税务司期间（1911—1927），也同样强调外籍海关职员的综合素质和中文学习。

在任职总税务司期间，赫德除了极为重视海关洋员的汉语学习，还曾经多次向晚清政府建议派员到海外考察，认识西方社会和文化。1866年，由斌椿率领的中国第一个出国考察团得以组建，其中就包括总税务司署帮办包腊（Edward C. M. Bowra）和德善（Emile de Champs），该团出使欧洲多国，其游历考察记录对中国人了解当时的西方文明颇具参考价值，斌椿后来也被誉为"东土西来第一人"（钟叔河，1985：71），为中西方文化之间的交流揭开了新的一页。同时，赫德也强调海关洋员与政府官员及民众的友好往来，了解当地的风土人情，从而更有效地从事海关工作。

正是在这种历史背景下，赖发洛于1886年来到中国海关工作，此时其兄赖阿洛去世不久。赫德在1886年11月15日写给金登干的信中，就提到"小伙子赖发洛于今天到达北京。他因胃病发烧在香港停留了两周"，自己会像对待赖阿洛那样"自然而然地爱护他"（陈霞飞，1992b：422）。赖发洛的身体状况不仅一开始就欠佳，而且一旦病起来还颇为严重。在1900年1月14日写给金登干的信中，赫德谈到在上海时任二等帮办后班的赖发洛，"我刚把赖发洛提拔起来，让他主持关务的时候，他的身体便不行了"，赖氏随后从该月底起便休假两年（陈霞飞，1995：9）。1902年11月7日，金登干在写给赫德的信中还提到，"赖发洛现在挪威治病"（同上：428）。

然而，健康不良因素并未影响赖发洛的海关工作。赖发洛对待工作恪尽职守，业务能力和工作业绩突出，广受肯定和赞许。如上所述，1900年初，来华不足四年的赖发洛便赢得总税务司赫德的提拔，"主持关务"，其汉语能力提高之快以及工作业绩之显著由此可见一斑。民国初年，熊希龄在担任民国财政总长时，"曾聘用英国关税专家赖发洛担任财政部关税改良委员会委员，以改进税制，增加税收"（周少连、吴汉祥，1990：356—357）。1917年8月，北京政府正式对德、奥宣战，英、美等国允诺北京政府提高关税率，成立修改税则的中国委员会；11月30日，冯国璋令由税务处曾述棨任主任，财政部李景铭、海关税务司赖发洛任副主任[①]。1920年5月27日，在税务司赖发洛的督促下，江海关验估课正式成立，提高了工作效率；12月14日，赖发洛就各方对估价工作不满的问题提出改进措施并赢得多数商人的赞同（孙修福，2005：213，225）。后来，于1922年3月在上海成立的修改税则委员会由蔡廷干任委员会主任，赖发洛等四人为副主任；于1926年8月在上海组织的编订货价委员会由陈銮任委员长，而赖发洛就任副委员长。

[①] 参见中国社会科学院近代史研究所和中华民国史研究室合编《中华民国史资料丛稿大事记》（第四辑），中华书局1976年版，第72页。

海关洋员待遇优厚，社会地位较高，往往长期在华生活，有着广泛的社会交往，在引进西方海关管理经验和制度的同时，也具备充足的条件从事中国语言文化的学习和研究。尤其是出于海关工作的客观需要，以及长期浸润于博大精深的中国文化，一些海关洋员在工作之余，对中国语言文化产生了浓厚的兴趣，甚至进行一定的研究并取得可观的成果，如英国籍孟国美（P. H. S. Montgomery）的《温州方言入门》（*Introduction to the Wênchow Dialect*，1893）、英国籍文林士（Charles A. S. Williams）的《中国隐喻手册》（*A Manual of Chinese Metaphor*，1920）、荷兰籍费妥玛（Thomas T. H. Furguson）的《学庸两论集锦》（*Fragments of Confucian Lore*，1920）等著作都是其中的突出代表。这也表明当时外籍海关洋员不仅相当熟稔中国语言，而且在某些领域从事较为深入的学术性研究。也正是长期工作和生活在这样的环境中，赖发洛逐渐为中国悠久而丰富的语言文化所吸引，最终走上了汉学家之路，为中华儒家典籍的外译和传播做出了积极贡献。

詹庆华（2008：332，339，420—421）研究认为，海关洋员的汉学研究有三个特点：一是成果丰富多样，研究方式和视野有别于传统的汉学研究；二是大量著述对西方社会影响广泛而深远；三是研究成果较早向"西方中心观"发起了冲击。在许多著述中，他们都不同程度地怀疑工业革命后西方文明的优越性，转而欣赏东方儒家文明，并对西方殖民者的行径进行谴责。与同时代来华的传教士、外交官等一样，海关洋员的汉学研究和传播活动，是19世纪西方殖民主义和近代西方学术发展的双重产物，特别是他们的汉学研究为西方汉学提供了丰富资料，引发西方学者对中国问题研究的变化，通过他们与西方汉学家之间的交往，在多方面有力地促进了国际汉学的发展。

三　翻译动机与翻译目的

赖发洛《论语》英译本名为：*The Sayings of Confucius*（《孔子语录》），最初于1909年由位于伦敦的朗曼斯·格林公司（Longmans, Green and Co. Ltd.）印行。赖译本（第三版）篇幅极为简短，正文仅有102页。该版译本的"导论"（Introduction）写于1909年，所涉内容翔实，不仅包括孔子个人生平及其思想、《论语》原作的生成以及特定的社会背景（有意思的是他还把周王室视为"Holy Roman Empire"①，即"神圣罗马帝国"），而且论及道家、墨家等学派的思想观点。

关于《论语》原作，赖发洛指出，虽然中国人相信该书为孔子弟子所作，却无法证实，而且书中的话语与孟子引用的内容并不一致。原作中的语句为前人未曾言说，如此精辟和流畅的表达唯有经过长期润色而成，并认为理雅各的结论最为可信：该书为孔子弟子的弟子根据孔子弟子的话语和记录编纂而成，时间大约在公元前 400 年（Lyall，1935：xii—xiii）。在赖译本初版的"前言"（Preface）中，译者认为前人的大量注疏使该译本成为可能，并对理雅各译本深表感谢，坦承不少注释以及"导论"的大部分内容参考了理雅各的观点；同时也指出，尽管理译本对学生很有价值，但是存有缺陷（Lyall，1909：vi）。以上不仅让人看到赖发洛进行《论语》翻译的一个重要动机，而且体现出传教士理雅各《论语》译本对赖发洛译本的影响，以及西方《论语》英译的延续性和承继性。

作为译者，赖发洛清醒地认识到《论语》原文的两个基本特征：一是"难懂"（hard to understand），二是"多义"（more than one interpretation）；并着重分析原作中的两个关键词"君子"和"仁"，经过反复推敲，决定分别翻译成"gentleman"和"love"（尽管译者意识到"love"和"仁"颇为不同），认为符合"真实翻译"（true translation）的译文往往并不易读，况且长长的注释于英语读者几无趣味（Lyall，1935：v—vi）。因此，赖译本第二版（1925）的"前言"（Preface）强调译文"比初版更加接近字词对应"（more nearly word for word than it was in the first），而仅一句话的赖译本第三版（1935）的"前言"再次突出修订版旨在"更接近于汉语原文"（bring it nearer to the Chinese）（同上：vi）②。从中不难看出译者赖发洛精益求精的谨严翻译态度，对

---

① 汉学家翟林奈稍早在其《论语》英译本"导论"中就曾用"Holy Roman Empire"一语来形容日薄西山、时局动荡的周王朝（Giles，1907：14）。

② 英国文艺理论家和批评家理查兹（Ivor A. Richards）其专著《实用批评》（*Practical Criticism*）中论及"自我完善之诚"（Sincerity as self-completion），认为最令人兴奋的讨论可在《中庸》里找到，此处除了理雅各的《中庸》译本，就提到赖发洛（L. A. Lyall）和经乾堃（King Chien Kun）"颇为直译的"（very literal）合译本（Richards，1930：283），这似乎也可看作赖氏直译风格的又一明证。

《论语》原作与儒家思想的极其尊重，以及对待异域文化的敬畏之情。

不仅如此，赖发洛对中西文化的交流很有热情，并为之付出各种努力。在 1919 年至 1925 年期间，时任江海关税务司的赖发洛就曾经常在税务司办公室召开委员会会议，积极讨论资助中国学生留学等事宜（詹庆华，2008：200）。此外，他还先后翻译了《中庸》（1927）和《孟子》（1932）两书并数次再版。他著有《中国》（China）一书，篇幅达 377 页，包括"一般特征"（General Characteristics）、"宗教"（Religion）、"教学"（Teaching）等部分，内容丰富而翔实。1934 年，该书作为"现代世界"（The Modern World）丛书之一在伦敦由欧内斯特·本出版有限公司（Ernest Benn Ltd）刊行，向西方积极介绍和宣传中国。

综上可见，赖发洛最初因海关洋员工作的客观需要，加之数十年的在华生活，促使他学习并了解中国的语言文化，为博大精深的儒家典籍及其思想所逐渐吸引，充满尊重与敬意的文化态度随之油然而生。尤其通过与诸如经乾堃、辜鸿铭等晚清文人的密切交往，使他更加认识到孔子、《论语》以及儒家思想在中国传统文化中的重要地位，伴随着个人热心于中西文化的交流、意识到理雅各译本的缺陷等因素，最终满怀敬畏之心，致力于儒家经典《论语》的译介，帮助西方读者了解儒家思想，促进中华文化在西方的传播。

第三节　赖译本的质直翻译

赖发洛《论语》英译本初版于 1909 年，其第二版和第三版分别在 1925 年、1935 年刊行，从中不难想象该译本在当时颇具影响力，也反映出译者本人精益求精的翻译态度。尤其是从两个修订本的相关说明以及具体译文内容可以发现，"更贴近原文"是译者翻译实践的一贯追求，也是实现其"真实翻译"理念的必要手段。通过文献检索发现，尽管赖发洛《论语》译本在国外颇有影响，且近年来就多次印行[1]，国

---

[1] 赖发洛《论语》英译本至少在 2007 年（Kessinger Publishing）、2008 年（Kessinger Publishing）、2010 年（Kessinger Publishing）、2011 年（General Books）、2012 年（Ulan Press）、2013 年（CreateSpace Independent Publishing Platform）等分别出现不同的重印版本。

内却鲜有研究,以下便以赖译本第三版为鉴评对象加以探研。

一 赖译的"真实翻译"

通观赖发洛《论语》英译本,译者追求的以"贴近原文"为基本特征的"真实翻译"尽管不同于几乎同时出现、由本杰明(Benjamin,1923/2004)所倡导的旨在再现"纯语言"(pure language)的"真正翻译"(real translation)思想,但两者又似乎至少在一点上是相似的:后者为了实现译文的透明性,也强调对原文进行"直译"(literal rendering)的必要性(参见 Venuti,2004:21)。译本细读发现,赖发洛在英译《论语》的过程中,充分发挥直译法的作用,较好地再现了原作简洁洗练的特色。具体说来,赖译本所采用的翻译手段大致可以分为两大类:一是句序概念对应,二是句序概念调整。据粗略统计,第一类在整个译文中所占比例超过五分之四,而第二类则不足五分之一。

(一)句序概念对应

句序概念对应在赖译本中可分为两类:一类是句序(法)和概念皆保持对应,这是译者赖发洛最为喜爱的翻译方法,使用频率也最高;另一类为句序(法)或概念保持对应,这种翻译方法在译文中的使用也较为普遍。该现象显然符合译者的"更贴近原作"的翻译追求,也符合其"真实翻译"的思想理念。首先试看译文句序(法)和概念皆与原文对应一致的例证:

(1)子曰:"志于道,据于德,依于仁,游于艺。"("述而第七")

The Master said, Keep thy will on the Way, lean on mind, rest in love, move in art.

(2)子曰:"君子泰而不骄;小人骄而不泰。"("子路第十三")

The Master said, A gentleman is high-minded, not proud; the small man is proud, but not high-minded.

下文例(3)则是译者为了与原文相符,以致违背了英语语言的习惯表达,造成了译文的"头重脚轻",而例(4)则考虑到英语的表达需要,对译句的内部进行了一定的微调:

(3)子曰:"君子食无求饱,居无求安,敏于事而慎于言,就有道而正焉,可谓好学也已。"("学而第一")

The Master said, A gentleman that does not seek to eat his fill, nor look for ease in his home, who is earnest at work and careful of speech, who walks with those that keep the Way, and is guided by them, may be said to love learning.

（4）子曰："默而识之，学而不厌，诲人不倦，何有于我哉？"（"述而第七"）

The Master said, To think things over in silence, to learn and be always hungry, to teach and never weary; is any of these mine?

另一类追求句序（法）或概念保持对应的译文，往往是在译者对原文句序（法）和概念不能兼顾的情况下所做出的一种必要取舍，也是确保译文畅达可读的客观需要。其中，句序（法）一致而概念调整的译句相对出现的频率低一些，如下文例（5）译文就原文中多个"不"的否定概念意义而进行的肯定式表达，但也偶尔存在欠妥甚或错讹之处，如例（6）译文中的"manner"似无必要，而在例（7）中"仁者"和"勇者"原本指人，却被误译为抽象概念。请看：

（5）子曰："不愤不启，不悱不发。举一隅不以三隅反，则不复也。"（"述而第七"）

The Master said, Only to those fumbling do I open, only for those stammering do I find the word. If I lift one corner and the other three are left unturned, I say no more.

（6）子温而厉，威而不猛，恭而安。（"述而第七"）

The Master's manner was warm yet dignified. He was stern, but not fierce; humble, yet easy.

（7）子曰："有德者，必有言；有言者，不必有德。仁者，必有勇；勇者，不必有仁。"（"宪问第十四"）

The Master said, A man of mind can always talk, but talkers are not always men of mind. Love is always bold, though boldness is found without love.

至于概念对应而句序调整的译句则出现的频率略高，效果也较佳。例（8）原文中的"好德"和"好色"前置而用于修饰人，而译文通过后置的 that-从句与 as-从句的有机搭配，虽语序有变，但自然达意；

例（9）译文表达更为灵活，尤其 "said the Master"、if-从句以及单词 "nor" 之间的组合妙用，更是非同凡响；例（10）原文中第二个 "益" 和 "损" 分别结合译文习惯进行灵活而有效的处理。试看：

（8）子曰："吾未见好德如好色者也。"（"子罕第九"）

The Master said, I have seen no one that loves mind as he loves looks.

（9）子曰："弑父与君，亦不从也。"（"先进第十一"）

Nor would they follow, said the Master, if told to kill their lord or father.

（10）孔子曰："益者三乐，损者三乐；乐节礼乐，乐道人之善，乐多贤友，益矣。乐骄乐，乐佚游，乐宴乐，损矣。"（"季氏第十六"）

Confucius said, There are three delights that do good, and three that do us harm. Those that do good are delight in dissecting good form and music, delight in speaking of the good in men, and delight in having many worthy friends. Those that do harm are proud delights, delight in idle roving, and delight in the joys of the feast.

（二）句序概念调整

基于上文的例证分析，此处的句序概念调整指的是译文中句序（法）和概念在某种程度上的同时改变。为了更贴近原作，译者赖发洛在译文中极少对句序（法）和概念同时调整，该翻译法只有在不得已的情况下才会使用。不过，此类译文往往能够充分展现译者主体的创造性，译笔效果往往妙不可言，令人印象深刻。譬如，除了句序（法）变化之外，下文例（1）、例（2）译文分别就原文中名词概念 "儒" 和否定概念 "不" 进行如下灵活处理：

（1）子谓子夏曰："女为君子儒！无为小人儒！"（"雍也第六"）

The Master said to Tzu-hsia, Study to be a gentleman, not as the small man studies.

比较：The Master said to Tzu-hsia, You must practice the *ju* of gentlemen, not that of the common people. (Waley, 1938: 118)

补充说明一下，韦利译文中关于 "*ju*" 还附有一个较长的注释，原文如下：

A word of very uncertain meaning. Perhaps 'unwarlikeness.' See additional notes. The meaning of the saying may be 'The unwarlikeness of gentlemen meana a preference for *tê* (moral force), that of inferior people is mere cowardice.'

Hu（笔者注：应为 *Ju*）came ultimately to be the general name fot followers of the Confucian Way. （同上：118）

（2）子曰："吾不如老农。"（"子路第十三"）

The Master said, An old husbandman knows more than I do.

比较：He said, "I am not as good for as an old peasant." （Pound, 1969：249）

以下数例也同样反映出赖译对原文句序（法）、概念在不同程度上所进行的调整：

（3）樊迟曰："何谓也？"子曰："生，事之以礼；死，葬之以礼，祭之以礼。"（"为政第二"）

What did ye mean? said Fan Chi'ih.

To serve our father and mother with courtesy whilst they live; to bury them with courtesy when they die, and to worship them with courtesy.

（4）子所雅言，《诗》、《书》、执礼，皆雅言也。（"述而第七"）

The Master liked to talk of poetry, history, and the upkeep of courtesy. Of all these he liked to talk.

（5）子曰："禹，吾无间然矣。……"（"泰伯第八"）

The Master said, I see no flaw in Yü....

（6）微生亩谓孔子曰："丘何为是栖栖者与？无乃为佞乎？"（"宪问第十四"）

Wei-sheng Mou said to Confucius, How dost thou still find roosts to roost on, Ch'iu, unless by wagging a glib tongue?

二 三类译误评析

翻译目的论（*Skopostheorie*）强调翻译是一种有目的、有意图的人类行为（Nord, 2001：27），包括"目的性法则"（*Skopos* rule）、"连贯性法则"（coherence rule）和"忠实性法则"（fidelity rule）。该理论能够有效地指导翻译实践并应用于翻译研究，其中文学翻译是其应用的一个重要领域（同上：80—103）。依据翻译目的论，翻译错误被解释为：

"如果翻译的目的是为了实现译语读者的特定功能，那么任何阻碍实现该翻译目的失误就是翻译错误"（同上：74）。据笔者统计，赖发洛译本中存在翻译错误的章节有 130 处左右①，以下尝试借用翻译目的论的三个法则分别加以例证评析。

（一）违悖目的之译误

目的性法则是翻译目的论的首要法则，突出翻译行为的目的决定翻译行为的过程，即 "目的决定手段"（The end justifies the means）（Reiss & Vermeer, 1984：101；Nord, 2001：29），而该目的在一般情况下主要指译文的交际目的（Nord, 2001：27—28）。就赖发洛译本而言，译者旨在贯彻以 "贴近原文" 为特征的直译策略，结合使用不同的翻译方法，实现其所追求的 "真实翻译" 之交际目的。然而，在翻译过程中，译者由于需要考量并兼顾多种因素，译文难免出现一些违悖交际目的的讹误。这类翻译错误所占赖发洛译本全部翻译错误的比例约为三分之一。

1. 添词失当

赖发洛在理解原文的基础上，时而会强调某些章节的特定词语，以凸显译者所期盼的交际目的，不过有时会出现值得商榷之处。如下文例（1）中的 "This too is wrong"、例（2）中的 "but that is all"、例（3）中的 "that is all" 以及例（4）中的 "That is all" 似乎并无使用的必要，此类译文有蛇足之嫌。

（1）有子曰："礼之用，和为贵。先王之道，斯为美；小大由之。有所不行，知和而和，不以礼节之，亦不可行也。"（"学而第一"）

Yu-tzu said, To behave with ease is the best part of courtesy. This was the beauty of the old kings' ways; this they followed in small and great. But knowing this, it will not do to give way to ease, unchecked by courtesy. This too is wrong.

（2）子曰："若圣与仁，则吾岂敢？抑为之不厌，诲人不倦，则可谓云尔已矣。"（"述而第七"）

---

① 该结果与理雅各译本（1861）的 "175 个" 及韦利译本（1938）的 "约有 150 个章节" 的翻译失误（何刚强，2007：82）相比，赖发洛译本似乎略有改善。

The Master said, How dare I lay claim to holiness or love? A man of endless craving, who never tires of teaching, I might be called, but that is all.

（3）子曰："不占而已矣。"（"子路第十三"）

The Master said, Neglect of the omens, that is all.

（4）子曰："古者民有三疾，今也或是之亡也。古之狂也肆，今之狂也荡；古之矜也廉，今之矜也忿戾；古之愚也直，今之愚也诈而已矣。"（"阳货第十七"）

The Master said, Men of old had three failings, which have, perhaps, died out to-day. Ambitious men of old were not nice; now they are unprincipled. Stern men of old were hard; now they are quarrelsome. Ignorant men of old were straight; now they are false. That is all.

2. 误译数字

就翻译目的论而言，"目的"内涵丰富，既关系到整个文本，又涉及诸如例句、脚注或引文的"文本片段"（text segments）或"内置文本"（in-texts）（Nord，1991：102）。赖译本的绝大多数注解都简练精当，从其利用互文观照的做法可见一斑，比如"泰伯第八"关于"周公"（the Duke of Chou）的脚注为：See Book VII，§5（Lyall，1935：34）、关于"尧"（Yao）的脚注为：See Introduction（同上：35）等。然而，有时也会缺漏必要的注解，造成译文的语义含糊和表达失误，尤其反映在数字的翻译上。在《论语》原文中，有关数字的表达不仅语义丰富，而且出现频率较高。其中，有的数字为实指，有的是虚指，有的甚至还存在争议，稍不小心就会出现译误问题，难以达到有效的交际目的。试看：

（1）曰："管氏有三归，官事不摄，焉得俭？"（"八佾第三"）

The Kuan, said the Master, owned San Kuei, and no one of his household held two posts: was that thrift?

（2）子在齐闻《韶》，三月不知肉味，曰："不图为乐之至于斯也。"（"述而第七"）

When he was in Ch'i, for three months after hearing the Shao played, the Master knew not the taste of flesh.

（3）子曰："二三子以我为隐乎？吾无隐乎尔。吾无行而不与二三子者,是丘也。"("述而第七")

The Master said, My two-three boys, do ye think I hide things? I hide nothing from you. I am a man that keeps none of his doings from his two-three boys.

(4) 子夏曰:"商闻之矣:死生有命,富贵在天。君子敬而无失,与人恭而有礼;四海之内,皆兄弟也。君子何患乎无兄弟也?"("颜渊第十二")

Tzu-hsia said, I have heard that life and death are allotted, that wealth and honours are in Heaven's hand. A gentleman is careful and does not trip; he is humble towards others and courteous. All within the four seas are brethren; how can a gentleman lament that he has none?

例(1)原文中的"三归"内涵丰富,且存有争议,如杨伯峻(2009:31—32)就前人的理解归纳为四种不同观点,并提出己见;赖氏此处简单音译为"San Kuei",加之缺少必要的注解说明文字,令读者困惑不已;虽然例(2)把原文中的"三月"译为"three months"或可接受,如朱熹(1983:96)引用范氏之语表达该义,但也存有不同见解,如杨伯峻认为"三月"指"很长时间"(杨伯峻,2009:69),译者似乎也可就此加以补充说明;例(3)原文中的"二三子"一般都认为是虚指(参见徐志刚,1997:83),此处却被译为"(My/his) two-three boys",不免令人心生疑窦;而例(4)将"四海"直接译为"four seas"则会让普通英语读者颇为莫名其妙,如堕五里雾中了。

关于赖译本中的数字,这里值得补充一点,下例是该译本中所发现的唯一一个脚注明显有误的例证。有关孔子和弟子们在外周游列国的时间,有两说:13年或14年,例(5)中的12年(即"twelve long years")也不同于赖译本"导论"部分的相关表述——"接下来的13年"(for the next thirteen years)(Lyall, 1935:xi)。

(5) To Lu, 497 B. C. The turning-point in Confucius's career. He left office and his native land, and wandered abroad for twelve long years.(同上:92)

3. 语法失误

语法失误在赖译中较为罕见,却尤其值得警惕,这类失误显然有违译文的交际目的。在例（1）和例（2）的译文中分别使用了过去完成进行体（即"had been wailing"）和过去完成体（即"had heard"），但从整个行文和句义来看，两者似乎皆应使用一般过去式；其中，例（1）的译文让读者尤其难以接受，可能因译者读破句之故，而例（2）原文后半部分为两个平行句式，英译时语气并不一致（唯有第一个用了虚拟语气），如此处理似无必要。请看：

（1）子于是日哭，则不歌。（"述而第七"）

On days when he had been wailing, he did not sing.

（2）子张曰："异乎吾所闻：君子尊贤而容众，嘉善而矜不能。我之大贤与，于人何所不容？我之不贤与，人将拒我，如之何其拒人也？"（"子张第十九"）

Tzu-chang said. This is not the same as what I had heard. A gentleman honours worth and bears with the many. He applauds goodness and pities weakness. If I were a man of great worth, what could I not bear with in others? If I am without worth, men will push me off; why should I push other men off?

依据译文上下文的行文风格和特点，下文例（3）关于冠词的使用值得商榷，此处"A gentleman"与"the small man"应协调统一，比如"里仁第四"就有以下译文：The Master said, The gentleman is learned in right; the small man is learned in gain（Lyall, 1935：14）。

（3）子曰："君子周而不比，小人比而不周。"（"为政第二"）

The Master said, A gentleman is broad and fair; the small man takes sides and is narrow.

（二）违悖连贯之译误

翻译目的论中的连贯性法则关注译文的"语内连贯"（intratextual coherence），来保证译文让接受者理解，以及在译语文化和使用译文的交际环境中有意义（Nord, 2001：32）。诚然，《论语》原作本身在很大程度上缺少连贯性，不过该书所有20篇文字所涉内容大都相对较为集中，且不少章节内容、核心概念词等不断重出，这些都一定程度上反映出原文的某些连贯特点。从赖译本译文来看，译者对此相当关注，如一贯使用"gentleman"和"love"分别翻译"君子"和"仁"、利用同源词"knight"和"knighthood"翻译"士"等。不过,细读赖译也让人发现一些悖离语内连贯的译误,此类译误在赖译本全部翻译错误中所占的比例不足三分之一。

1. 重出章节变译

在《论语》原文中,有多处章节重出,译者赖发洛一般会保持译文一致,如:"巧言令色,鲜矣仁!"在"学而第一"和"阳货第十七"重出,两者的译文一模一样,即"The Master said, Smooth words and fawning looks are seldom found with love"(Lyall, 1935: 1, 89)等。然而,译者在译文中有时会对重出的原文采用不同译文,影响了译文的相互参照和语内连贯,也无助于了解原文的本来面貌。试看以下例(1)的整个句子以及例(2)中两句原文里的"诲人不倦"一语的英译:

(1) 子曰:"不在其位,不谋其政。"

The Master said, When out of place, discuss not policy. (同上: 35)("泰伯第八")

The Master said, When not in office discuss not policy. (同上: 71)("宪问第十四")

(2) 子曰:"默而识之,学而不厌,诲人不倦,何有于我哉?"("述而第七")

The Master said, To think things over in silence, to learn and be always hungry, to teach and never weary; is any of these mine? (同上: 27)

比较:子曰:"若圣与仁,则吾岂敢? 抑为之不厌,诲人不倦,则可谓云尔已矣。"("述而第七")

The Master said, How dare I lay claim to holiness or love? A man of endless craving, who never tires of teaching, I might be called, but that is all. (同上: 31)

下例是关于谥号的翻译,两句原文中人虽不同,但谥号一样,故译文即便措辞有别(似无必要),翻译处理手段至少应当一致,比如后句译文中音译加注的方法似乎更值得仿效。

(3) 子贡问曰:"孔文子何以谓之'文'也?"("公冶长第五")

Tzu-kung asked, Why was K'ung-wen called cultured?

比较:公叔文子之臣大夫僎,与文子同升诸公。子闻之曰:"可以为'文'矣!"("宪问第十四")

The minister Hsien, who had been steward to Kung-shu Wen, went to audience of the Duke together with Wen. When the Master heard of it, he said, He is rightly called Wen (well-bred).

更早的理雅各译本关于例（3）的译文也是采用音译加注的手段，只不过是文外注释（大意是，"文"相当于"accomplished"），原译如下：

Tsze-kung asked saying, "On what ground did Kung-wan get the title of WAN?" (Legge, 1861: 42)

2. 相同概念异译

《论语》原作中的不少核心概念呈现多义的特征，译者很难在英语中找到一个现有的词汇或表达与之对应，这一现象令中外《论语》译者为之困惑，造成同一个概念需要不同的措辞变化（尽管有时似有必要），进而影响到译文的语内连贯，赖译本在这方面也不例外。请看：

（1）子曰："君子怀德，小人怀土；君子怀刑，小人怀惠。"("里仁第四")

The Master said, The gentleman cherishes mind, the small man cherishes dirt. Gentlemen trust in justice, the small man trusts in favour.

（2）子曰："德不孤，必有邻。"("里仁第四")

The Master said, A great soul is never friendless: he has always neighbours.

（3）子曰："中庸之为德也，其至矣乎！民鲜久矣。"("雍也第六")

The Master said, The highest minds cleave to the Centre, the Common. They have long been rare among the people.

（4）孔子对曰："子为政，焉用杀？子欲善而民善矣。君子之德风，小人之德草。草上之风，必偃。"("颜渊第十二")

Confucius answered. Sir, what need has a ruler to kill? If ye wished for goodness, Sir, the people would be good. The gentleman's mind is the wind, and grass are the minds of small men: as the wind blows, so must the grass bend.

（5）子曰："由，知德者鲜矣！"（"卫灵公第十五"）

The Master said, Yu, how few men know great-heartedness!

以上五个例句皆涉及儒家思想中的核心概念"德"，译者在翻译时分别将其译为"mind""a great soul""the highest minds""mind（the minds）"以及"great-heartedness"等不同表达形式。

再以"政"为例：

（6）季康子问："仲由可使从政也与？"（"雍也第六"）

Chi K'ang asked whether Chung-yu was fit to govern.

（7）子张问"政"。（"颜渊第十二"）

Tzu-chang asked, What is kingcraft?

（8）子路问"政"。（"子路第十三"）

Tzu-lu asked how to rule.

最后以"礼"为例：

（9）子曰："可也；未若贫而乐，富而好礼者也。"（"学而第一"）

It would do, said the Master; but better still were poor but merry; rich, but loving courtesy.

（10）子曰："殷因于夏礼，所损益，可知也。周因于殷礼，所损益，可知也。其或继周者，虽百世，可知也。"（"为政第二"）

The Master said, The Yin took over the manners of the Hsia; the harm and the good that they did them can be known. The Chou took over the manners of the Yin; the harm and the good that they did them can be known. And we may know what shall be, even an hundred generations hence, whoever follows Chou.

（11）林放问礼之本。（"八佾第三"）

Lin Fang asked what good form is at root.

此外，类似问题也时常出现在赖译本所翻译的其他许多重要概念中，如"和""孝""忠""信"等。

（三）违悖忠实之译误

在翻译目的论中，忠实性法则要求原文和译文之间保持"语际连贯"（intertextual coherence），译文应当忠实于原文，而忠实的程度和形式要根据译文的目的以及译者对原文的理解来决定（Nord, 2001:

32)。就赖译本而言，译者为了能够让译文和原文达到语际连贯，忠实再现原文的基本信息，的确做出了不少努力，然而调查统计表明：此类翻译错误较另两类更为突出，在全部翻译错误中所占比例超过三分之一。

1. 生硬直译

由于过分强调译文"贴近原文"，赖译本中不时会出现生硬直译的表达，有的让人疑惑不解，也有的多少令人不可思议，此类译文很难传达出原作的本义，更遑论忠实于原文了。例如：

（1）子谓仲弓，曰："犁牛之子骍且角，虽欲勿用，山川其舍诸？"（"雍也第六"）

The Master said of Chung-kung, If the calf of a brindled cow be red and horned, though men be shy to offer him, will the hills and streams reject him?

比较：To Jan Yung："Although we may not wish to use in sacrifice the brindled cow's calf which is red and has horns, the divinities of the mountains and rivers would not rejected!"（Ware, 1955: 45）

（2）子曰："……君子笃于亲，则民兴于仁；故旧不遗，则民不偷。"（"泰伯第八"）

The Master said, ... When gentlemen are true to kinsfolk, love will thrive among the people; if they do not forsake old friends, the people will not steal.

比较："If the prince is faithful to his family, the people will abound in evidences of Manhood-at-its-best. If he does not neglect his old friends, the people will not be fickle."（Ware, 1955: 56）

例（1）原文中的"山川"被译者直译为"the hills and streams"，且译文也无相关注解，很难想象英文普通读者能够理解原文之意，而汉学家魏鲁男的英译"the divinities of the mountains and rivers"则较为易于接受，也容易为读者所理解（不过将"君子"译为"prince"令人生疑，而"仁"的创造性英译"Manhood-at-its-best"实在非同寻常），这与理雅各（Legge, 1960: 50）、刘殿爵（Lau, 1979: 82）等把"山川"英译为"the spirits of the mountains and rivers"的效果颇为一致，值得肯定。在例（2）译文里，"偷"被英译为"steal"，其实，"偷"乃"薄也"（朱熹，1983：103；参见杨伯峻，2009：78；徐志刚，1997：91），指刻薄的意思，该译文偏离原义甚大，有望文生义之嫌；相较之下，魏鲁男所采用的"fickle"一词至少更为接近原义。

在下文例（3）中，原文的"洋洋"被径直译为"sea beyond sea"，让人颇为不可思议，而例（4）原文中的"禄"，乃"爵禄"之意，"代指国家政权"（徐志刚，1997：212；参见杨伯峻，2009：173；朱熹，1983：171），被简单迳译为"income"，明显有悖原义。请看：

（3）子曰："师挚之始，《关雎》之乱，洋洋乎盈耳哉。"（"泰伯第八"）

The Master said, In the first days of the music-master Chih how the hub-bub of the Kuan-chü rose sea beyond sea! How it filled the ear!

比较：The Master said, "When the music-master, Che, first entered on his office, the finish with the Kwan Ts'eu was magnificent; — how it filled the ears!"（Legge, 1861：77）

（4）孔子曰："禄之去公室，五世矣；政逮于大夫，四世矣；故夫三桓之子孙微矣。"（"季氏第十六"）

Confucius said, For five generations its income has passed from the ducal house; for four generations power has lain with the great ministers: and humbled, therefore, are the sons and grandsons of the three Huan.

比较：Confucius said, "The revenue of the state has left the ducal House now for five generations. The government has been in the hands of the Great officers for four generations. On this account, the descendants of the three Hwan are much reduced."（Legge, 1861：175）

类似的例子在赖译中还有一些，如将"小人怀土"（"里仁第四"）之"土"译为"dirt"、"必有明衣"（"乡党第十"）之"明衣"译为"linen clothes of a pale colour"、"不让于师"（"卫灵公第十五"）之"师"译为"an army"、"百官之富"（"子张第十九"）之"官"译为"officer"等。

2. 误解错译

因误解原文而错译的现象在赖译本中虽然并不常见，却值得引起人们的关注，尤其通过仔细分析个中缘由，可以更好地让人引以为戒。比如：

（1）子曰："知者乐水，仁者乐山。知者动，仁者静。知者乐，仁者寿。"（"雍也第六"）

The Master said, Wisdom delights in water; love delights in hills. Wisdom is stirring; love is quiet. Wisdom is merry; love grows old.

比较：The Master said, "The wise find pleasure in water; the virtuous find pleasure in hills. The wise are active; the virtuous are tranquil. The wise are joyful; the virtuous are long-lived."（Legge，1960：56）

（2）子游曰："子夏之门人小子，当洒扫，应对，进退，则可矣。抑末也；本之则无，如之何？"（"子张第十九"）

Tzu-yu said, The disciples, the little sons of Tzu-hsia, can sprinkle and sweep, attend and answer, come in and go out; but what can come of twigs without roots?

比较：Adept Yu said: "Adept Hsia's disciples are so small-minded! They're fine when it comes to dusting and sweeping, replies and rejoinders, greetings and farewells. But these are frivolous things. When it comes to the deep essentials, they don't have a clue. How can this be?"（Hinton，1998：220）

例（1）原文中的"仁"和"知"（与"者"连用）不是用来指一种抽象的概念，而都是用来指人，类似误译在其他有关章节也有出现，而理雅各的英译文"the wise"和"the virtuous"则避免了此类误读。较之于亨顿的英译，赖发洛一贯简练的译笔在例（2）中尤为显著，不过在字面上把"进退"直译为"come in and go out"着实让人困惑，而亨顿的译文"greetings and farewells"则语义显豁，清楚可解。

关于"错解误译"，还有一类更像是自作主张的结果，因为赖氏在第二版"前言"最后一段文字中，强调修订后译文若有讹误，与协作者无涉，毕竟"房子乃敝人所造"（The house was built by me）（Lyall，1935：vi）。显然，对于某些原文内容的误读，很可能带有他"自作主张"的因素，尤其是背离于朱熹合理且为后人采纳的那些相关注解的内容。请看：

（3）子曰："攻乎异端，斯害也已！"（"为政第二"）

The Master said, To fight strange doctrines does harm.

例（3）原义有两说，主要与"攻"的理解有关：朱熹（1983：57）引用范氏之语"攻，专治也"作为注解，有人从之（钱穆，2011：36；徐志刚，1997：15），也有人另将"攻"解读为"攻击"，而"已"为"止也"，不再作语气词（杨伯峻，2009：19）。无论如何，上面赖氏的译文都让人深感困惑、难以接受。

（4）子曰："三年学，不至于谷，不易得也。"（"泰伯第八"）

The Master said, A man to whom three years of learning have borne no fruit would be hard to find.

（5）享礼，有容色。（"乡党第十"）

When he offered his present his manner was formal.

（6）孺悲欲见孔子，孔子辞以疾，将命者出户，取瑟而歌，使之闻之。（"阳货第十七"）

Ju Pei wished to see Confucius. Confucius pleaded sickness; but, as the messenger left his door, he took a lute and sang, so the messenger should hear.

例（4）原文中的"谷"即为"禄也"（朱熹，1983：106；参见杨伯峻，2009：81；徐志刚，1997：96），即官吏的俸禄；朱熹（1983：118）将例（5）原文中的"有容色"解释为"和也"，即和颜悦色之意，后人多从之（钱穆，2011：238；杨伯峻，2009：98；徐志刚，1997：118）；关于例（6）原文中的第一个"之"，古今译注者基本上都认为指的是"孺悲"而非"将命者"（朱熹，1983：180；杨伯峻，2009：186；徐志刚，1997：229）。显然，以上注解较为可靠，让行文更为合理，而赖氏"自作主张"之译也就显得文不逮意了。

3. 文化难迻

《论语》乃传承中华传统文化之经典著作，其中许多表达的文化内涵十分丰富，往往令普通读者难以理解，也让许多译者为了能够准确英译而绞尽脑汁。在赖译本中，译者为此也做出了许多尝试，而结果有时不能令人满意，甚至出现翻译讹误。例如：

（1）子入太庙，每事问。（"八佾第三"）

On going into the Great Temple the Master asked about everything.

（2）子贡曰："惜乎，夫子之说君子也！驷不及舌。文犹质也，质犹文也。虎豹之鞟犹犬羊之鞟。"（"颜渊第十二"）

Alas! my lord, said Tzu-kung, how ye speak of a gentleman! No team overtakes the tongue! The art is no less than the stuff; the stuff is no less than the art. Without the fur, a tiger or a leopard's hide is no better than the hide of a dog or a goat.

例（1）原文中的"太庙"颇具浓厚的中国文化色彩，意蕴丰厚。杨伯峻有如下解释："古代开国之君叫太祖，太祖之庙便叫太庙"，并解释道，"周公旦是鲁国最初受封之君，因之这太庙就是周公的庙"（杨伯峻，2009：28）。而赖氏仅把"太庙"译为"the Great Temple"，也无注解，很难迻译出源语表达的丰富文化内涵。在例（2）中，如何翻译"驷不及舌"是英译该例全句的难点和关键，尤其是"驷"字的处理尤为不易。在汉语里，"驷"既可指古代同驾一辆车的四匹马，又指套着四匹马的车，译者却将"驷"译为"team"，让人颇为费解。试比较华人译者李祥甫对"驷不及舌"的英译：A tongue is speedier than a four-horse drawn carriage，不仅如此，该译文还附有注解，指出马车乃孔子时代最快的交通工具，并进而说明该表达的喻义（Li，1999：141—142）。

以下三个例证同样说明赖译中存在类似的问题：

（3）执圭，鞠躬如也；如不胜。（"乡党第十"）

When he carried the scepter, his back bent, as under too heavy a burden.

在汉文化里，"圭"是一种长条形玉器，为古代帝王、诸侯、大夫等用于朝聘、祭祀等礼仪，且随地位身份的不同而不同，其文化内涵显然不是例（3）译文中仅仅"sceptre"一词所能展现的。

（4）原壤夷俟。（"宪问第十四"）

Yüan Jang awaited the Master squatting.

例（4）原文中的"夷"即为古之"箕踞"，指人屁股坐地，两腿呈八字形左右斜出，被古人认为是一种轻慢无礼的行为，如此丰富的含义远非英语单词"squatting"所能传达。

(5) 冉有曰："夫子欲之；吾二臣者，皆不欲也。"（"季氏第十六"）

Jan Yu said, Our master wishes it. Tzu-lu and I, his two ministers, do not, either of us, wish it.

比较："自大夫出，五世希不失矣；陪臣执国命，三世希不失矣。"（"季氏第十六"）

"When they flow from the great ministers they will rarely last for five generations. When underlings sway the country's fate they will rarely last for three generations."

在例（5）原文中，"陪臣"即"家臣也"（朱熹，1983：171；参见杨伯峻，2009：172；徐志刚，1997：212），与"二臣"之"臣"语义一致，而赖氏译文不仅前后不一，而且与其"大夫"的英译（即"great minister"，有时赖发洛也译为"minister"）相混淆，令人费解。

三 余论

直译法是翻译中十分常见而便捷的手段，为国内外学者所重视，并在赖译本中得到充分实践。在纽马克看来，直译法包括多种类别，从字词、搭配到从句、句子层面，能够贴近原文，只要译文能够和原文保持指称对等和语用对等，该方法就是正确的且绝不可回避；并批评说，只有拙劣的译者才会竭力回避逐字直译（Newmark，2001a：69，76）。

就英汉语的特点来看，翻译时大量的英语句子可以保留其架构，按照原句的意群顺势译下去，采用"顺句操作"翻译法；只要条件许可就应成为翻译操作的第一考虑，因为该翻译法"毕竟比较省力、经济"（何刚强，2009：26）。的确，意大利著名学者布鲁尼（Leonardo Bruni）早在1420年就曾说过：

For this is the highest rule of translation: that the shape of the original text should be kept as closely as possible, so that understanding does not lose the words any more than the words themselves lose brilliance and craftsmanship. (Bruni, 1992：85)

翻译的最高规则是：原作的形态应当尽可能彻底地保留，以便

理解不失缺词语的涵义，一如词语本身不失缺灵气与独运之匠心。（何刚强，2009：26）

经仔细查证发现，赖发洛《论语》英译本在篇章结构上与朱熹《四书章句集注》的相关内容完全一致，且英译文也基本采纳该书的注解，由此也可看出译者所选《论语》原作版本的权威性及其译本的可靠性。作为20世纪初出现的《论语》英译本，赖译本尽管存在一些不足之处，但其所产生的影响不可小觑。

赖发洛《论语》译本初版即为"哈佛经典"，印行以来深受各种积极评价和赞誉。1910年5月，《北美评论》（*The North American Review*）所载的佳评就是明证：无论如何，赖译本似乎都值得钦佩，译文简洁而鲜活，令人感到幽默和尊严，对想了解中国圣人的读者再怎么由衷赞扬也不为过；它最好地体现了可以想象的纯粹异教精神，即世俗的生活理想；无论是亚里士多德还是但丁、勃朗宁或纽曼，都无法比中国的圣人更加像个绅士，他集礼貌、勇气和教养于一身，每种德行都那么完美。荷兰汉学家戴闻达（Jan J. L. Duyvendak）认为赖发洛《论语》英译本比理雅各拘谨而厚重的译本更易读，关于人和物的索引极佳，唯一遗憾的是很少涉及近年来汉学家的著述（Duyvendak，1935：362）。关于赖发洛《孟子》英译本，爱德华兹认为对普通读者来说，比理雅各较为生硬的译本更具可读性，比先前那些主要针对学生和汉学家的多注释译本能吸引更多的读者（Edwards，1933：204），这在一定程度上也可作为评鉴赖发洛《论语》英译本的佐证。

第四节　本章小结

身为海关洋员，赖发洛需要学习和掌握汉语语言，进而逐渐接触、了解并熟悉丰富多彩的中华文化。在华数十年的工作和生活经历，尤其通过与像经乾堃、辜鸿铭等博通儒经的晚清文人之间的密切交往，让他对深奥精微的异域文化尤其儒家文化产生了浓厚兴趣，并深怀敬畏之情从事译介包括《论语》在内的儒家典籍，为中西方文化交流做出了积极贡献，成为一名颇有影响的汉学家。赖发洛《论语》英译本采用影响深远的朱熹《论语集注》为蓝本，以确保译文的可信度和权威性。作为文化敬畏型译者，赖发洛运用多种具体翻译方法，贯彻以"句序概念对应"为基础且注重直译的翻译策略，较为有效地诠释了"真实翻译"的精髓，其译本也对后世产生了较为深远的影响。

在《论语》英译的延伸期，汉学家韦利《论语》英译本具有举足轻重的地位。作为一名"没有到过中国的中国通"，韦利不仅经年浸淫于中国语言文化的学习和研究，而且敏锐观察到充满忧患的社会现实，个人富有同情心和正义感。作为《论语》译者，韦利基于自身对儒家典籍的积极认知，坚信"一个时期一位孔子"的翻译理念，期望通过译介来自东方的儒家经典以慰藉饱经战乱的西方人。印行于1938年的韦译本在汉学家《论语》英译史上具有承前启后的过渡性：较之于先前的威妥玛译本（1869）、赖发洛译本（1909/1925/1935）以及后来的魏鲁男译本（1955）等，该译本文质并存，时而呈现出文的倾向，且译本读者群更广，普通读者和专业读者兼顾。此外，本章还从译者身份、翻译特色等方面对苏慧廉《论语》英语全译本、翟林奈《论语》英语非全译本等进行了扼要介评。

第四章 发展期：释译达意

自20世纪50年代至80年代，《论语》英译有了进一步发展，先后出现的英语全译本包括庞德译本（1951）、魏鲁男译本（1955）、翟氏父子合译本（1965）、刘殿爵译本（1979）及程石泉译本（1986），其中，后三个《论语》译本因译者的华人文化背景身份而不属于本研究的重点考察范围。鉴于庞德译本已有大量研究，而魏鲁男译本初版即入选为"宗教经典丛书"（Mentor Series）之一，且十余次印行，至今却鲜有研究①，故将魏鲁男及其《论语》英译本作为本章个案研究的重点对象。

第一节 本期汉学家《论语》英译概观

较之于延伸期，发展期在《论语》英语全译本数量上有了一定的增长。译者不仅有庞德、魏鲁男两位美国汉学家，还包括祖籍安徽泾县的翟楚和翟文伯父子、祖籍广东番禺的香港学者刘殿爵以及祖籍安徽歙县的台湾学者程石泉等四位华人译者。本节除了研探庞德及其译本，也将扼要介评三个华人《论语》英译本，并对相关非全译本进行必要说明。

---

① 截至2014年3月31日，中国期刊全文数据库（CJFD）在"全文"中出现"魏鲁男"且有关《论语》研究的学术论文仅查到两篇：戴俊霞的《〈论语〉英译的历史进程及文本形态研究》（《安徽工业大学学报（社会科学版）》2011年第1期）和章亚琼的《论本雅明翻译思想对传统翻译忠实观的消解——以〈论语〉多种英译本为例》（《长沙大学学报》2011年第3期），也仅是提及而已。

一 庞德与《论语》英译

庞德（Ezra Weston Loomis Pound，1885—1972），美国诗人、文学评论家和汉学家，出生于美国爱达荷州的海利镇（Hailey, Idaho），曾在宾夕法尼亚大学文学院攻读美国历史、古典文学等，于1906年获硕士学位；后继续攻读博士学位，却无果而终。庞德是美国意象派诗歌运动的主要发起人，主要作品有《人物》（*Personae*, 1909）、《反击》（*Ripostes*, 1912）、《大袯集》（*Lustra*, 1916）、《诗章》（*The Cantos*, 1917—1959）等。除了英译《论语》外，庞德还译有《华夏集》（*Cathay*, 1915）、《孔子：大学和中庸》（*Confucius: The Great Digest & Unwobbling Pivot*, 1951）、《诗经：孔子所审定的古典诗集》（*Shih-Ching: The Classic Anthology Defined by Confucius*, 1954）等。

在20世纪上半叶，两次世界大战让越来越多西方人意识到西方社会存在的诸多矛盾和危机，一些视野开阔、思想敏锐的西方人士开始把目光投向东方，寻找救世济民的良药，希望西方文明再次复兴。庞德对儒家思想的兴趣和关注由来已久，在《诗章》（*The Cantos*）、《急需孔子》（Immediate Need of Confucius）、《孟子》（Meng Tsze）等著述中就曾阐述孔子及其学说，认为儒家思想是医治西方病疾的良剂，并自诩为孔子的信徒。诺尔德（John J. Nolde）在《埃兹拉·庞德与中国》（*Ezra Pound and China*）一书中更是对庞德发现中国以及如何认识孔子和儒家思想都有深入探讨。虽然庞德后期转向法西斯主义，但是他在侨居意大利和在美国被关押期间依然对中国文化尤其是儒家思想充满向往，强调为了了解和评价欧洲的过去就需要孔夫子，提出针对西方人的思想重病，要用《大学》作为药剂去治疗来挽救西方的社会危机（蒋洪新、郑燕虹，2011：123）。

庞德《论语》英译本名为：Analects，首次发表于1950年的《哈德逊评论》（*Hudson Review*, Spring-Summer），1951年在纽约由"Square $ Series"出版。后来庞译本与庞德所译《大学》和《中庸》合编由美国新方向出版公司（New Directions Publishing Corporation）再次印行①，迄今已至少十余次印刷，而庞德英译《大学》（*The Great Digest*）则可追溯到他于1928年对法国汉学家鲍狄埃（Jean-Pierre Guillaume Pauthier）法译本的英文转译。

从结构上看，庞译本不同于其他汉学家译本，并无前言、导论等内容，仅由译本正文和"译者的话"（Translator's Note）组成，有关注释也仅在译本正义中出现。庞德不仅对《论语》及其翻译见解深刻，而且翻译动机和翻译目的也较为明确。关于《论语》原作，庞德指出它不像《大学》和《中庸》那样连贯有序，但研读孔子哲学要比希腊哲学以及亚里士多德或柏拉图的著述更为有益，并强调该书内容毫无冗余，生活细节描写表明孔子是非超自然的、非龙的化身，而是一个富有良知的中国人（Pound，1969：191）。关于《论语》的翻译，庞德认为"有些译者什么都想到了，而且很积极地去想，却偏偏没有想到原文作者的意旨"（同上：192）。基于对《论语》原作的理解，庞德相信，"倘若译文呈现出简洁的韵味，让人感觉到活生生的人在言说，那么自己的译本就成功地达到基本目的"（同上：194）。可以说，庞德翻译《论语》的基本目的就是释译出原作所蕴含的"意旨"，令译文简洁达意，让人物言辞洋溢活力。在更为广阔的社会意义上，庞德翻译包括《论语》在内的儒家经典，旨在恢复西方民众生存的混乱社会秩序，坚信儒家思想能够为未来的世界秩序提供蓝图，并帮助人们创造世间的乐园（Cheadle，1997：2；Carpenter，1988：745）。如此，庞德在翻译实践中对原作的理解时而会超越原文的本义，渗入个人的政治理想和主观判断，因而在译文中会出现不同程度的曲解和误判。如将"以约失之者鲜矣"（"里仁第四"）译为"Those who consume their own smoke seldom get lost. The concise seldom err."虽然与原文有所出入，却也符合"言

---

① 关于"石刻经典"（Stone Classics）的说明文字显示，庞德英译儒家经典（如《大学》和《中庸》）所依据的汉语原文是唐代的石刻本（Pound，1969：12），这一点对客观评介其译本尤为重要。需要注意的是，有学者认为，"庞德翻译和出版《论语》（*The Classic Anthology Defined by Confucius*, Cambridge：Harvard University Press，1954；London：Faber &Faber，1955）是在一九五四年，重版于一九五五年"（蒋洪新、郑燕虹，2011：123）；经查证，*The Classic Anthology Defined by Confucius* 实为庞德翻译《诗经》（*Shih-ching*）之作，该观点似有张冠李戴之嫌。

多必失"的中国古训,又适时传达出个人的诗学主张,即"与表达无关的词绝对不用"(儒风,2008:51—52)。

庞德的诗歌意象理论源自中国古典诗歌和日本俳句,为东西方诗歌之间的交流和借鉴做出了重大贡献。受自身意象主义诗学的影响,庞德在其《论语》英译本中留给读者的一个突出印象是译者对汉字意象的特别关注和独到解读。例如,利用拆字法,把"信"释译为:man standing by his word,"敬"被更为详细地释译为:respect of the kind of intelligence that enables grass seed to grow grass,或庞氏自己所联想的英语表达:the cherrystone to make cherries,同时附上用毛笔书写的两个大大的汉字(Pound,1969:193)。那么,何谓"the cherrystone to make cherries"?美国学者切德尔认为,"cherrystone"让人联想到"石"(stone),进而关联到"敬"字的组件("句"),或可将该语视为一个隐喻,被庞德用来阐释自己对"敬"之本义的见解:"文"(即"敬"字的另一组件"攵")令万物生长;同时指出,庞德的解读虽然从词源上未免牵强,但展现了他所致力追求的两个观念:一是汉语文字的有机而具体的根基;二是儒家思想的世俗而非超验的取向(Cheadle,1997:137)。如此以来,庞德既向读者揭示了汉字构造的魅力,也传达出颇具创造性的个人见解[①]。这种富有创造性的译文与庞德所倡导的翻译即创作的思想相一致,让译者的主体性发挥到极致,可谓是一种"创造性叛逆"[②],庞德对自己的"不忠"翻译有如此辩护:"我的工作是让死人复生,以呈现鲜活的形象"(My job was to bring a dead man to life, to present a living figure.)(Bassnett,1993:150—151)。诚然,庞德《论语》英译本在这方面也不可避免地存在对汉语原文的误读和误解,亦可谓是他对汉语语言极端"忠实"或"尊重"的一种结果。基

[①] 其实,上文提及的理雅各(1861)、詹宁斯(1895)等《论语》英译本均有所涉及拆字法,其中詹宁斯译本更是利用拆字法从汉字结构的角度去解读儒家思想如"五德"的含义(Jennings,1895:36—37)。

[②] "创造性叛逆"(creative treason)是法国文学社会学家埃斯卡皮(Robert Escarpit)首次提出的概念,他认为"翻译总是一种创造性叛逆"(埃斯卡皮,1987:137)。谢天振强调,创造性叛逆并非为文学翻译所特有,它是文学传播与接受的一个基本规律;若没有创造性叛逆,也就没有文学的传播与接受(谢天振,2003:140—141)。

于翻译的操控论理念，勒菲弗尔和巴斯奈特均认为"翻译当然是对原作的一种改写"，并指出"一切改写，无论其动机如何，都反映出某种意识形态和诗学，并因而操控文学在特定的社会中以特定的方式发挥作用"（Lefevere，2004：vii），这同样可以用来诠释庞译本的独特魅力之所在。

庞译本除了在译文中呈现出释译汉字意象的特点，还具有语言简洁达意的重要一面。譬如，庞德将《论语》"学而第一"篇中的孔子之语"无友不如己者"和"过，则勿惮改"分别径直译为一个精练的短语"Friendship with equals"和祈使句"Don't hesitate to correct errors"，言简而意达，此类简洁风格的译文在庞译本中不胜枚举。杜润德指出《论语》部分章节具有"谜一般的"（enigmatic）特质，其具体而艰涩的风格令译者难以捕捉，认为在众多译本中，唯有庞德译本最为接近其具体简约的特色（尽管庞德对原作汉语及章节文字多有误读和误解）（Durrant，1981：116）。此外，庞译本正文不足百页（仅为93页），是众多《论语》英译全译本中篇幅最为简短的译本之一，这同样可以佐证该译本较为突出的简洁特色。

庞德意象主义思想强调语言表达形式的重要性和必要性，因而译文的凝练简洁也符合其意象主义诗学的需要和追求。在庞德附有汉语原文的儒家典籍译本中，有时候会发现译文比汉语还要简短、所占篇幅更少的情况，就如同他的文章那么精练（Cheadle，1997：58）。至于庞德的译作模仿汉语原作，瑞恰兹指出"我们往往有必要怀疑孟子，更多的时候是孔子，以及《中庸》的作者子思，是否更应当被主要看作诗人"，庞德翻译儒家典籍的方法"往往就是凝缩诗歌的方法"（Richards，1932：7）。

庞德的翻译即创作思想在中国诗歌翻译领域尤为表现突出，引发了美国的新诗运动，产生了深远影响。在不懂汉语的情况下，庞德基于费诺洛萨（Ernest Fenollosa）关于中国诗的笔记遗稿，选取其中19首翻译成《华夏集》（*Cathay*）（又名《神州集》）。该诗集译笔灵活，常有删增，追求新颖的诗歌效果。艾略特在评价东方诗歌对英语诗歌的重要影响时，将庞德和韦利并举，认为"在当代每个用英语创作的诗人大概都读过埃兹拉·庞德和阿瑟·韦利翻译的中国诗歌"（Eliot，1963：

113)。在谈到庞德翻译中国诗对美国诗人和作家的影响时,特威切尔（Jeff Twitcher）甚至不无夸张地评论道,"在庞德之前,中国没有与她的名字相称的文学流行于英语国家"（特威切尔,1992：90）。同时,上文瑞恰兹认为庞德翻译儒家经典之"凝缩诗歌的方法",也让人们从中感悟到庞德诗歌翻译及其儒家经典的翻译实践之间的相互关联与影响。

二 庞译之外

在《论语》英译的发展期,还先后出现了三个颇为值得关注的华人《论语》英译本,即翟氏父子合译本、刘殿爵译本和程石泉译本,以下分别略作介绍。

（一）翟氏父子的《论语》英译

翟楚和翟文伯父子合作英译完成的《论语》作为 *The Humanist Way in Ancient China: Essential Works of Confucianism*（《中国古代人文之路：儒典精选》）一书的组成部分,于1965年在美国纽约由班坦图书公司（Bantam Books, Inc.）印行；同年,该书易名为 *The Sacred Books of Confucius, and Other Confucian Classics*（《儒家经典及其他》）[①] 由大学图书公司（University Books, Inc.）重印出版。译者翟楚（Ch'u Chai）出生于安徽泾县,1927年在清华大学毕业,后赴美求学并获博士学位。1931年回国在中央大学任教,后曾任湖南大学法律系教授、训导长等。1949年起在台湾大学任教；1955年赴美,先后任教于社会研究新学院（The New School for Social Research）和纽约城市大学亨特学院（Hunter College, CUNY）。合译者翟文伯（Winberg Chai, 1932—）为翟楚长子,出生于上海,1951年赴美求学,后获纽约大学政治学博士学位。曾先后在美国多所高校任教,其中从1988年到2010年在怀俄明大学（University of Wyoming）任政治学教授,为该校荣休教授（Professor Emeritus）。除了《儒家经典及其他》,翟氏父子还合作撰写（包括编译）了《中国哲

[①] 经查证,该书与初版图书（即 *The Humanist Way in Ancient China: Essential Works of Confucianism*）皆为精装,封套上都有"儒家文粹"四个篆体汉字,两者似乎都可用《儒家文粹》作为简化的汉译书名。

学故事》（*The Story of Chinese Philosophy*，1961）、《中国哲学入门》（*Basic Writings of Chinese Philosophy*，1963）、《中国文学宝库》（*A Treasury of Chinese Literature*，1965）、《儒学》（*Confucianism*，1973）等诸多有关中国文化典籍的著作。

《儒家经典及其他》除"导论"（Introduction）和"术语汇总"（Glossary）之外，主要内容包括"孔子"（Confucius）、"孟子"（Mencius）、"荀子"（Hsün Tzu）、"大学"（Ta Hsüeh）、"中庸"（Chung Yung）、"孝经"（Hsiao Ching）、"礼记"（Li Chi）和"董仲舒"（Tung Chung-shu）八个部分，其中，第一部分"孔子"的主要内容即为《论语》（*The Confucian Analects*，or *Lun Yü*）。翟氏父子《论语》合译本最突出的特点是译者基于理解按照主题对原作内容重新编排而加以翻译，共包括"孔子教诲"（The Teachings of Confucius）、"孔子个性"（The Personality of Confucius）、"孔门弟子"（The Disciples of Confucius）和"杂记"（The Miscellaneous Records）四个部分，前三个部分又按照主题依次分为七章、三章和二章。译者认为，如此编译《论语》的好处有二：一是呈现"些许逻辑性连贯"（some logical coherence）；二是让那些不熟悉中国哲学著述的人感到"易读"（easy reading）（Chai & Chai，1965：24）。该译本语言简洁，罕有注释（全文仅有五处脚注），儒家不少重要概念采用音译且斜体的形式（偶尔也会用夹注加以解释），如"君子"译为"*chün-tzu*"、"小人"译为"*Hsiao-jen*"、"仁"译为"*jen*"（或 *jen*-minded）等，而音译使用的是威妥玛式拼音法。较为深入的研究认为，该译本对原作进行重新编排的理念可资借鉴，译文以意译为主，译法灵活，效果兼顾达意与通畅，但在学术上有失严谨性和准确性（姜倩，2016：18—25），该评价整体上还是比较公允的。

（二）刘殿爵的《论语》英译

刘殿爵《论语》英译本名为：*The Analects*（Lun yü），于1979年在伦敦由企鹅图书有限公司（Penguin Books Ltd）首次印行。译者刘殿爵（Din Cheuk Lau，1921—2010）出生于香港，曾先后就读于香港大学和苏格兰格拉斯哥大学，后任教于伦敦大学、香港中文大学等高校，并荣获香港中文大学荣誉法学博士和香港大学荣誉文学博士，是著名语言学者、翻译家和哲学家。刘氏治学谨严，桃李芳菲（如同为《论语》英译者的汉学家安乐哲为其门下），且著作颇丰。主要著作包括《广雅疏证：新式标点》（1978）、《先秦两汉古籍逐字索引丛刊》（1992—2002）、《语言与思想之间》（1993）、《采掇英华：刘殿爵教授论著中译集》（2004）等。

除了译本正文（即"The Analects of Confucius"），刘译本还包括"致谢"（Acknowledgement）、"导论"（Introduction）、"附录"（Appendix）、"译文注释"（Textual Notes）、"参考文献"（Works Cited）、"人名地名汇总"（Glossary of Personal and Place Names）等部分，其中，篇幅长达47页的"导论"涉及孔子其人、孔子思想以及译者对儒家重要概念的解读等内容，对理解原作和译文皆有助益，尤为值得关注。该译本由香港中文大学出版社先后在1983年修订出版、1992年再次修订出版，并于1986年、2000年、2008年等不同年份分别由不同出版社印行，从中不仅可以看出刘氏精益求精的谨严翻译态度，而且译本所受欢迎程度及其影响力由此可见一斑。有学者认为刘殿爵受到英国哲学家吉尔伯特·赖尔（Gilbert Ryle）的影响，"力求使用精确的语言，表达清晰的概念"（杨平，2009：41），而邓仕梁则用"秋水文章不染尘"一语赞美刘氏的译笔（刘殿爵，2004：前言）。魏望东研究认为，刘殿爵《论语》英译本博采多家，且有个人创见；主要采用逐字逐句、适当调整语序的直译手段，翻译手法灵活变通；译文语言具有较高接受性，追求儒家思想的翻译充分性（魏望东，2013：50）。刘殿爵除英译《论语》外，还先后翻译完成《道德经》（*Tao Te Ching*，1963）和《孟子》（*Mencius*，1970），这两部早期英译著作与其《论语》英译本一样，均由企鹅出版社印行，后来也多次修订再版，赢得世人的广泛注目，备受赞誉，为中华传统文化思想在英语世界的传播做出了重大贡献。

（三）程石泉的《论语》英译

程石泉《论语》英译本全名为：*The Confucian Analects: A New Translation of the Corrected Text of Lun Yu*，于1986年在台北由黎明文化事业公司（Li Ming Cultural Enterprise Co. Ltd.）出版。译者程石泉（Shih-chuan Chen，1909—2005）祖籍安徽歙县，出生于江苏灌云，是易学研

究专家。大学期间因受到新儒家学者方东美的影响而弃理从文,改学哲学。曾先后就读于牛津大学、伦敦大学学院、华盛顿大学等名校,于1963年获得华盛顿大学哲学博士学位。在美国先后任教于匹兹堡大学和宾夕法尼亚州立大学,并历任台湾大学、台湾师范大学、东海大学等高校教授。程石泉学贯古今中外,著述甚丰,除英译《论语》外,主要著作包括《论语读训解故》(1975)、《易学新探》(1979)、《哲学、文化与时代》(1980)、《中西哲学比较论丛》(1980)、《中西文艺评论集》(1981)、《柏拉图三论》(1992)、《教育哲学十论》(1994)、《易辞新诠》(1995)、《易学新论》(1996)等。

除译本正文(即"The Confucian Analects")之外,程译本还包括"导论"(Introduction)、"评论"(Comments)和"附录"(Appendices)。经比对和查证,该译本是程石泉主要基于其汉语专著《论语读训解故》(此处依据的是《论语读训》,即《论语读训解故》和《学庸改错》的合刊本)的英译成果,同时还发现两者存在某些差异,如汉语专著关于《论语》"文字"和"意义"的考证和注释较英译本更为翔实和深刻、英汉著作的章节结构也有出入(如两本书中"学而第一"篇分别有16章和17章、"公冶长第五"分别有28章和31章)等。据笔者初步抽样考察,发现程译本广征博引,评论内容考证精深,译笔通畅可读,很值得深入研究。

此外,该时期还出现了中国台湾漫画家蔡志忠(Tsai Chih Chung)编绘、新加坡翻译家吴明珠(Goh Beng Choo,1952—)英译的《论语》漫画译本,书名为:*The Sayings of Confucius: The Message of the Benevolent*,于1989年由新加坡亚太图书有限公司(Asiapac Books Pte. Ltd.)出版。该编译本图文并茂,以漫画的形式向世人呈现儒家思想,受到众多儿童读者以及不熟悉儒家文化的西方读者的青睐,并于1994年修订再版。另有中国留美学者梅贻宝(Yi-pao Mei,1900—1997)编译《论语》之作"Confucius"作为美国汉学家狄百瑞(William Theodore de Bary)等编撰《中国传统资料选编》(*Sources of Chinese Tradition*,1960)的第二章由哥伦比亚大学出版社印行,美籍华人学者陈荣捷(Wing-Tsit Chan,1901—1994)编译《论语》之作"The Humanism of Confucius"作为其所撰《中国哲学文献选编》(*A Source Book in Chinese Philosophy*,

1963）一书的组成部分由普林斯顿大学出版社印行，英国语言学者福赛特（Lawrence William Faucett，1892—1978）在 1978 年去世前于美国圣地亚哥（San Diego）编译《论语》的遗作（计 50 页）：*The Sayings of Confucius*：*A New Translation of the Analects Based Closely on the Meaning and Frequency of the Chinese Characters*，等。

第二节　魏鲁男与《论语》英译

一　个人背景：从留学生到文化使者型译者

魏鲁男（James Roland Ware，1901—1993）①，又名魏楷，音译名有威尔、韦尔、韦瑞等，是美国汉学家。1925 年获宾夕法尼亚大学硕士学位；1929 年成为哈佛燕京学社（Harvard-Yenching Institute）第一位来华求学的研究生。1930 年 9 月，哈佛燕京学社引得编纂处在北平（今北京）成立，魏氏承担并完成《四库全书总目及未收书目引得》的编制工作。1932 年返美，获哈佛大学哲学博士学位并留校任教，历任哈佛大学中文教员、讲师、助理教授、副教授、教授，专长中国六朝史研究，曾任哈佛大学东亚系主任，为美国语言协会会员、亚洲文物学会会员。自 1933 年至 1934 年，魏鲁男在第 53、54 期《美国东方学会杂志》连续发表了《〈魏书〉和〈隋书〉谈道教》（The Wei Shu and the Sui Shu on Taoism）一文；1950 年在纽约出版《论语》节译本（*The Best of Confucius*），《论语》全译本于 1955 年出版，时为哈佛大学副教授。1960 年出版译作《孟子》（*The Sayings of Mencius*）；1963 年在纽约出版译著《庄子》（*The Sayings of Chuang Chou*），后新版《庄子》（*The Sayings of Chuang Tzu*：*A New Translation*，1977）（时超校）在台北刊行；1966 年出版《公元 320 年的中国炼丹术、医学和宗教：葛洪的〈内篇〉》（*Alchemy*，*Medicine and Religion in the China of A D 320*：*The Nei P'ien of Ko Hung*），该书是《抱朴子内篇》最早的英译本，并在 1981 年于纽约再版。

---

①　现有文献有关魏鲁男去世的时间或空缺或以问号（?）代之，2012 年 7 月 11 日笔者通过哈佛燕京学社李若虹博士得知该确切信息，在此对她的热心帮助表示感谢。

魏鲁男对中国典籍的重要地位尤为看重，曾如此高度评价中国二十四史：在中国文献的巨大宝库里，二十四史大概最广为人知且最具有价值，是从事中国研究不可或缺的源泉，任何认真研究中国问题的人都必须不时随手查阅（Ware，1932：35）。魏氏在燕京大学留学期间，所编撰的《四库全书总目及未收书引得》一书采用其在哈佛大学的老师、史学家洪业发明的中国字庋撷法检字，由燕京大学历史学系主任翁独健等校订。全书包括两册，主要由"书名引得"及"人名引得"附官书构成，附有"拼音引得"。在民国二十一年（1932）洪业《序》中，洪氏从《四库全书》的沿革谈起，概述了收录书籍的取舍标准、该书在今日学界的价值、"总目"编纂的次第等内容（长泽规矩也，1990：52），有助于读者对此书特色及相关背景的了解。

作为汉学研究专家，魏鲁男学识广博，重视提携后学，海内外不少学者都曾获益于他的学术指导和帮助。美国学者魏特夫（Karl Wittfogel）在《中国社会史——辽（907—1125）》一书的"总论"中提到，关于本书书稿有四位学者"给予了有益的批评性建议"，其中就有"哈佛大学的魏鲁男（J. K. Ware）博士"；"有关梵语问题的解决，应当归功于哈佛大学的叶理绥（S. Elisseeff）和魏鲁男二位博士"；"在一般学术讨论和编辑工作方面，我们这项科研工作得到由德效骞、傅路德、托尼、魏鲁男"等"组成的一个小型委员会的大力支援"（王承礼，1990：61—64）。该篇"总论"居然三次提到魏鲁男的助益，可见魏氏在该书的编著过程中所起的作用着实不可小觑。美籍华人学者杨联升致谢魏鲁男教授在撰写《晋代经济史注解》一文的过程中的"指教"，使论文"在许多方面都大有改进"（杨联升，1998：106）。史学家周一良的哈佛大学博士论文题目在1944年经魏氏建议取名《中国的密教》（*Tantrism in China*），于1945年在《哈佛亚洲学报》（*Harvard Journal of Asiatic Studies*）发表（周一良，1998：354）。

同时，魏鲁男注重中外学术文化的交流与沟通，尤其与来自中国的学者保持良好的人际交往和学术交流。美籍华人、图书馆学家裘开明于1933年获哈佛大学博士学位，从1931年到1965年任哈佛燕京图书馆首任馆长，而程焕文编著的《裘开明年谱》有20余处提及魏鲁男，其中就包括魏鲁男在裘氏任馆长期间多次为其及他人提供的专业建议或学术帮助,由此可见两个人之间的密切交往。赵元任在美国期间因工作需要与魏鲁男也有所交流,尽管他们在如何编纂词典上观点有别(列文森,2010:178)。魏鲁男还曾把陈寅恪(Tschen Yinkoh)论韩愈与唐传奇关系的文章译成英文,标题为:Han Yü and The T'ang Novel,在《哈佛亚洲研究》(Harvard Journal of Asiatic Studies) 1936 年第 1 期刊出,该刊同期还载有魏鲁男所著《〈梵网经〉考》(Notes on The Fan Wang Ching)一文。

魏鲁男学术兴趣广泛,不仅译作儒释道兼及,而且在其他领域也颇有造诣。在李约瑟(Joseph Needham)著《中国科学技术史》第五卷"化学及相关技术"第七分册"军事技术:火药的史诗"中,谈到有关中国历史文献以及中国军事典籍描述火药和火器的相关丰富证据,如《武备志》中描述了众多火器,经魏鲁男与戴维斯研究一致认为"火药起源于中国"(李约瑟,2005:49)。从中可以看出魏鲁男对与道家炼丹术颇为相关的火药具有相当深入的研究。

二 历史文化语境

鉴于魏鲁男的学术经历,尤其他作为哈佛燕京学社在华首位研究生的身份,他的汉学研究历史背景有理由从哈佛燕京学社谈起。1928 年,哈佛大学和燕京大学合作成立了哈佛燕京学社,旨在"从事及帮助有关中国文化的研究、教学和出版","激发美国人的兴趣和鼓励利用近代批评手段的中国东方问题研究"(秦宝琦,2000:154)。该学社在美国后来发展成为研究中国问题的中心,极大地促进了美国的汉学研究,为推动中美两国的文化交流与研究做出了重大贡献。哈佛燕京学社的特色就在于"是一个联合领导的机构,附设于美国哈佛大学和中国燕京大学,但又有相对的独立性","一个由两种不同文化传统的国家,共同组织的进行文化交流与合作的学术机构"(张玮瑛等,1999:411—412)。至于哈佛燕京学社的工作成就,主要表现为四个方面,即为中、美双方培养汉学人才,成立引得编纂处以出版文史哲工具书,出版有学术价值的古籍和期刊以及扩建两校图书馆并添置图书(同上:400—409)。

哈佛燕京学社通过设立专项奖学金①，鼓励学者和研究生来华学习、从事学术研究，返美后大都成为汉学研究领域的杰出代表，除魏鲁男之外，还包括毕乃德（Knight Biggerstaff）、卜德（Derk Bodde）、顾立雅（Horrlee G. Creel）、费正清（John K. Fairbank）、李约瑟（Joseph G. Needham）、狄百瑞（William T. de Bary）、叶理绥（Serge Eli）、史华慈（Benjamin I. Schwartz）等，为美国的中国研究打下坚实的基础，使其最终能够赶超欧洲诸国，处于国际汉学研究的领先地位。学社总部设在哈佛大学，为了加强汉学研究，聘请了欧洲汉学大师伯希和（Paul Pelliot）等人来校讲学，开设相关课程。同时，美国国内一些研究者有别于传统的汉学家，极富现实感，"注重现实中国的政治、经济、文化与历史变革、中外关系的研究，强调为美国国家利益和现实政策服务"（秦宝琦，2000：155）。这一倾向深刻反映出该时期美国与中国紧密接触的对华政策，急需培养大量从事中国研究的人才以及有关现代中国问题的研究成果。据统计，从1942年到1945年5月在美国出版50部关于中国的重要著作，其中有20部研究现实问题（同上：156）。历史事实表明，哈佛燕京学社在近现代中西方文化交流史上扮演着重要的角色，"造就了一批有影响的研究中国和东方文化的专家学者"（何晓夏、史静寰，1996：212），其中就包括魏鲁男这位文化使者型学者。

阎纯德认为，作为一种学术形态，汉学可以分为"传统汉学"和"现代汉学"，"传统汉学以法国为中心，而现代汉学兴显于美国，20世纪中期以来，在西方其他国家葆有传统汉学的同时，现代汉学也很繁荣"（胡优静，2009：序二）。关于传统汉学（Sinology）和现代汉学（Chinese Studies）的差异，他指出"前者是以文献研究和古典研究为中心，它们包括哲学、宗教、历史、文学、语言等；而以美国为中心的现代汉学（中国学）则以现实为中心，以实用为原则，其兴趣根本不在那些负载着古典文化资源的'古典文献'，而重视正在演进、发展着的

---

① 由哈佛燕京学社奖学金资助，燕京大学也派中国学生到哈佛大学学习，到1949年止，先后派出的有齐思和、翁独健、黄延毓、郑德坤、林耀华、周一良、陈观胜、蒙思明、王伊同、王钟翰和杨联升共11位学者，后来"学术造诣无论在国内或国际都达到了很高的水平"（张玮瑛、王百强等，1999：402—404），为中西文化交流和学术研究发挥了积极的作用。

信息资源"(同上)。长期以来,以法国为代表的欧洲一直是传统汉学的研究中心,二战后随着美国综合国力的迅速提升,随着国际形势的变化(尤其朝鲜战争的爆发)①,美国开始转变对华政策,不断加强对中国问题的研究,汉学中心开始逐渐由欧洲转移到美国。在第二次世界大战爆发时,美国设有中国或亚洲研究机构的大学仅有五所,50 年代增加到 30 多所,60 年代末达 50 余所,增加了十倍②,从中不难看出二战后美国汉学研究的迅猛发展。

作为美国汉学研究的领军人物,费正清曾于 1932 年和 1933 年先后两次获得哈佛燕京学社奖学金的资助,从事中国问题研究,后来不仅为美国培养了一批知名的中国近代史研究学者,而且费氏本人在 50—60 年代就已成为美国研究中国近代史的最具影响力的学者,被誉为"美国研究中国的奠基人"(张玮瑛等,1999:400)。关于费正清的中国问题研究,阎纯德较为公允地指出,"费正清的研究虽然充满了实用和功利色彩,立场和观点也有偏见,但这并不妨碍他在历史上作为一个贡献巨大的汉学家和中国人民的朋友的光辉"(胡优静,2009:序二)。

作为哈佛大学的同事,魏鲁男和费正清皆从事汉学研究,虽专长领域不同,但两个人颇有交往和互动。魏鲁男在 1938 年曾参加过费氏指导的第一个学生白修德(Theodore H. White)学位答辩的口试,费正清(1993:191)在自传中关于主考人之一魏鲁男记有如此情节:魏鲁男先后问白修德"BEFEO"和"BMFEA"是什么,该生仅知道前者为 *Bulletin de L'École Francaise D'Extrême Orient*(《法国远东学院简报》),而不知后者是 *Bulletin of the Museum of Far Eastern Antiquities*(《远东古代文物博物馆简报》);还提到其他主考人认为提出这种问题纯属刁难。无论怎样,从中也许让人多少可以看出魏氏严格认真的工作态度以及个人学识广博的一面。魏鲁男和费正清还曾先后担任哈佛东亚系系主任,据

---

① 孙越生认为 20 世纪六七十年代是美国研究迅猛发展的"跃进时期",50 年代初侵朝战争的失败是其"跃进的政治动力","美国政府和各大基金会不得不更加重视现代中国的研究";参见中国社会科学院情报研究所编《美国中国学手册》,中国社会科学出版社 1981 年版,"前言"。

② 参见中国社会科学院情报研究所编《美国中国学手册》,中国社会科学出版社 1981 年版,"前言"。

费正清回忆,"为了检查我自己作为翻译家的能力,我非正式地同远东语言系的魏鲁男教授一起工作,他以前曾充当拉丁文教师,我发现他的作风与我有许多共同点"(费正清,1991:161)。还有学者研究认为,在 20 世纪 50 年代之后美国形成了以费正清为中心研究中国的学术团体,其部分成员像史华慈和列文森等,以及魏鲁男、狄百瑞等其他学者成为"首批的中国哲学专家"(崔玉军,2010:119)。以上都让人看到两个人之间的密切关系,如此来看,费正清在中国研究方面的实用主义思想对魏鲁男理应产生了一定的影响。

三 翻译动机与翻译目的

魏鲁男《论语》英译本于 1955 年 11 月在纽约由新美国世界文学图书馆公司(The New American Library of World Literature, Inc.)首次印行,书名为:*The Sayings of Confucius: Teachings of China's Greatest Sage*(《孔子语录:中国至圣的教导》)。除了译本正文,魏译本还包括"目录"(Contents)、"导论"(Introduction)等内容,共计 128 页。魏译本除正文之外,令人最为注目的是篇幅长达 14 页的"导论",其内容丰富翔实,反映了译者对儒家文化和中国几千年历史的认知和感悟。在魏氏看来,孔子的思想至迟大约在公元前 150 年就成为国家的正统思想。两千多年来,孔子从没有被神化,只是一直被尊称为"至圣先师"(The First Teacher, The Sagest of the Sage),进而成为整个远东文明的开化者(Ware, 1955:7)。在谈及中华经典尤其是十三经时,他认为在所有中华经典中唯有《论语》至今对现代西方人具有现实价值和实践意义(同上:14)。这一认识也很大程度上反映出译者的翻译动机。在论及孔子思想的影响时,魏氏坚信孔子有朝一日会成为中国国家礼仪和社会稳定的象征,《论语》也会助力于中国人的善行和社会和谐(同上:17)。关于翻译动机,我们还可从魏氏对《论语》的溢美之词管窥一斑。译者认为该书是任何文明进化的教材,体现了人的完美,并且具有天然的人文主义和理性主义,有补于"我们传统的超自然主义"(the supernaturalism of our own tradition)(同上:19)。

关于翻译《论语》的目的,魏鲁男(同上:17—18)强调新译本旨在服务于"普通读者"(the general reader),认为思想丰富的、人性化的文本有利于解决西方严重的道德问题，阅读孔子能够帮助西方人重拾传统的宗教信仰，意识到情感和理想主义之于全人类的价值。同时，他甚至相信中国以仁为核心的伦理体系与西方自身的宗教传统多有重合之处。的确，随着二战的结束，美国在20世纪五六十年代面临着各种社会问题，欧美传统的基督教主流文化显得如此无能为力，需要外来文化的移入。尤其是"美国的年轻一代对西方的文化及宗教传统感到不满，对他们当时的政治、经济、社会现状也感到不满，而东方某些文化又恰好能满足他们内心之需求或弥补其缺憾"（钟玲，2003：14），因此通过翻译手段以大量吸收东方文化就成为美国社会的一种历史必然，这也符合注重实用主义和功利主义的美国文化特质。

第三节　魏译本的阐释翻译

通过文本细读发现，魏鲁男《论语》英译本具有释译达意、挥洒有度的基本特点。这一特点不仅可以从译本的精简篇幅得到佐证，也符合魏氏对源语及原作语言风格的正确认知和切实感悟，更体现了他努力服务于"普通读者"的根本追求。在译者看来，汉语基本上是一种单音节语言，没有性、数、词形及时态变化，并认为汉语是最罕见的、最浅显的语言，故译之困难重重（Ware，1955：19—20）。与先前的节译本不同，魏鲁男《论语》全译本旨在为"普通读者"提供丰富的人类精神食粮，以期有利于解决西方深刻的道德问题（同上：17）。

那么，魏译本具有哪些风格特点？这些风格特点又是怎样体现？而该译本的得失又如何？针对这些问题，下文尝试从微观和宏观相结合的维度，观察译文灵活多变的翻译手段，通过分类剖析典型例证，以揭示该译本的风格特点。关于译本微观的语言特点，这里打算借鉴德国翻译理论家莱斯（Katharina Reiss）基于"文本类型学"（text typology）提出的相关翻译批评思想，即在"语言成分"（linguistic components）层面，译文应尽可能符合语义对等、词汇充分、语法正确和文体对应（Reiss，2004：66），而较为宏观的文化因素在译本的处理方面，鉴于其思想在这方面的局限性①，则对其"超语言限制因素"（extra-linguistic determinants）层面的合理成分如读者因素和时空因素加以利用，并结合《论语》原作、译文的思想内容和风格特点加以适当补充和具体分析。

一　语义对等

考虑文本的语义成分是保证原文内容和意义的一个决定性因素，具体涉及多义词处理、是否存在误释、任意增删等现象，而决定语义是否对等则要考虑语言语境；语言语境又有宏观和微观之分，前者指段落乃至整个文本，后者则为字词所处的当下语境（Reiss，2004：53）。整体研究发现，魏译本在语义对等层面虽然基本效果差强人意，但存在的问题也较为突出，近乎占译本中所有存在明显不妥甚至翻译失误的章节总数②的一半，故这部分内容首先对译本的语义对等加以基本肯定，然后相对偏重于译本语义讹误的评析。

（一）词语多义　巧妙对应

对于同一个词可能存在的多义现象，魏译本能够措辞灵活，结合具体语境加以阐释，生动释译出原文的语义。例如：

（1）子于是日哭，则不歌。（"述而第七"）

On the day that he had exhibited grief at a funeral the Master did not sing.

（2）孔子曰："不知命，无以为君子；不知礼，无以立也；不知言，无以知人也。"（"尧曰第二十"）

"Who fails to recognize fate can never become Great Man. Who fails to follow the rites can never play his proper role. Who does not know the value of words will never come to understand his fellow-men."

例（1）准确把握"哭"的含义，译之为"had exhibited grief at a funeral"，而例（2）将原文中的三个"知"分别巧妙地迻译为"recog-

---

① 关于莱斯翻译批评理论的这一不足，即"忽略了文化因素对翻译的影响"，详见张春柏（2001：1—4）。

② 据笔者统计，这一总数为110个左右，与理雅各英译本（1861）的"175个"及韦利英译本（1938）的"约有150个"翻译讹误（何刚强，2007：77—82）相比，魏译本似乎这方面有明显改善。

nize""follow"和"know",其中,例(2)由于追求否定表达方式多变也一定程度上造成原文形式风格有失。不过,译文间或也会出现多义词理解有误的现象,请看下例关于"苟"和"恶"的处理:

(3) 子曰:"苟志于仁矣,无恶也。"("里仁第四")

"If you are only halfheartedly bent upon being Man-at-his best, you will hate no one."

比较:If a man, said the Master, has made up his mind to be good, he will do no wrong. (许渊冲,2005:14)

(二) 理解不确 表达欠妥

《论语》原文表达灵活,辞约义丰,译者对原文语言的使用语境认知不当是造成此类译误的主要原因。例如:

(1) 子曰:"知者不惑,仁者不忧,勇者不惧。"("子罕第九")

"Wisdom has no doubts. Manhood-at-its-best has no concerns. Courage is without fear."

(2) "回虽不敏,请事斯语矣。"("颜渊第十二")

"I am not diligent, but this is exactly what I am going to do."

例(1)原文中的"知者""仁者"和"勇者"本意指人,而非抽象概念;例(2)原文中的"敏"实为"聪敏"(clever)之意,将之译为"diligent"不仅有悖原义,且与颜回勤恳好学的实际形象不符。下文例(3)实为强调君子行前言后之意(杨伯峻,2009:17;徐志刚,1997:14),也为魏译所曲解:

(3) 子贡问君子。子曰:"先行其言而后从之。"("为政第二")

Tuan-mu Tz'u asked about Great Man.

"First he sets the good example, then he invites others to follow it."

比较:Tzu-kung asked about the gentleman. The Master said, 'He puts his words into action before allowing his words to follow his action.' (Lau, 1979:64)

诚然,魏译更多的是能够把握好原文语境,机巧有效地加以迻译,这里仅举一例以资明证:

(4) 子曰:"巧言乱德,小不忍则乱大谋。"("卫灵公第十五")

"Just as a clever remark can ruin another's Excellence, so, if there is the slightest impatience, a grand scheme can be ruined."

（三）望文生义　译文讹误

从整个魏译本来看，此类翻译讹误极少，却尤为值得警惕。造成的原因既有主观的，如译者率尔操觚所致；又可能是客观的，如囿于掌握源语能力之不足。请看：

（1）子贡曰："夫子自道也。"（"宪问第十四"）

But Tuan-mu Tz'u spoke up, "The Master is his own path."

（2）子游曰："吾友张也，为难能也，然而未仁。"（"子张第十九"）

Chung Yu said, "Chuan-sun Shih makes a friend of mine, but it is hard to achieve Manhood-at-its-best at his side."

在例（1）原文中，"自道"当指自我表述（杨伯峻，2009：153；徐志刚，1997：184），朱熹也认为此乃夫子"自责以勉人也"（朱熹，1983：156），却被误译为"his own path"，而例（2）原文的"难"与"能"连用，实为难能可贵之意，亦非"hard"一词所能传达的。

（四）漏译偶现　有悖原作

魏译本中的漏译现象较为罕见，所出现的漏译有可能是译者故意"操纵"的结果，或视原文无足轻重，径直减略所致，颇为值得商榷。如下文例（1）和例（2）分别对原文中的动词"御"和"作"加以省译：

（1）樊迟御，子告之曰："孟孙问孝于我，我对曰无违。"（"为政第二"）

Later, the Master said to Fan Hsü, "When asked about filial duty I replied that it consisted in contravening none of the precepts."

比较：Fan Ch'ih was driving. The Master told him about the interview, saying, 'Meng-sun asked me about being filial. I answered, "Never fail to comply."'（Lau, 1979：63）

（2）鼓瑟希，铿尔，舍瑟而作，对曰："异乎三子者之撰。"（"先进第十一"）

He gave a final strumming or two to his cither, and, laying it down while it was still vibrating, he replied, "I would do things differently from the other three."

比较：After a few dying notes came the final chord, and then he stood up from his lute. 'I differ from the other three in my choice.'（Lau，1979：110）

二 词汇充分

《论语》原文语言以直白洗练著称，但也存在一些含蓄义丰的词汇概念，处理起来并非易事。评判译文词语是否充分主要涉及术语、"伪友"，隐喻、惯用法等的处理（Reiss，2004：57—58），魏译本通过灵活运用多种翻译手段，在这方面的实践应当说是较为成功有效的。所犯此类译误较少，约占魏译失误总数的十分之一。

（一）核心概念　译文多变

作为中华传统文化经典，《论语》集中体现了博大精深的儒家思想，尤其那些核心概念的迻译更是不知令多少古今中外的译家言尽词穷，甚或望而却步。作为译者，魏鲁男深知这些核心概念的处理实非易事，故所采用的翻译操作方法灵活多变，措辞及释义非同寻常，极富创造性。例如，关于"仁"，以下三例针对具体语境，分别英译为"being man-at-his-best"、"Men-at-their-best"／"Manhood-at-its-best"和"Man-at-his-best"，请看：

（1）子曰："巧言令色，鲜矣仁。"（"学而第一"）

"Clever talk and a domineering manner have little to do with being man-at-his-best."

（2）子曰："不仁者不可以久处约，不可以长处乐。仁者安仁，知者利仁。"（"里仁第四"）

"Those who are not Men-at-their-best cannot stand misfortune for a long time; they cannot stand prosperity fot a long time. Those who are Men-at-their-best are content with Manhood-at-its-best; the wise profit from Manhood-at-its-best."

（3）子曰："仁者，其言也讱。"（"颜渊第十二"）

(To Ssu-ma Li) he said, "Man-at-his-best is circumspect in what he says."

值得一提的是，有关"君子"的多义性，魏鲁男认为这一现象令原文有些文字捉摸不定，与天赋皇权的中国政治理论有关（Ware，1955：18）。根据杨伯峻（2009：238）的注解，《论语》中的"君子"一词主要意思有二：一是有道德的人，二是在高位的人。魏译有时却将"君子"误译为"prince"，譬如，在"季氏第十六"篇里，"伺于君子有三愆""君子有三戒"以及"君子有三畏"等表达中的"君子"意思一致，其实都是和"小人"相对的概念。

（二）化隐为显　喻意豁达

魏译本关于隐喻的翻译大都通过释译、直译或替换等多种手法，做到贴切自然，甚或神契妙合。例如：

（1）子曰："谁能出不由户，何莫由斯道也！"（"雍也第六"）

"Why does no one follow this doctrine of mine just as naturally as they leave a place by the door?"

（2）"割鸡焉用宰牛刀。"（"阳货第十七"）

"Why are they using an axe to kill that chicken when a hatchet would be better?"

就隐喻表达而言，例（1）和例（2）皆通过具体的实物概念来体现。不过，下文例（3）中"官"乃房舍之意（杨伯峻，2009：202；参见徐志刚，1997：251；朱熹，1983：192），以"appointments"译之，亦可谓"伪友"矣。

（3）"譬之宫墙。赐之墙也及肩，窥见室家之好。夫子之墙数仞，不得其门而入，不见宗庙之美，百官之富。……"（"子张第十九"）

"Let me use for comparison a dwelling with its surrounding wall. The wall around my house is shoulder high, so that anyone can look over and see its good points. The Master's is considerably higher. Unless one enters by the gate, it is possible to see the beauties of the ancestral temple, the richness of the appointments. ..."

比较："Let us use the wall as a comparison. My wall is only as high as my shoulder, so the beauty of my house could be easily perceived from over the wall. But my Master's wall rises many times a man's height. If a man cannot find the door to enter the house, the beauty and magnificence of the temple and halls could not be perceived. ..."（许渊冲，2005：102—103）

（三）数字迻译　有效得当

《论语》原文中数字的使用十分灵活，实指和虚指并存，译者稍有疏忽就可能造成译误，而魏译对数字的处理颇为有效得当。例如：

（1）子曰："三年学，不至于谷，不易得也。"（"泰伯第八"）

"It is hard to find a man who will study for three years without thinking of a post in government."

（2）齐人归女乐，季桓子受之，三日不朝，孔子行。（"微子第十八"）

When those in Ch'i sent the dancing girls to Lu, Chi-sun Ssu accepted them, and for three days no court was held. Confucius then left.

（3）"二三子，何患于丧乎？天下无道也久矣，天将以夫子为木铎。"（"八佾第三"）

"Why are you distressed at the straits you are in? The world has been in ignorance of System for a long time; but Sky is going to use your master as a baton with which to strike the bell summoning men to instruction."

（4）子夏曰："百工居肆以成其事，君子学以致其道。"（"子张第十九"）

Pu Shang said, "Just as artisans inhabit the market place to ply their trades, so Great Man studies to improve his doctrine."

例（1）和例（2）中的"三年"和"三日"皆为实指，而例（3）和例（4）中的"二三子"和"百工"则为虚指，魏译都处理得当；不过，例（4）将"致"译为"improve"实为误译，偏离其"实现"之意（徐志刚，1997：244；参见杨伯峻，2009：198）。

另外，魏译还通过简化法来翻译有关数字的表达，如将"方六七十，如五六十"（"先进第十一"）译为"a tiny territory"等，此类翻译尝试也颇值得关注和思考。

三　语法正确

魏鲁男以英语为母语，且熟稔汉语的特点，能够认识到两者的差异,如汉语没有性、数、词形及时态变化(Ware,1955:19)。文本细读也表明,魏译本的确能够很好地运用语法规则,以表达正确为准绳,尤为关注语言形态和句法的重要性(Reiss,2004:60)。语法讹误在魏译中较为罕见,所占该译本全部错误的比例庶几可忽略不计。

(一) 妙用语法 传神达意

关于语法与意义的密切关系,奈达曾强调说"语法言意"(Grammar has meaning)(Nida & Taber,1969:34)。在魏译本中,语法妙用就有不同表现形式,如例(1)巧妙处理词性,例(2)妙用虚拟语气以再现原文内涵,着实可资借鉴。试看:

(1) 以其子妻之。("公冶长第五")

So he gave him his daughter in marriage.

(2) 子曰:"自行束修以上,吾未尝无诲焉。"("述而第七")

"I shall always teach, even if but a pittance be offered me."

同时,在魏译本中也发现了一例时体欠妥之处(其中"have returned"应改为"returned"),请看:

(3) 子曰:"吾自卫反鲁,然后乐正,《雅》、《颂》各得其所。"("子罕第九")

"Since I have returned from Wei to Lu the music has been corrected, and *The Poems* returned to their proper status."

比较:Since my return from Wei to Lu, said the Master, I have revised the *Book of Music* and put *Odes* and *Hymns* in their proper place. (许渊冲,2005:41)

(二) 句法调整 灵活有效

由于魏译本旨在服务于"普通读者",译者在译文的句式处理上因而较为灵活,包括变疑问句为陈述句、改直接引语为间接引语等,达意效果值得肯定,但也多少与原文尤其在语气上有所出入。例如:

(1) 子夏问曰:"'巧笑倩兮,美目盼兮,素以为绚兮。'何谓也?"("八佾第三")

Pu Shang asked the meanings of the following lines from *The Poems*: "Her artful smile is lovely, Her fair eyes flash black and white, To the plain and natural there is added decoration."

(2) "敢问死?" 曰: "未知生, 焉知死?" ("先进第十一")

When he inquired about death, the reply came, "You cannot know about death before you know about life."

(3) 孔子谓季氏: "八佾舞于庭, 是可忍也, 孰不可忍也!" ("八佾第三")

Confucius said of the Chis who used eight rows of eight singers and dancers each at the celebrations in honor of their family—only the king should use so many—that if they could permit themselves this, they were capable of anything.

例（1）涉及变疑问句为陈述句，例（2）和例（3）则是改（部分）直接引语为间接引语，其中，例（2）基于本章上文"季路问事鬼神"一语、例（3）为了添词以文内阐释，两者如此变换似乎显得更为合理、更有必要。

四 文体对应

在具体探析魏译本的文体特色之前，这里不得不先提及莱斯基于德国学者布勒（Karl Bühler）的语言功能理论所构建的文本类型学（text typology）思想，正是以此为基础提出了较为系统的翻译评判标准。莱斯（Reiss, 2004: 25—39）将文本划分为三大类[①]：即"注重内容的文本"（content-focused texts），"注重形式的文本"（form-focused texts）和"注重诉情的文本"（appeal-focused texts），并认为不同类型的文本需要的评判标准既有重合之处，也有不同的侧重点。具体说来，第一类文本反映描述功能，强调信息传递和语言的逻辑，包括媒体评论、新闻报道、商业信函等；第二类文本反映表达功能，注重思想情感和语言的审美，主要包括散文、诗歌等；第三类文本则反映说服功能，突出效果和语言的对话，如广告、宣传、说教等文本。如果从是否偏重"对话"性和带有"说教"色彩来看，《论语》原文似乎可以大致认定为以诉情为主、兼顾内容和形式的文本，魏译本整体效果上似乎也较为符合这一判

[①] 莱斯所增补的第四种文本类型即"听觉－媒体的文本"（audio-medial texts），因与本研究对象关系不大，故此处不再论及。

断。需要说明的是,这里探讨的文体概念不仅包括源、译语的口语或正式用法及其有无可比性(同上:33),而且涵盖语言风格、修辞运用等方面。此类译误所占魏译失误总数的比例低于十分之一。

(一)复出参照　巧变多法

《论语》原文内容有多处复出,魏译本通常行文一致或略有调整如例(1),有时也在译文中使用括号加以适当参照如例(2),此类说明文字显然便于读者研读或互文见义。请看:

(1)子入太庙,每事问。("八佾第三")

Whenever the Master was present at the state sacrifices to the prince's ancestors he would inquire carefully into all that went on.

比较:入太庙,每事问。("乡党第十")

Whenever he was present at the state sacrifices to the prince's ancestors he would inquire carefully into all that went on.

(2)子曰:"苟正其身矣,于从政乎何有?不能正其身,如正人何?"("子路第十三")

"If a man has rendered himself correct, he will have no trouble governing. If he cannot render himself correct, how can he correct others?" [Compare XII, 17]

不仅在语句层面,在词语上也是如此,譬如在"颜渊第十二"篇,"敢问崇德修慝辨惑?"与上文"子张问崇德辨惑。"重复出现"崇德"和"辨惑",两者译文完全一致,皆分别被译为"excellence in its exalted form"和"the clear understanding of utter confusion"。

(二)行文修辞　质直再现

正如译者在"导论"所言,对有些人来说,译文形式可能乍看幼稚,但他们很快就会意识到其明晰、浅显和工整的至美(Ware,1955:17)。魏译在注重释译法的同时,有时也会努力逼真再现原文工整洗练、质朴直白的风格特色,并兼顾译语行文习惯,表达贴切而自然。例如:

(1)子曰:"质胜文则野,文胜质则史。文质彬彬,然后君子。"("雍也第六")

"When substance overbalances refinement, crudeness results. When refinement overbalances substance, there is superficiality. When refinement and substance are balanced one has Great Man. "

（2）子曰："君子坦荡荡，小人长戚戚。"（"述而第七"）

"Great Man is completely at ease; Petty Man is always on edge. "

（三）推敲炼字　达意传神

细读魏译会时而发现，译者通过精练措辞，运用言简义丰的文字准确再现原文的意蕴和神采。例如：

（1）樊迟请学稼，子曰："吾不如老农。"（"子路第十三"）

Fan Hsü wanted to study farming with the Master, but the latter said, "You had better see an old farmer. "

（2）子曰："士而怀居，不足以为士矣。"（"宪问第十四"）

"The gentleman who prefers his own ease is no gentleman. "

不过，由于不必要的简略，也会导致说话对象不明，乃至语焉不详的情形。下例单独成章，却无端将说话对象"由"删除即为明证：

（3）子曰："由，诲汝知之乎！知之为知之，不知为不知，是知也。"（"为政第二"）

"Shall I tell you what knowledge is? It is to know both what one knows and one does not know. "

五　读者因素

为"普通读者"服务是魏译本始终努力追求的主要目标。魏鲁男希望并相信阅读该译本能够让西方人见证人文主义和理想主义，摆脱一切情感的束缚并体察地道汉语的罕见之浅显特色（Ware, 1955：17）。魏译本中翻译操作方法十分丰富，也体现并验证了翻译目的论的重要思想，即"目的决定手段"（Reiss & Vermeer, 1984：101；Nord, 2001：29）。这方面的译误所占魏译翻译失误总数的比例远低于十分之一。

（一）文内引申　释译有度

为了便于甚或吸引读者理解原文某些丰富的意蕴或有趣的信息，魏译始终坚持采取释译法，文内对其加以适度引申，令语义显豁，以至整个魏译本从不使用脚注。莱斯关于译文运用脚注的观点也反映了这一事实，即偏重内容的文本倾向于使用脚注，而偏重诉情的文本则往往避免

第四章 发展期：释译达意　115

使用脚注（Reiss, 2004: 77）。例如：

（1）季氏旅于泰山。子谓冉有曰："汝弗能救与？"（"八佾第三"）

When the Chis, who lacked the proper authority, offered sacrifice to Mt. T'ai, the Master said to their chief minister, Jan Ch'iu, "Couldn't you prevent them from violating the code?"

（2）君在，踧踖如也，与与如也。（"乡党第十"）

When the prince was present he was respectful to the point of allowing nervousness to show; he was ceremonious to the highest degree.

（3）疾，君视之，东首，加朝服拖绅。（"乡党第十"）

When he was sick abed and his prince visited him, he would lie with his head to the east, and lay his formal gown over himself with the sash in proper position.

显然，例（1）译文中的从句（即"who lacked the proper authority"）和名词短语（即"their chief minister"）、例（2）译文中的介词短语（即"to the highest degree"）以及例（3）译文中的介词短语（即"in proper position"）皆为引申内容，释译效果较佳。不可否认的是，魏译有时也存在引申欠妥之处，如下文例（4）用从句（即"who control everything in our state"）对"三子"（the three lords）加以释义，很难想象国君鲁哀公与过去的臣属孔子竟会如此直言交谈，更何况哀公曾打算借外力消灭三家（季孙、叔孙、孟孙），结果却被三家赶至他国（参见安作璋，2004: 240）。

（4）（陈成子弑简公，孔子沐浴而朝，告于哀公曰："陈恒弑其君，请讨之。"）公曰："告夫三子。"（"宪问第十四"）

"Tell it to the three lords who control everything in our state."

通过进一步梳理发现，魏译文内引申讹误主要集中于直接的对话中，引申文字虽然有助于"普通读者"理解原文内涵，却往往与具体语境不符，似无必要；故倘若必要，建议还是文外注释为好。再如下例译文中起同位语作用的"the humblest of the six arts"也是如此：

（5）子闻之，谓门弟子曰："吾何执，执御乎，执射乎？吾执御矣。"（"子罕第九"）

When this was reported, the Master replied to his pupils, "What is my strong point? Is it driving or is it shooting? It is driving, the humblest of the six arts."

（二）原文重构　译法巧妙

在吃透原文的基础上，魏氏巧妙运用多种翻译方法，对原文进行"伤筋动骨"式的解构和再造，使译文生机勃勃、地道自然，尽可能满足译语读者的期待。试看：

（1）王孙贾问曰："与其媚于奥，宁媚于灶也。何谓也？"（"八佾第三"）

Wang-sun Chia asked, "What would you say of the adage: Better to be on good terms with the spirit of the hearth, which cooks our food, than with the tutelary spirits, whom we never see?"

（2）子曰："觚不觚，觚哉！觚哉！"（"雍也第六"）

"If an urn lacks the characteristics of an urn, how can we call it an urn?"

就译文而言，例（1）运用总分法翻译，而例（2）则通过重构原文来实现语言转换，两者皆文从字顺，语义成功再现。

（三）化繁为简　意旨毕现

由于译者意识到汉语特色突出，"译之困难重重"，因此为了切中肯綮，逼真再现原文的意旨，简化法是魏译本偶尔运用的翻译手段。例如：

（1）子曰："视其所以，观其所由，察其所安，人焉廋哉！人焉廋哉！"（"为政第二"）

"Look at the means which a man employs; consider his motives; observe his pleasures. A man simply cannot conceal himself!"

（2）子曰："道之将行也与，命也；道之将废也与，命也。公伯寮其如命何！"（"宪问第十四"）

"It is fate that will determine whether System prevails or fails. What is a Kung-po Liao in the face of fate?"

另外，魏译偶尔也会运用承前省略的方法，使得上下文语义贯通，并兼顾译语的行文特点。譬如，下例因其上文是"仲弓问仁"（Jan Yung asked about Manhood-at-its-best），故有如下译文：

(3) 司马牛问仁。子曰:"仁者其言也讱。"("颜渊第十二")

To Ssu-ma Li he said, "Man-at-his-best is circumspect in what he says."

(四) 发挥创造　妙译纷呈

魏译本最令读者着迷的当是译者充分发挥自己的创造力所展现的妙译。这些译文时而视角转换,时而貌离神合,但皆言简意赅,几近神来之笔。请看:

(1) 子曰:"三军可夺帅也,匹夫不可夺志也。"("子罕第九")

"A commander may be snatched away from his army, but will cannot be taken from the humblest man."

(2) 子曰:"道听而途说,德之弃也。"("阳货第十七")

"To engage in gossip is to cast aside Excellence."

(3) 朋友死,无所归,曰:"于我殡。"("乡党第十")

When a friend died homeless Confucius would say, "Entrust the funeral to me."

间或也会发挥译语优势,令译文文采斐然:

(4) 子贡曰:"纣之不善,不如是之甚也。是以君子恶居下流,天下之恶皆归焉。"("子张第十九")

Tuan-mu Tz'u said, "King Chou of the Yin dynasty was not as black as he has been painted, so Great Man shuns low company for fear that all the evils of the world will be imputed to him."

六　时空因素

顾名思义,时空因素包括时间因素和地点因素,由于两者往往密不可分,故合称之。在莱斯看来,时间因素主要涉及选词如古词或句法、特殊修辞等(Reiss, 2004: 71),而地点因素则主要与场景、机构、风俗习惯等有关(Reiss, 2004: 74—76)。这里的例证分析则综合加以考虑。此类误译所占魏译失误总数的比例约为十分之一。

(一) 古文今译　风雅犹存

魏译偶尔通过古英语语法或文雅之词的使用,观照原文时空之貌,再现古雅之趣。譬如下文例(1)和例(2)分别在译文中使用的"worry not"和"therein":

(1) 子曰："……不患莫己知，求为可知也。"（"里仁第四"）

"... Worry not that no one knows of you; seek to be worth knowing."

(2) 子夏曰："博学而笃志，切问而近思，仁在其中矣。"（"子张第十九"）

Pu Shang said, "Remain sincere in purpose while studying widely, continue to think while posing frank and open questions. Therein lies Manhood-at-its-best."

另一方面，魏译也存在今词古用之不足，多少令人感到荒诞不经。如译文多次出现用"China"来转换原文的有关地理概念，根据《牛津英语词典》，虽然关于"China"一词来源至今存有争议（"a matter of debate"），但至少有文字记录确认其最早使用的时间为 1555 年（Simpson & Weiner, 1989: 124）。况且，译者魏鲁男本人在谈及中国的英文名称"China"的由来时，也只是认为它源自"Ch'in"即"秦"国，在 1500 年左右"Ch'in"传入西方并进而衍变为"China"（Ware, 1955: 9）。请看一例：

(3) 子曰："夷狄之有君，不如诸夏之无也。"（"八佾第三"）

"China without a recognized leader is preferable to foreigners with all their leaders."

比较：The barbarian tribe with a sovereign, said the Master, is not so good as a civilized state without one.（许渊冲，2005: 9）

（二）契合语境　增词补义

魏译时常结合语境，参照有关风俗习惯、地名、人名等时空背景信息，适当加以释义或变通，补足或彰显语义。例如：

(1) 子曰："君子无所争。必也射乎！揖让而升，下而饮，其争也君子。"（"八佾第三"）

"There is nothing which Great Man will contest with others. Since it is obligatory, however, he will engage in the archery tournaments. After greeting and deferring to the others, he mounts to the range. After he has finished he comes back and plays his proper role in the drinking [the loser must drink; for the winner there is no compulsion]. In such a contest he is still Great Man."

(2)（闵子骞曰:）"善为我辞焉。如有复我者，则吾必在汶上矣。"

("雍也第六")

"You will know how to decline it for me. If you return here to offer me the position again, you will certainly find me on the bank of the Wen on my way out of the state."

显然，例（1）译文中的括号部分（即"[the loser must drink; for the winner there is no compulsion]"）和例（2）译文中的介词短语（即"on my way out of the state"）都能结合具体语境，起到增词补义的作用。

七 文化概念

魏译所涉及的文化因素比较复杂，除了时空因素还有众多文化概念，释译文字瑕瑜互见，这里只能分别撮要加以例证和评析。该类翻译失误较多，所占魏译失误总数的比例近乎五分之一。

（一）文化元素 阐释善变

作为儒家经典，《论语》文化元素十分丰富，相关表达俯拾即是，魏译本释义效果较佳，能够满足"普通读者"的阅读期待。为了窥斑见豹，以下分别以例（1）、例（2）以及例（3）原文中的"《雍》"（译为"a royal hymn"）、"圭"（译为"the jade tablet which served as the badge of his appointment"）以及"《韶》"（译为"Shun's music"）与"《武》"（译为"the music of the founder of the Chou dynasty"）为证：

（1）三家者以《雍》彻。（"八佾第三"）

The three great families of Lu were using a royal hymn to accompany the clearing away of the ritual utensils.

（2）执圭，鞠躬如也，如不胜。（"乡党第十"）

When on an official mission to another state, he grasped the jade tablet which served as the badge of his appointment as though he were bowing and as though it were too heavy for him to lift.

（3）子谓《韶》："尽美矣，又尽善也。"谓《武》："尽美矣，未尽善也。"（"八佾第三"）

The Master said that Shun's music was beautiful in all respects; that it was technically perfect. He further said that the music of the founder of the Chou dynasty was beautiful in all respects, but not technically perfect.

在下文例（4）中，"老"不同于"大夫"，是对古代大夫家臣之长的尊称，也称"室老"，该例旨在强调"知人善任"（徐志刚，1997：176，参见杨伯峻，2009：147）；朱熹也认为"大家势重，而无诸侯之事；家老望尊，而无官守之责"，而"大夫"，乃"任国政者"（朱熹，1983：151）。由于理解失当，译者将下例原文的"大夫"误译为"a grand gentleman"：

（4）子曰："孟公绰，为赵魏老则优，不可以为滕薛大夫。"（"宪问第十四"）

"Meng-kung Ch'o would be excellent if he were an official of the small principalities Chao or Wei, but he may not be used as a grand gentleman in such states as T'eng or Hsüeh."

比较：Meng Gong Chuo would be a better official in such big families as Zhao and Wei than a minister in such small states as Teng or Xue. （许渊冲，2005：70）

（二）人名翻译　或可商榷

一般说来，古人的名字包括"名"和"字"两部分，前者是社会上指称个人的符号，后者常常为前者的补充和解释。名为幼时所起，以供长辈呼唤，而成年后通常要取字，用于同辈或朋友间称谓。在魏译本中，人名翻译采取对应法：每个人的译名一般都是唯一对应的，即译为本人的姓加"名"。如子张复姓颛孙，名师，字子张，故译为"Chuan-sun Shih"（颛孙师），同理，子夏译为"Pu Shang"（卜商），曾子译为"Tseng Ts'an"（曾参）等。这种人名翻译法显然有利于人物在上下文一致参照，便于读者理解译文，但在对话中因"名""字"不分也间或造成与言说者身份不符的后果。譬如，下例中"子游"和"张"（即"子张"）为同门学友，前者通常不会直呼后者之名（就像该例原文一样），这一点在译文中却无法再现：

（1）子游曰："吾友张也为难能也，然而未仁。"（"子张第十九"）

Chung Yu said, "Chuan-sun Shih is a friend of mine. He is capable of many difficult things, but he is not yet Manhood-at-its-best."

此外，魏译还至少存在一处人名误置的问题。下例中"三桓"指鲁国的"三卿"，即季孙氏、叔孙氏和孟孙氏，因为这三家都是鲁桓公的后代，故称为"三桓"（徐志刚，1997：213，另见杨伯峻，2009：173），译文（即"Duke Huan of Ch'i"）却等同于"齐桓公"（"宪问第十四"）了（Ware，1955：91）。

（2）孔子曰："禄之去公室，五世矣。政逮于大夫，四世矣。故夫三桓之子孙，微矣。"（"季氏第十六"）

"Officials in Lu have not been employed by the legitimate ducal line of the state for five generations; affairs have been in the hands of the grand gentlemen for four generations. Hence these descendants of Duke Huan of Ch'i are weakening."

八 余论

魏鲁男《论语》英译本于1955年11月初刊，到1964年5月就已第八次印刷，能够在如此短的时间内反复印行可见其在西方的广泛影响，同时也赢得积极的评价。柳无忌（Liu，1956）认为魏鲁男《论语》译本的特色包括儒家思想核心概念的新译、时常添加释译语词等。谭卓垣（Taam，1953：154）认为魏鲁男译本（*The Best of Confucius*，1950）使用当今简单的语言文字，仿佛孔子就生活在当下，在用英语讲话，其魅力在于让读者感到在直接与圣人本人交流。诚然，魏译本仍存在不少瑕疵，但瑕不掩瑜。在20世纪末，美籍华人黄继忠在其《论语》英译本的"致谢"里所感谢的五位《论语》英译先行者中，特地将魏鲁男与理雅各、韦利等名家并举，因为这些译作中的长处和不足都令自己在翻译时受益匪浅（Huang，1997：vii）。

此外，魏译本在"导论"的最后部分还提到该译本音译汉语遵循"威妥玛-翟理斯式拼音法"（Wade-Giles system），以及中西人名构成的差异，并特别补充说译文中所有没有直接或通过语境明示的对话引文皆为孔子所言，这同样能够为普通读者更好地理解该译本以及参照其他译本提供必要的帮助。

第四节 本章小结

作为哈佛燕京学社首位在华求学的研究生，魏鲁男身临异国他乡，充分利用来华学习的机会，研修中国的语言文化，为后来的学术研究和中国典籍翻译打下了扎实基础。魏鲁男学识广博，具有敏锐的社会洞察力，尤其对《论语》及儒家思想的重要价值和现实意义见解深刻，认识到二战后包括美国在内的西方社会所面临的严重道德危机，希望通过译介《论语》来慰藉西方人失落的心灵。

　　作为汉学家，魏鲁男研究领域广泛，儒释道兼涉；不仅专长突出，学术造诣深，而且积极从事中国典籍翻译，成为早期向美国介绍中国哲学思想的美国学者之一。作为译者，魏鲁男完全有能力对译本旁征博引，加注详解，但出于服务"普通读者"的目的，身受当时以实用主义色彩浓厚的美国文化及汉学研究的影响，加之个人一贯的译文风格①，采用了独特的翻译策略。概言之，作为文化使者型译者，魏鲁男对儒家经典《论语》的精髓了然于胸，以"普通读者"为服务对象，通过追求释译达意、挥洒有度的翻译理念，灵活运用多种翻译操作手段，从语义对等、词汇充分、语法正确、文体对应等多个维度较为有效地再现了原作的思想和风采。魏译本主要具体特色包括采用独创的表达来翻译原作的核心概念，译文简洁而少注（且绝无脚注），行文畅达，释译的比例超过三分之二，以文内适度阐释为特征，而直译的比例不足三分之一，以概念与语序对应为特点。

　　发展期还出现了另一个汉学家《论语》英译本，即庞德译本。庞译本也相当程度上反映出释译达意的特色，即译者充分利用以拆字法为突出特征的手段对原作核心概念加以释义，强调原作"意旨"的迻译，运用简洁语言以达意，进而实现译者的翻译目的。不过，由于庞德译本时而会受到译者政治理念、翻译观、诗学思想、个人观念等因素的影响，其富有创造性的诠释和译笔不可避免地存在偏离原作本义之处。此外，本章还对三个华人《论语》英语全译本即翟氏父子合译本、刘殿爵译本和程石泉译本加以简要介评。

---

　　① 译文简洁而少有注释是魏鲁男翻译中国典籍的一贯风格，这不仅反映在其《孟子》《庄子》等译本里，而且法国学者索安（2002：122—123）就指出，魏鲁男翻译的《抱朴子》译本缺乏学术注解，希望有新的详注译本，若配上现有的索引，便可成为有价值的参考著作。

第五章　繁荣期：多元迭新

自 20 世纪 90 年代以来，国内外《论语》英译活动勃然兴起，进入了一个迅猛发展的阶段。迄今国外先后出现的各种《论语》英语全译本多达 20 余个，并以西方汉学家译本为主流。鉴于该阶段出现的《论语》英译本数量较多，故分别选取 20 世纪末和 21 世纪初的两位汉学家译者亨顿和森舸澜及其译本作为个案研究的重点考察对象：亨顿是近一个多世纪以来英译孔孟老庄四大典籍的第一人，两次荣获翻译奖，其译本却鲜有研究，而森舸澜译本是国外新世纪出现的第一个英语全译本，虽多有褒誉介评，但有关研究尚不够翔实深入，确有进一步全面研探的必要。

第一节　本期汉学家《论语》英译概观

在繁荣期，国外先后出版的《论语》英语全译本主要有道森译本（1993）、利斯译本（1997）、丘氏兄弟合译本（1997）、黄继忠译本（1997）、蔡氏夫妇合译本（1997）、谢维万译本（1997—1998）、亨顿译本（1998）、安乐哲和罗思文合译本（1998）、白牧之和白妙子合译本（1998）、李祥甫译本（1999）、森舸澜译本（2003）、华兹生译本（2007）、希勒译本（2011）、金安平译本（2014）、倪培民译本（2017）等。其中，丘氏兄弟合译本、黄继忠译本、蔡氏夫妇合译本、谢维万译本、李祥甫译本、金安平译本以及倪培民译本等因译者具有华人身份背景而不属于本研究的主要对象，另有柯立瑞编译本、贾德讷节译本等，仅略作简介。

一 道森与《论语》英译

道森（Raymond Stanley Dawson，1923—2002），亦译名道逊，为中国语言学硕士，牛津大学汉学教授、牛津大学沃德姆学院（Wadham College）名誉研究员，主要从事中国文化和古汉语研究。二战期间，道森曾在英国皇家空军服役；战后返回牛津大学就读"大课程"（Greats）（为高级人文学科），于1947年毕业，后应邀在牛津攻读汉语。1952年任杜伦大学汉语宗教和哲学讲师；从1961年到1990年，在牛津大学从事中文教学。主要著作包括《中国遗产》（The Legacy of China，1964）、《中国变色龙》（The Chinese Chameleon，1967）、《古汉语入门》（An Introduction to Classical Chinese，1968）、《中华帝国》（Imperial China，1972）、《中国帝国的文明》（The Chinese Experience，1978）、《孔子》（Confucius，1981）[①] 等。除了英译《论语》（The Analects，1993）外，还选译《史记》（Historical Records，1994）等。

道森《论语》英译本名为：The Analects，于1993年作为"牛津世界经典"（Oxford World's Classics）丛书之一由牛津大学出版社出版，共计110页。除了译本正文，该译本还包括"导论"（Introduction）、"原作说明"（Note on the Text）、"关键语汇翻译说明"（Note on the Translation of Key Terms）、"罗马化说明"（Note on Romaniation）、"精选参考书目"（Select Bibliography）、"历史年代概览"（Chronological Survey）、"解释性注释"（Explanatory Notes）和"索引"（Index）等部分，其中《论语》译文仅82页，该译本译笔之凝练由此可见一斑。道森《论语》译本以"哈佛燕京学社汉学引得丛刊"（Harvard-Yenching Sinological Index Series）之《论语》版本为依据，并受益于该版本所附的大量文献注疏。译者在"导论"中对《论语》原作、孔子、其他儒家典籍、相关社会历史背景等内容进行简介。其中，关于《论语》，道森提醒任何一个读者都应牢记四点：一是《论语》中的一些简明的话语可以看作

[①] 该书（Confucius）包括 "Confucius and Kung Futzu" "Learning and teaching" "Ritual and music" "Humaneness and other virtues" "Gentlemen and knights" "Government and people" 和 "A Confucian China" 共七个部分，计95页，于1981年由牛津大学出版社首次印行，次年由美国希尔－王出版公司（Hill and Wang）再版，可视为围绕孔子及其思想的概介编译之作。

反映中华文明的典型思想；二是《论语》在道德层面上最新颖的特色是其最先使用"仁"这一哲学术语；三是《论语》中源于中华文明的最早文字注重伦理问题而非实务；四是孔子对伦理术语的解析方式与许多西方道德哲学并不相同（Dawson，1993：xiii）。以上观点既表明译者对原作的独到见解，又可以看出他对儒家典籍《论语》与中华文明之密切关系的深切感悟。

作为译者，道森翻译观点明确。他认为，一名译者应当尽可能做到贴近原作，甚至效果有时显得"些微洋气古怪"（a little outlandish）[①]（同上：xvi）。他对古汉语特点具有深刻的理解，强调翻译《论语》时所遇到的一个基本问题是古汉语对语境极为依赖，因为古汉语中词的词性缺乏固有的标示，并具体指出，《论语》的章节内容有时具有一种普遍性，有些译者把所涉人称往往译作"I"或"you"并不可靠，更为准确的翻译应为"one"（同上：xvi – xvii）。关于其他译本，在"精选参考书目"部分，道森推荐的《论语》译本有四个，即刘殿爵英译本（1979）、理雅各英译本（1861）、韦利英译本（1938）以及他认为最适宜非专业读者的利斯法译本（1987）（同上：xxxiii），并对以上译本的突出特点逐一评价，要言不烦，令人印象深刻。

不仅如此，道森对中国典籍翻译之难也有清醒认识。关于《论语》英译佳作之不易，他强调，一切英语作家都承载着源自西方哲学及宗教信仰之偏见的沉重包袱，而从一种拥有属于自身世界观的语言和并无如此偏见的文化转换成西方的语言和文化，我们必然会运用极为依赖西方传统的术语（Dawson，1993：xxvii）。道森（同上）还指出，翻译——至少就哲学著作翻译而言——最多只能是一种近似；人们不应伪善地去接受他人的观点，译者相信唯有充满评判眼光和详尽注释的翻译才能促进知识进步，并进一步解释道，虽然学术研究的乐趣的确始于为专业读者诠释《论语》，但是人文及自然科学专业人士为同行而作的大多著述不利于长期的学术繁荣，而从事古代文化研究的专家若不能与广大普

[①] 关于道森《论语》译本，王琰（2010b：28）认为译者在表达上"不赞成为了符合译入语习惯而牺牲准确，但也反对过于强调贴近原文"，该观点似乎欠妥，在很大程度上与译者的翻译理念及译文实际情况不符。

读者进行交流将尤为可悲。总之，道森（同上）相信，"我们不应总是试图鼓动说教的对象，而应致力于跨文化交际之举，让我们本土读者尽可能理解《论语》"。

道森以上的观念和见解让人从中不难看出其翻译《论语》的动机和目的：通过贴近原作，采用不同于西方传统的话语，运用简明易懂的语言服务于普通读者，以达到有效的跨文化交际。史嘉柏认为，道森译本尽管注释不足，却谨严可靠；译本导论所介绍的内容简明准确，比其他译本更有意义；相较而言，黄继忠《论语》译本提供多种解读的可能性，但道森的许多做法值得肯定，如"有教无类"的译文就成功保留了原文的模糊性（Schaberg，2001：126—127）。刘敬国（2014：37—42）经深入研究指出，道森译本能够尊重原文，在词语翻译、句式翻译、义理阐释等方面都采用了"陌生化"翻译策略，较好地传达了原作的"他性"，但也存在一些误读、误译之处。此外，该译本还有一个不同于以往的《论语》英译本之处，即首次采用汉语拼音取代先前译本经常使用的威氏拼音法（Dawson，1993：xxviii），道森的这一举措的确具有先见之明，符合中国典籍英译的历史潮流。

二 利斯与《论语》英译

利斯（Simon Leys，1935—2014），为彼埃尔·里克曼斯（Pierre Ryckmans）（又名李克曼）的笔名，又译名西蒙·李、莱斯等，是比利时裔澳大利亚汉学家、小说家、文学评论家。早年在荷语天主教鲁汶大学（Université catholique de Louvain）学习法律，后在中国台湾学习中国语言文学与艺术。曾任比利时驻华使馆文化参赞，在澳大利亚国立大学教授中国文学，也曾担任悉尼大学中国文学教授。利斯著译作品颇丰，除了英译《论语》外，还包括法文翻译兼评论清代石涛的《苦瓜和尚画语录》（Les propos sur la peinture du moine Citrouille-amère，1970）、节译鲁迅的《野草》［La mauvaise herbe（10—18），1975］、《论语》（Les entretiens de Confucius，1988）法译本，以及多种关于中国"文化大革命"题材的作品等，并于1971年荣获汉学界极负盛名的儒莲奖。

利斯《论语》英译本名为：The Analects of Confucius，于1997年在美国纽约由诺顿公司（W. W. Norton & Company）出版。该译本包括译本正文和"注释"(Notes)两个主要部分,另有"前言"(Foreword)、"导论"(Introduction)、"中文名称的汉语拼音/威氏拼音法转换对照"(Pinyin/Wade-Giles Conversions for Chinese Names)、"索引"(Index)等内容。值得注意的是,从篇幅上看,该译本的注释(计 108 页)略长于正文(计 101 页),注释内容广征博引、丰富多彩,译者不时通过征引中西方学者及其著述(以西方尤甚),来解读儒家思想对于当今西方世界的重要价值。具体而言,在注释部分,除了多次涉及在导论中提到的主要参考著作即汉语两部(钱穆《论语新解》和杨伯峻《论语译注》)与英译本两部(韦利英译本和刘殿爵英译本),还包括中国诸家如朱熹、司马迁等人的观点,以及《左传》《诗经》《尚书》等经典著作,而西方则涉及柏拉图(Plato)、莎士比亚(W. Shakespeare)、帕斯卡(B. Pascal)、司汤达(Stendhal)、尼采(F. W. Nietzsche)、刘易斯(C. S. Lewis)、杜润德(S. W. Durrant)、康德(I. Kant)、李约瑟(J. Needham)、约翰逊(S. Johnson)等人及其相关著作。可以说,通过广征中西方学者的思想观点以诠释《论语》之于当代西方社会的现代意义正是利斯译本的突出特色。

  关于译本的翻译动机,利斯首先认识到原作《论语》的重要历史地位。译者认为,在世界历史上没有一本书能够像《论语》那样历史之久、影响力之大且影响对象之众,而对人本主义伦理和人类博爱的肯定,让它激励东亚各国并成为世界上拥有人口最多、迄今仍存的文明的精神支柱(Leys,1997:xvi—xvii)。其次,译者意识到《论语》之于了解中国的极端重要性和必要性。利斯认为,《论语》是我们唯一能够邂逅鲜活的真正孔子的唯一之所;从某种意义上,《论语》之于孔子犹如"福音"(the Gospels)之于耶稣(同上:xix),而忽视《论语》就等于失去唯一能够帮助我们理解中国的最重要钥匙,任何人忽视这一文明,最终就会仅能有限地理解人类经验(同上:xvii)。第三,最重要的是孔子及其思想之于现代社会的重要价值和意义。利斯指出,两千五百年来,孔子时而在讲述我们所处时代和我们这个社会的问题,并强调孔子的时代和当今人们所处的时代有一点颇为相似,即文明的衰败(同上:xvii,xxiii)。以上关于孔子、《论语》及儒家思想的三点认识,正是利斯翻译《论语》的主要动机,而第三点也是他努力去达到的翻译目的。

在20世纪90年代中期,西方出现了一个成熟文明濒于衰败的特征:除了经济和人口问题,还有道德衰落、文化自绝和政治分裂,其中表现较为突出的道德衰落就包括反社会行为的增长、家庭的衰败,至少是在美国出现了"社会资本"的下降、"职业道德"的普遍下降、自我放纵现象的增加以及对知识和学术活动投入的减少等(亨廷顿,1998:350—351)。以上正是对利斯英译《论语》的特定社会历史背景的真实写照,反映出该时期西方世界文明的衰败,对利斯英译《论语》行为产生了重要影响。此外,在不同程度上影响利斯英译《论语》活动的因素还包括:作为一名反极权主义者,利斯试图通过翻译《论语》表达自己追求平等、自由等思想理念;利斯还受到其他西方学者的影响,尤其是汉学家白牧之①对他的突出影响等。

利斯翻译《论语》的目的还与他反复引用并论述的著名作家卡内蒂(Elias Canetti)的观点密切相关。诺贝尔文学奖获得者卡内蒂指出,《论语》是对孔子其人所作的最古老完整的、集智慧和精神为一体的肖像,令人深感它像一本现代书,并强调《论语》之重要"不仅在于它说了什么,而且在于它没有说什么"(not only for what it says, but also for what it does *not* say);利斯对该观点拳拳服膺,不仅结合《论语》章节内容如"仁者其言也讱"(利斯译文为:He who possesses the supreme virtue of humanity is reluctant to speak.)等加以例证,而且引用著名哲学家维特根斯坦(Ludwig Wittgenstein)的名言"一个人对于不能谈的事情就应当沉默"(Whereof one cannot speak, thereof one must be silent.)②进行充分论证(Leys, 1997: xxi—xxx)。利斯强调孔子的"现代性"(modernity),认为孔子的沉默并非一种退却或回避,而是对生活和现实

---

① 利斯译本多处提到汉学家白牧之的影响,如在"致谢"部分,译者提到在哈佛曾受教于白牧之,获益良多;在"导论"部分,译者认为《论语》虽为汇编之作,但文体上罕有"时代错误"(anachronisms)(Leys, 1997: xix),相关注释则提及可参阅即将出版的白氏夫妇《论语》合译本(同上:xxxii)等。从中也可以看出利斯与白牧之密切的学术交往,甚至对白氏尚未出版的译本就已有所阅览或了解。

② 该语源自维特根斯坦的名著《逻辑哲学论》最后一章所仅有的一句话,常被学界广为引用,参见维特根斯坦(1985:97)。

的一种更深层、更贴近的参与（同上：xvii，xxxi）。确实，利斯充分发挥和利用卡内蒂的思想观点，使其最终成为译者诠释《论语》之"现代性"的理据，也为他在翻译过程中阐发个人的政治见解、思想理念提供了基础，进而实现自己的翻译目的。

就《论语》英译本而言，利斯强调该译本为自身数十年从事中国研究的成果，之所以用笔名署名，因为自己想暗示此乃专家的译本，服务的对象不仅仅是学者，更主要的是非专家读者，即那些无法理解原作而只打算开阔文化视野的人；译文不同于以往译本，强调兼顾学识和文学的双重属性，追求文雅和准确并存（同上：xi），而人名翻译采用现代汉语拼音且一以贯之。从中不能看出该译本所服务的读者对象较为广泛，兼顾学者与普通读者。

作为译者，利斯具有明确的翻译观：好的译者必须使自己成为一个"隐身人"（Invisible Man），只有失误时才会让人注意到他的存在（Leys, 1997：xi）。然而，利斯却往往通过译文尤其译文注释来阐述个人的见解，此类例证俯拾即是。譬如，关于"雍也可使南面"（"雍也第六"）的译文注释（即"the making of a prince"），除了进一步解释"南面"（to sit facing south）的含义，强调孔子政治哲学最具革命性的一面就是权力的移交取决于个人价值而非出身；而关于"弟子孰为好学？"（"雍也第六"）之"好学"（love of learning），则强调"学"的最主要成就与"道德秩序"（moral order）有关，而非"知性秩序"（intellectual order）（同上：145）。前者显然与利斯个人的政治理念和价值取向相关联，而后者体现出译者对西方社会道德沦丧的关切。再如，关于"德之不修"（"述而第七"），利斯指出"德"通常译为"virtue"，容易令其"power"之内涵流失，并引用司汤达《红与黑》（*Le Rouge et le Noir*）中的语句加以例证说明，故以"moral power"译"德"；关于"匹夫不可夺志"（"子罕第九"），译文注释认为此言与古罗马著名斯多葛学派哲学家爱比克泰德（Epictetus）之语"The robber of your free will does not exist"（大意为，自由意志之强盗并不存在）如出一辙，表面上译者利斯通过比附西方现有的概念，以"free will"译"志"，实则与其追求平等自由的思想观念相符，具有一致性。

关于利斯《论语》英译本，国内外学者各抒己见，且多有赞美之词。美国汉学家史景迁针对利斯《论语》英译本的评述内容翔实，例证丰富，通过比较研究柏应理拉丁文译本、理雅各英译本等不同译本发现，利斯的现代译本简明优美，旨在揭示原作的现实意义（Spence, 1997：8—13）。法国华裔汉学家程艾兰的评介侧重于利斯译本的不足，认为利斯对待孔子教义有夸饰成分，倾向于忽略其缺陷；译者的文学追求充分体现在他广博的文化知识；与法译本一样，英译本的精神始终源于个人偏见，将孔子以现代人的身份加以呈现，其思想具有跨越时空的普遍意义（Cheng, 1999：387）。郑文君指出，译者利斯承认《论语》作为"经典"的开放性；译本传递了《论语》中浓厚的个性信息：译者塑造出一个亲切的、值得信赖的形象，这是一个众人的孔子；然而，该译本的不足之处是利斯过分热衷于试图让人彻底了解《论语》，且注重文本的特定方面，以例证如今在中国流行制度文化中仍占主流的倾向（Cheang, 2000：564—665，577—579）。史嘉柏指出，较之于其他译本，利斯译本语言更为自由、辛辣、可读，可谓是饱含英文格言风格的范本；表面上译者目标崇高，要把孔子塑造成为一个同他一道谴责极权专制的人，但他的诠释试图混淆孔子和自己的观点（Schaberg, 2001：116，128—129）。

在国内，顾犇研究认为，利斯的译本"是一个中西文化比较的产物"（顾犇，1999：104）。柳存仁先生评价说，利斯"提倡孔子真儒之精神因而批评两千余年来所谓'吃人的礼教'假儒对愚蒙中国社会所作之毒害，并努力发掘孔子思想对当时及后世之影响，其主张不仅在本书注释中反复陈言，即在其所著之其他文字，字里行间亦常流露其对此类问题敏锐之观察、诚实直率之见解，实不待愚赘言"（柳存仁，2005：300）。中国社科院周发祥研究员曾撰文指出："利斯旁征博引、贯通中西的做法代表着西方汉学研究的一种深化"，既让西方读者"可借以近喻远、以易解难之便使他们得以容易地接触并理解中国文化"，又使中国读者"同样得以深入理解中国文化的同时，也得以更深刻地把握中国传统文化的世界意义和现实意义"（周发祥，2004：403—404）。总体来看，以上学者从不同角度对利斯《论语》英译本的评判，反映了该译本的多重特点，为中外读者阅读、理解乃至领悟译文所蕴含的丰富思想提供了借鉴和参考。

三　安乐哲、罗思文与《论语》英译

安乐哲（Roger Thomas Ames，1947—）出生于加拿大多伦多，1970年获英属哥伦比亚大学文学学士；1972年获台湾大学文学硕士；1973年获英属哥伦比亚大学文学硕士；1978年获伦敦大学哲学博士学位。曾任台湾大学、香港中文大学、北京大学等高校客座教授以及夏威夷大学中国研究中心主任等，现为夏威夷大学哲学系教授，世界儒学文化研究联合会会长，国际儒学联合会副主席。学术研究领域主要包括中西比较哲学、中国哲学（儒家和道家）以及美国哲学。安乐哲通过对中国哲学尤其儒道思想进行独特的解读和译介让更多西方人改变了对中国哲学的传统看法，为中国典籍在西方的有效传播做出了巨大贡献。罗思文（Henry Rosemont, Jr.，1934—2017）出生于美国芝加哥，1967年获华盛顿大学哲学博士学位。后任教于奥克兰大学，于2001年从马里兰圣玛丽学院退休，为该校"杰出荣休教授"（Distinguished Professor Emeritus），主要从事语言学和哲学研究。

安乐哲著译甚丰，主要著作包括《中国哲学问题》（*Problems in Chinese Philosophy*，1973）、《主术：中国古代政治思想之研究》（*The Art of Rulership: A Study in Ancient Chinese Political Thought*，1983）、《孔子哲学思微》（又译《通过孔子而思》）（*Thinking through Confucius*，1987）、《期待中国：中西哲学文化比较》（*Anticipating China: Thinking through the Narratives of Chinese and Western Culture*，1995）、《先贤的民主：杜威、孔子与中国民主之希望》（*The Democracy of the Dead: Dewey, Confucius, and the Hope for Democracy in China*，1999）等；除了与罗思文合作英译《论语》外，还（合）译有《老子》（*Lao Tzu: Text, Notes and Comments*，1977）、《孙子兵法》（*Sun-tzu: The Art of Warfare*，1993）、《孙膑兵法》（*Sun Pin: The Art of Warfare*，1996）、《中庸》（*Focusing the Familiar: A Translation and Philosophical Interpretation of the Zhongyong*，2001）、《孝经》（*The Classic of Family Reverence: A Philosophical Translation of the Xiaojing*，2009）等。罗思文的主要著作有《中国之镜》（*A Chinese Mirror*，1991）、《理性与宗教体验》（*Rationality and Religious Experience*，2001）、《有普世的宗教语法吗？》（*Is There a Universal Grammar* of Religion?, 2008)(合著)等。

安乐哲、罗思文《论语》合译本名为：*The Analects of Confucius: A Philosophical Translation*，于1998年在纽约由百龄坛出版集团（The Ballantine Publishing Group）首次印行，共计340余页。除了译本正文，该译本还包括"译者前言"（Translators' Preface）、"导论"（Introduction）、"译文注释"（Notes to the Translation）、"附录"（Appendix）等部分，其中"导论"篇幅长达70页，连同"前言""附录"等内容对了解译者的翻译动机、翻译目的、翻译策略等提供了较为翔实的背景信息。关于原作，译者认为习读《论语》是通往儒家之道的初步阶梯，而儒家之道两千多年来一直成为芸芸众生的衍续行进之途径，至今仍具导航作用，完全能够引领探索者、研究者以及生活在这个世界上的其他民众走向更美好的未来（Ames & Rosemont, 1998: ix）。对于自己所采用哲学性诠释的翻译策略，译者强调，之所以对原作进行哲学性介入，是因为儒家之道为世界所提供的途径在一些重要方面与西方不同；译者一直试图描述这个人类生存的世界，希望借儒家之道的指示作用为当代西方读者提供明显的精神慰藉，故译者在哲学层面诠释《论语》的目的就在于让敏感的读者能够以儒家之道的本来面目来对待它，而不改变其文化上的趣味与重要性（同上：x）。

关于阅读原作，安乐哲和罗思文两位译者也提出了中肯的建议：强调《论语》文本首先必须由每位读者个人化以及内化吸收，并指出《论语》内涵极为丰富，不可能有"终极的"（final）解读。该译本服务的读者对象广泛，译者在"前言"中特别指出，通过附录提供补充性的证据与论点以支持自己的诠释，是主要考虑到汉学家以及其他感兴趣的读者（同上：x—xi）。

在翻译过程中，两位译者小心谨慎，旁求博考，还提及《论语》传教士译者对译本的影响。安乐哲和罗思文（Ames & Rosemont, 1998: xiii）甚至认为，通过翻译《论语》与孔子这样一个具有重要历史意义的人物和形象发生联系，让自己怀有些许谦卑之感，孔子对生活在这个脆弱地球上的人们所一直产生的影响可以与耶稣、释迦牟尼或许柏拉图相媲美，并引用《诗经》中的语句："战战兢兢，如临深渊，如履薄冰"（Fearful, fearful; as treading on thin ice, as peering into an abyss.），以表明自己谨严谦卑的翻译态度。在译者致谢的三位《论语》英译者中,除了韦利和刘殿爵,还包括理雅各,甚至认为理雅各的《中国经典》在诸多方面至今仍为翻译的参照标准(同上:xv,17)。其实,除了对理雅各经典译文的征引与参照,该译本对汉字的解析、将汉语原文与英译文的并置等做法都难免让人联想翩翩,多少显露出理雅各译本的痕迹。

在"导论"部分,安乐哲和罗思文的一些观点值得关注,对深入认识其译本颇有助益。譬如,关于孔子,两位译者认为,孔子可以说是一位"哲人"(philosophe),而非"哲学家"(philosopher),他积极参与知识进步和社会发展,以改善依赖于两者基础之上的生活质量(同上:4)。再如,有关《论语》的编纂,通过观照刘殿爵、白牧之和白妙子等学者的观点,结合考古发现尤其定州《论语》版本[①]的内容,译者认为原作编纂时间久,文本缺少连贯,视其为哲学文本来阅读实为不易(同上:8—9)。而对《论语》读者来说,两位译者强调欣赏孔子在塑造中国人的思想、政务、文化以及日常生活中所起到的异乎寻常的作用;尽管释道两家不无重要性,儒家却两千多年来一直占据主导地位,为文人们所阐释和传承(同上:18)。

关于《论语》的翻译,安乐哲和罗思文(Ames & Rosemont, 1998: 20—23)在语言和哲学观[②]的层面见解深刻,发人深省。他们指出,为了帮助读者充分欣赏《论语》的深邃思想,译者必须首先努力描绘出原作中古代中国人所经验的世界,这是一项艰巨的任务,因为当代英语语法所呈现的是一个不同的世界。英语基本上是"实质性的"(substantial)和"本质性的"(essentialistic)语言,而古汉语更应当视为一种"事件性的"(eventful)语言。如此,体验一个由事件构成的世界,具有偶发性特点,抑或不同于一个由事物组成的世界(具有互动性特

[①] 需要说明的是,尤其重视对定州《论语》版本的参照是安乐哲和罗思文合译本不同于以往所有《论语》英译本的一个重要特征,也是评判该译本有关章节译文所不可忽略的关键因素;亦如该译本封面的文字"A New Translation Based on the Dingzhou Fragments and Other Recent Archaeological Finds"所示。

[②] 关于中西哲学的关联性,安乐哲与郝大维的观点颇为一致,皆认为"西方的实用主义和过程哲学与中国的哲学具有相通之处"(郝大维、安乐哲,1998:7)。

点);比如中国早期的思想家与西方早期的思想家不同,不关注探求事物的本质,恰如《易经》所明示的,唯一不变的正是变化本身,因而将事件性的汉语译为本质性的英语需要延展后者以更好地传达前者,这正是译者翻译《论语》所采取的基本策略。

具体而言,两位译者看到构成汉字的动态的且受到制约的关系组件之间存在着相互联系,充分反映出一种动态而受到制约的关系方式,正是以这种方式作者运用汉字对自身的经验世界做出表达。在古汉语中,用作主语的名词短语往往省略,强化了对汉语的动态的、事件性的解读,进而一定程度上强化人们感到该世界动态的、事件性的存在。例如,关于"政",译者认为既不指"government"或"to govern",也不是"proper government",而是"governing properly"[①]。(同上:28)

安乐哲和罗思文强调语言和文化的密切关系:对不同文化在哲学层面上的主导性先入之见通常表现为其叙事中一种默契假设的功能,并往往以相应的语言来反映;希腊形而上学式的先入之见融合犹太教-基督教的信仰产生出一个"上帝模式"(God-model)——一种独立而上位的原则决定世界的秩序和价值,来超越这个世界,探索人类的自由、自主、创造性以及个性,并使之成为哲学关注的焦点(Ames & Rosemont, 1998:29—30)。就汉语与汉文化而言,通过注重经验的过程性、变换性以及自始至终的暂时性生发出彼此关联而又独特的"万物"(ten thousand things)(或许"events"比"things"更佳),进而构成包括人类社会在内的整个世界,这里所面对的主要哲学问题是:如何关联独特的个体以赢得最富有成效的延续性(同上:30)。例如,在安乐哲和罗思文合译本中,"礼之用,和为贵"("学而第一")就被译为:Achieving harmony (he 和) is the most valuable function of observing ritual propriety (li 礼),其中"和"与"礼"被分别译为"achieving harmony (he 和)"与"observing ritual propriety (li 礼)",正是译者这一思想在语言表达上的体现,也符合安乐哲所一直追求的翻译理念:"这种过程性的

---

① 在"子路问政"以及"仲弓为季氏宰,问政"(皆出自"子路第十三")等章节,"政"则被译为"governing effectively (zheng 政)"(Ames & Rosemont, 1998:161);另外,安乐哲和罗思文合译本所使用的汉语为繁体字,为了便于行文以及现代读者的需要,书中如无必要,皆以简体字代之。

诠释又向我们提供了观察我们自己西方感受性的新的透镜"（安乐哲，2006：140）。

作为译者，安乐哲和罗思文对中西哲学具有深刻的见解，其研究和翻译中国哲学典籍的动机和目的也十分明确。他们指出，中国人的传统并非像人们所通常设想的那样，与西方占主导的传统完全相反，而是差异巨大（Ames & Rosemont，1998：35—36），并总结道，西方哲学呈现出二元论、目的论的特点，富有决定论的色彩，而中国哲学是人生哲学，具有包容多元文化，消化西方思想并融为自身的特征（贺翠香，2002：37）。安乐哲在题为《差异比较与沟通理解》的演讲中，集中探讨了西方学者研究包括儒家在内的中国哲学的倾向及障碍，强调"探究中国文献的最终目的是要判断它的价值，看这些观念是否可用，是否有说服力，我们可否表示我们的赞同"，指出"不只是研究中国传统，而是设法化之为丰富和改造我们自己世界的一种文化资源"（安乐哲，2002：15）。

不仅如此，安乐哲能够洞见中国典籍的外译所存在的问题，并提出独到的解决办法。他和郝大维就认为，现今西方对孔子的理解大都源自那些无意识地渗入西方哲学与神学所设想的主要翻译作品，而正是这些译作把孔子的思想介绍到西方，这些设想与英欧古典传统的主流相关，严重地扭曲了孔子思想（Hall & Ames，1987：7—8）。安乐哲还强调，"就典籍翻译而言，依据'西方哲学范畴和问题框架'裁剪中国传统典籍的状况，常常是在所谓'忠实原著'的口号下大行其道"，其实"若要真正尝试跨越历史与文化之间的巨大沟壑，忠实于中国传统典籍原有的思想脉络、义理结构及其表达方式，英译本反而只能够采取某种迂回曲折的路径"，建议"把翻译转化为诠释，转化为某种文化间的、创造性的阐释"（安乐哲、罗思文，2003：327）。因此，关于哲学经典的翻译，安乐哲指出"坚持要求译文要完全忠实原文不仅是无知的，而且其自身首先是一种文化偏见"，而"作为翻译目标语言的英语自身附带着诠释的重担"（安乐哲，2002：7）。

作为译者，安乐哲和罗思文对汉语（包括古代汉语和现代汉语）的认知同样影响着该译本翻译策略的抉择。译者认为古汉语独特，迥异于其他语言，也与古今汉语口语不同，并征引瑞典著名汉学家高本汉

(Bernhard Karlgren)的观点指出,将古汉语译为一种拼音文字,汉字"不可或缺"(indispensable)(Ames & Rosemont,1998:36,39),这一观念解释了为何该译本在译文中附注必要汉字的原因。譬如,《论语》中的"礼"通常被译作"ritual""rites""customs""etiquette""propriety""morals""rules of proper behavior""worship"等,然而"礼"在古汉语里每个使用的场合都负载有以上多重含义,译者斟酌再三后将之译为"observing ritual propriety",即"observing ritual propriety (*li* 禮)"(同上:51,74)。值得注意的是,安乐哲和罗思文《论语》合译本汉语原文使用繁体字,为译文中一些音译所附汉字的释义提供了便利,尤其在征引《说文解字》等书籍时更是如此。这种基于哲学性诠释的释译兼音译且附有汉语原文的方法具有创造性,是安乐哲和罗思文合译本的一个重要而突出的特色,也是该译本为达到翻译目的针对儒家核心概念词所采用的基本翻译策略。

在《论语》合译本中,两位译者还常用复数人称以强调译者对儒家思想世界里人物的关系性、事件性的解读,而译本所阐释的是《论语》中事件性的世界,经验该关系性世界的人们,以及表现、告知和变革如此世界与人们的语言,并希望西方读者读后会说:"在你们的哲学诠释中,比在我们的想象里经验更多的天地万物之道,而非更多的天地之物"(同上:40,65)。

安乐哲和罗思文合译本所展现的翻译理念实可谓一种"陌生化策略"(defamiliarizing strategy)(Cortes,1998:63),且与语言流畅的行文并存,令译文耳目一新、独具一格。当然,对该译本也存在不同的声音,认为该创造性的哲学诠释可能带来的消极后果。史嘉柏就指出,该合译本基于译者对汉语语言(包括书面语和口语)的去历史化观念,观照其不可靠的"视觉假设"(visual hypothesis)及所谓的汉语特殊属性等思想,试图捕捉孔子思想的精神,却造成完全悖离中国早期的知识和文本史实(Schaberg,2001:117—125)。郑文君则认为,安乐哲和罗思文相信译者翻译《论语》时能够揭示原文的意义,即原作作者或编纂者所赋予原作的意义,并且告诫读者警惕文化挪用的陷阱,然而他们的合译却难以让人满意,譬如"goodness"和"benevolence"尽管难以做到与"仁"对等,但合译本所创造的"authoritative conduct"也无法做到，而且指出该译本所翻译的孔子，说话时声音的个性表征荡然无存、被消解一空（Cheang，2000：569，577）。需要指出的是，关于《论语》之于"中国性"（Chineseness）的重要意义，郑文君认可安乐哲和罗思文的观点，并有如此令人生疑的解释：因为任何致力于了解中国历史和文化的学者都必须在其事业的某个时候去谈论它、接受它，甚至例举苏轼晚年研读《论语》，其评注尽管现今已失，但仍被视为苏氏一生最高的成就（同上：578）[①]。

其实，关于该哲学性诠释译本，安乐哲和罗思文似乎意识到可能产生的负面影响，并做出自己的解释。两位译者认为，尽管20世纪语言学、跨文化研究、人工智能、认知科学等领域取得多方面的进展，而翻译的艺术依然如故，恐怕将来亦必然如此；哪怕最精于语言比较的人，辅以专于翻译艺术的程序，恐怕未来的翻译只不过是对名言"翻译即叛逆"（Traddutore, traditore.）的再次明证（Ames & Rosemont，1998：279）。他们强调，虽然受过语言学和中国哲学的训练，但自己的专长却是哲学，因此在合译本中注重《论语》原作的哲学意义；译者对原作所书写的中国早期思想和语言进行事件性的、动态性的以及关联性的阅读，并往往反映在自己的译本中（Ames & Rosemont，1998：279）。可以说，译者的如此翻译观以及自身的学术专长在很大程度上是在为自己的"叛逆"之为——一种对儒家思想全新的哲学性诠释埋下了伏笔。不仅如此，安乐哲后来的（合作）译著如《中庸》《孝经》等，也都遵循这一哲学诠释的翻译理念，对中国典籍从中西哲学比较的视域进行了英译实践。

四 白牧之、白妙子与《论语》英译

白牧之（E. Bruce Brooks，1936— ）先后分别于1958年、1968年在奥伯林音乐学院获得学士学位、在华盛顿大学荣获博士学位，主要从事中国传统典籍、诗歌等研究。曾任史密斯学院助理教授，现为马萨诸

[①] 此说似嫌过分，有违事实，尽管朱熹说："东坡天资高明，其议论文词自有人不到处。如《论语说》亦煞有好处。"（《朱子语类》卷一百三十）即便苏轼《论语说》五卷存世，其影响且不说与朱熹等人关于《论语》的著述相较之结果如何，也很难想象能够与苏轼本人的文词书画相媲美。

塞大学阿默斯特分校（University of Massachusetts at Amherst）汉语教授，为美国东方学会、亚洲研究协会等组织的会员。白氏研究著述颇丰，主要包括《孔子生平及导师风范》（The Life and Mentorship of Confucius, 1996）、《中文文本的亚历山大式主题》（Alexandrian Motifs in Chinese Texts, 1999）等。《论语》合译者白妙子（A. Taeko Brooks）乃白牧之的夫人兼研究助理，二人同为成立于 1993 年的"战国研究小组"（Warring States Working Group）的创始人。

白牧之和白妙子《论语》合译本名为：The Original Analects: Sayings of Confucius and His Successors，并附有中文名《论语辨》，于 1998 年由哥伦比亚大学出版社印行。除正文之外，该译本还包括"前言"（Preface）、"导论"（Introduction）、"附录"（Appendices）、"参考工具"（Apparatus）以及"后序"（Afterword），其中译本正文逐篇逐章皆有评论文字，每篇译文的结尾附有相当篇幅的总结性思考，计 198 页。关于翻译动机，白牧之和白妙子（Brooks & Brooks, 1998：vii）声称，中国人的智慧主要以遁世方式为西方所了解；作为世界上伟大文明之一，中华文明既然两千多年来绵延不绝，其实用方面就应当得到关注，以发现其更加重视入世而非遁世的可能性。基于先前学者如清朝著名辨伪学家崔述、汉学家韦利等人的启迪和影响[①]，译者通过研究表明，《论语》具有一个衍变性的基本原则，是由不同时期孔子追随者的言论叠加而成，不断更新他们的遗产，反映时代变化的新要求。为了帮助读者从历史演变的视角感悟《论语》，该译本不同于以往所有译本，以历史的先后顺序呈现原作，读者可以首次了解到当时的重大事件以及孔子后学的思想论敌。

关于《论语》原作，译者白牧之和白妙子（同上：viii）强调尽量保留文本的特殊思想和句法以及一些习语的形式，并借鉴大量英语文学

---

① 该译本在"导论"和"后序"部分，皆提到崔述和顾颉刚对译者的影响；作为古史辨派的创始人，历史学家顾颉刚亦深受崔述思想的影响，对其代表作《考信录》极为推崇，并提出"层累地造成的中国古史"（顾颉刚，2000：4）的设想；不过，白氏夫妇的"层累理论"与该思想多有不同。关于韦利，译者在译文评论部分经常论及，并强调他是"一位在我们看来最富有探索精神的《论语》译者"（to our mind the most probing of Analects translators）（Brooks & Brooks, 1998：viii）。

语言而不是去顺从读者的阅读习惯,深信一个译本的价值就在于向读者传递他们先前不曾体会的东西。两位译者认为,以前绝大多数《论语》英译本以英国读者为服务对象,因为英国的封建传统有助于人们理解原作中的后封建社会,新译本也对此有所借鉴,偶尔引用有关欧洲的背景知识。针对不同类型的读者,两位译者还提出阅读该译本的不同建议:专业读者可以跳过每章译文后的评论,而普通读者从中会发现内容翔实的评论如何做到适度的例证表达;评论的另一个目的是让普通读者放慢速度,因为《论语》不是一篇用半个小时就可快速读完的文章,而是真知灼见、格言警句的汇集,确实需要读者的精神参与,以便领会其意义并开发其价值,而这些格言警句根本上是伦理的,通过强化决心、调整行为以及应付实际生活中的危机来引导孔子身后的儒生(同上)。

作为译者,白牧之和白妙子对《论语》原作、儒家思想以及中西方不同的思想传统具有较为深刻的理解和认知。两位译者强调通过该译本来努力帮助读者了解其发现,即《论语》不是一个单一文本,而是由不同时期的众多文本所构成,包括历史上孔子本人的寥寥数言和其他为孔子后学们在接下来两个世纪所讲之语;如此,《论语》实为一部早期儒家思想史,由鲁国儒生年复一年地编纂而成,而读者就可能追寻儒家变化的重要哲学观念,一定程度上明白这些观念或许与战国时期变化的社会与知识背景相关联(Brooks & Brooks,1998:1)。他们认为,中西哲学思想有别,西方哲学长期关注本体论、认识论和逻辑,很大程度上是一种宗教问题的衍续,涉及对终极性不可知世界的存在、认识和有效推断所作的种种陈述,不过以《论语》为代表的思想传统对此并不关心,而是关注诸如如何从政、如何做事等实际事务(同上:143)。

白牧之和白妙子《论语》合译本自问世以来,产生了广泛的影响,国内外学者对该译本褒贬不一,令人深思。亨德森(Henderson,1999:791—793)认为,白氏夫妇在译本注释和评论中提供林林总总的证据,有语言论证、历时参照、文本考辨乃至源自考古方面的进展,支撑其累积假设思想的合理性,试图恢复《论语》文本原来历史的、社会的及知识的语境;尽管该译本存在诸如连续而齐整的"层累理论"(accretion theory)、篇章重构中的循环论证等可辩之处,但作为非同寻常之作能够跻身于迄今所出版有关中国思想的最有意义的、最令人印象深刻的英文著作之列。郑文君（Cheang, 2000：575, 581—582）指出，白氏夫妇研究认为《论语》文本经历一个缓慢的积累过程而形成，但他们重新建构的《论语》文本所揭示的历史之孔子和文学之孔子的关系近乎于名存实亡，故两位译者之假设虽大胆迷人，却难以证实；不过，倘若搁置质疑，该译本亦有可资借鉴之处，如有助于解释《论语》语汇的历时变化、文本中的不一致性等。

恰如郑文君所言，史嘉柏（Schaberg, 2001：131—139）也认为，白氏夫妇认为原作文本的产生历时长久且受制于复杂的历史文化因素，提出的"层累理论"基于原作篇章形成时间的考察，貌似可信，实则因缺少足够真实史料的支撑而难以令人信服；通过逐一剖析并批驳白氏夫妇新理论的六个前提条件，指出作为历史化研究《论语》的一种努力，该译本难以自圆其说。加州大学瑞丽（Lisa Raphals）教授研究认为，白氏译本企图从根本上修正人们对孔子思想的理解，试图追溯早期儒家思想的演进以及中国战国时期处于变化之中的知识界；新译的突出特色就在于努力就早期儒家思想和原作的复杂组构获得知识性的连贯与紧密性的显现，但由于译者对其独特的"层累理论"过度依赖使其整个结构较为机械，给人一种先入为主的印象；最后总结指出，该译本呈现出洞察力的阅读和诠释性的策略，能够丰富人们对《论语》及其传统的全面理解（Raphals, 2003：179—180）。

在国内，李泽厚针对两位译者被誉为"打破传统旧说"的"惊人成就"，分析后认为他们的研究工作"貌似雄辩，实则证据薄弱，颇嫌武断"，如此考据性分疏吻合当今学术新潮，"彻底解构《论语》，抹去作为中国文化符号之孔子形象"（李泽厚，1998：537—539）。李珺平指出，白氏夫妇作为《论语》译者具有西方人特有的理性精神，采用传统的考据、辨伪方法，通过细读文本注重篇章结构分析和对偶法的使用，历时30年证实了柳宗元、陆象山和崔述的猜测：《论语》不是孔子的言行录而是"早期儒学的历史"（李珺平，2007：98）；如此看来，白氏夫妇的《论语》英译实践应当赢得人们的尊重乃至赞许。

总的说来，白牧之和白妙子《论语》合译本是两位译者辛勤从事学术研究工作的结晶。作为译者，他们对待原作的态度新颖而独特，尤其"层累理论"的提出以及基于该理论而践行的"重构"翻译理念更令白氏合译本与众不同。无论怎样，该译本应当得到客观而理性的对待，就其蕴含的具体思想观点也应持有去伪存真的辩证态度，唯有这样才能真正促进包括《论语》在内的儒家典籍的研究以及有关的翻译实践与研究。需要补充的一点是，该译本译文没有采用现在国际通行的现代汉语拼音，也非威氏拼音法，而是一种所谓的"通用字母"（Common Alphabetic，CA）（即辅音为英语，元音为意大利语），并标示四声音调[①]；尽管译本附录中有个对照表，但还是给现代读者带来不必要的阅读障碍，实为不妥。

五　华兹生与《论语》英译

华兹生（Burton Watson，1925—2017），亦译名沃森、华生、华特生、华特森等，是美国汉学家、翻译家。1956年获哥伦比亚大学博士学位，曾任美国哥伦比亚大学和斯坦福大学中国文学教授。1979年获哥伦比亚大学翻译中心金牌奖章；1981年获美国笔会翻译奖。主要研究领域为中国文学和日本文学，出版著译甚丰。主要著作包括《司马迁：中国伟大的历史学家》（*Ssu-ma Ch'ien: Grand Historian of China*，1957）、《中国早期文学》（*Earlier Chinese Literature*，1962）等；除了英译《论语》外，还主要译有《墨子、荀子、韩非子入门》（*Basic Writings of Mo Tzu, Hsun Tzu and Han Fei Tzu*，1967）、《庄子》（*The Complete Works of Chuang Tzu*，1968）、《中国汉魏六朝赋选》（*Chinese Rhymeprose: Poems in the FU Form from the Han and Six Dynasty Periods*，1971）、《〈左传〉：中国最古老的叙事史选篇》（*The Tso Chuan: The Selections of China Oldest Narrative History*，1989）、《史记》（*Records of the Grand Historian*，1993）、《白居易诗选》（*Po Chu-i: Selected Poems*，2000）等。

华兹生《论语》英译本名为：*The Analects of Confucius*，于2007年由哥伦比亚大学出版社首次出版。2016年，卓越有声读物出版公司

---

① 杨平（2012：84）认为白牧之和白妙子把"仁"译成"rvn"（笔者注：v的上方应有'）为"创新翻译"，即"创译"，似有不妥，因为白译本中"仁"被英译为"rv́n"只是译者根据其译本所采用的罗马拼音法正常音译的结果，与同音汉字"人"的音译完全一样，再如"颜回"音译为"Yén Hwéi"、"道"音译为"Dàu"、"宰"音译为"Dzǎi"、"信"音译为"syìn"等等。

(Brilliance Audio)出版了该译本的 MP3/CD 版本,朗诵者为吉姆·基拉维(Jim Killavey)。除了译本正文,该译本还包括"导论"(Introduction)、"人名和地名汇总"(Glossary of Persons and Places)等内容,计 152 页。华兹生译本装帧雅致,精装质佳,封面是一幅欧化的孔子画像,紧挨着封里是一幅关于残缺的《论语》隶书碑刻的照片,说明文字显示原碑刻在公元 175 年立于国子监,该材料源自中国国家图书馆,这些都让译本古雅之气扑面而来,令人肃然。出于现代英文读者的考虑,该译本采用现代汉语拼音,且"导论"内容十分丰富,包括原作《论语》的介评、孔子生平、当时的社会政治背景等。该译本的"人名和地名汇总"其实也包含书名如"BOOK OF ODES(SHIJING, OR CLASSIC OF POETRY)"等,既有简介内容,又提供具体的检索信息,对读者颇有助益。此外,译本最后还附有文字介绍有关现代亚洲文学、亚洲文化研究等方面的译作和著述。

华兹生积极参加国际学术交流,多次来中国访学。早在 1983 年就曾访问过中国,1990 年在香港中文大学翻译中心从事学术研究半年,甚至已至耄耋之年的华兹生在 2011 年 10 月 24 日还应邀在陕西省翻译协会培训中心与该协会文学翻译委员会成员们进行了学术座谈。关于华兹生的翻译思想,魏家海(2009:80)认为,华人学者王际真(Chi-Chen Wang)教授对其影响最大,王氏翻译追求意义准确、使用口语词汇、译文风格流畅、通俗易懂,符合西方读者的阅读审美取向;华兹生不仅受到王氏翻译观的影响,并且还得到其亲自指导,先后研究、翻译《史记》作为自己的硕士和博士论文。自 1958 年至 2007 年,华兹生在哥伦比亚大学出版社出版(包括修订再版)翻译中国经典 24 部,该出版社给他支付版费,因此华兹生翻译中国典籍的成功,主要取决于直译和异化为主的翻译策略和赞助人(同上:82)。

从现有的文献资料来看,国外学者有关华兹生《论语》英译本的观点褒贬不一。白牧之和白妙子指出,华兹生译本的明显特色在于译文语言通俗易懂,内容平实,几乎无需解释,但随之而来的明显缺陷则为表达音响效果的缺失、社会差异的缺失以及政治背景的缺失,并认为该译本翻译手法欠妥,为现代读者所塑造的孔子形象也不成功(Brooks & Brooks, 2007:165)。梅约翰认为华兹生新译本语言简明;不过,尽管译者华兹生表示原作章节一旦出现明显不同的解读或有意义且令人感兴趣的差异，自己就会提供不止一种译文，但大量例证分析表明：该译本往往缺少对原作篇章意义的必要的、多种可能性的解读和诠释（Makeham，2009：458—461）。在国内，有学者从遣词、造句、修辞及文化专有项的处理等方面研探华兹生译本的特色，并指出华译本所存在的理解原文失当等问题（刘敬国，2015：23—28）。关于华兹生《论语》译本，也可从有关其中国典籍翻译的评述中寻得蛛丝马迹。就中国古代散文和诗歌的翻译而言，刘绍铭通过比较华兹生与韦利、霍克斯等人的译作，明确指出他"长于译文，而短于译诗"（刘绍铭，1999：95）。

作为译者，华兹生（Watson，2007：5—6）其实对《论语》原作具有清醒的认识：它是由大量简洁的章节构成的，一些章节仅为一个或两个句子，章节之间的编排很少有甚至毫无逻辑关系，并认为理解《论语》之困难在于它是最早的汉语散文作品之一，所试图呈现的是当时的交谈风格。他指出，原作经常使用排比结构以及古汉语严谨而平衡的典型风格，往往引用押韵的名言诗句来强调思想观点，并运用各种语助词让话语富有交谈的基调（同上）。从整体上看，华兹生译本语言简洁，浅近易懂，颇有口语化色彩，较好地保留了原作的语体风格，似乎也让人从中看到王际真的重要影响。以译本的简洁特色为例，该译本对原作篇名省略翻译，径直以"Book One""Book Two"等代之，似可视为译本简洁风格的一个佐证。

六 希勒与《论语》英译

希勒（David R. Schiller）自幼在美国马萨诸塞州长大，于1962年毕业于位于马里兰州首府安纳波利斯的圣约翰学院（St. John's College），获文学学士学位；曾在出版社担任过编辑，自诩为"独立学者"（independent scholar）或"儒家"（Confucian）。迄今已撰写大量关于儒家哲学的论文，参加包括在美国、中国（如香港、台北、北京）等国家举办的学术会议或论坛。现为美洲中国哲学家协会（ACPA）、中国哲学国际学会（ISCP）以及亚洲与比较哲学学会（SACP）会员。除英译《论语》外，还撰写过悲喜剧《城堡》（*Citadel*），目前正在翻译另外两部儒家经典著作《大学》（*Higher Learning* [*Da-xue*]）和《中庸》

(*Being Centered in the Everyday World* [*Zhong-yong*])。

鉴于长期的中国哲学研究，希勒不满意于现有的、给人缺乏连贯印象的众多《论语》译本，确信孔子之于过去两千五百年中华文明连续性的关键作用，这正是他翻译《论语》的基本动机（Schiller，2011：744）。的确，正如该译本"封底"所言，没有哪位哲学家比孔子对东方文明的影响更为深刻，他所倡导的集生态、精神和社会于一体的政治理念令人惊喜：有助于任何人的自我培养，促进自己和家庭、朋友之间的关系；《论语》对我们当今人类至关重要，在深度和力度上犹如也唯有柏拉图的《理想国》对西方文明的影响可与之相提并论。该译本注音采用现代汉语拼音，旨在通过整合核心概念，更加贴近原作的本义，希望改善后的译本能够用作课堂教学教材，并为学者及普通读者提供参考（同上：11）。

希勒《论语》英译本名为：*CONFUCIUS：Discussions/Conversations, or The Analects* [*Lun-yu*]，该英文标题正是要表明"原作源自孔子与弟子之间的系列讨论和对话，而非孔子本人所著"（Schiller，2011：744）。该译本最初在2008年曾以只读光盘（CD-ROM）的形式在美国查尔顿（Charlton）由萨格虚拟出版公司（Saga Virtual Publishers）发行，2011年由该出版社印行纸质图书，共两卷，篇幅长达1500余页，后来又分别于2014年和2015年出版了修订本。希勒译本内容十分丰富，除正文外，还包括"引语"（Introductory Quotations）、"个人声明"（Personal Acknowledgments）、"前言"（Preface）、"中国早期历史"（Early Chinese History）、"孔子生平"（Life of Confucius）、"后记"（Postscript）、"原文和评注简述"（Brief Description of Source Texts and Commentaries）、"延伸阅读"（Additional Readings）、"朝代、时期、统治者及哲学家年表"（Chronology of Dynasties, Periods, Rulers and Philosophers）、"周代年表与孔子时期及前后相关人物事件"（Chronology of Zhou Dynasty and Personages and Events in the Life of Confucius and Beyond）、"孔子及其弟子考"（Textual References to Confucius and His Apprentices）、"春秋时期中国城邦的近似边界"（Approximate Boundaries of Chinese City States in Spring and Autumn Period）、"孔子周游及相关事件的最可能行程"（Most Likely Itineraries for Confucius' Various Travels and

Related Events)、"《论语》关键汉字列表"(Concordance of Key Chinese Characters in Text of *Lun-yu*)、"出版商致谢"(Publisher Acknowledgements)、"作者介绍"(About the Author)等部分,许多内容颇具参考价值。

令人称奇的是,译者希勒并不熟悉汉语,堪称一位极为"异类"的汉学家,但通过研读并参照先前众多译本,使其译本颇具特色。譬如,译者对原作众多关键词(语)或重要概念加以统计,然后编号标示且加以说明;每章译文后都附有内容翔实的评论和解释,尤其观照其他译者的翻译。如"颜渊第十二"(Book Twelve: Letting Go of One's Inner Self)首章译文的说明与评述文字洋洋洒洒,篇幅是译文本身的数倍,除了涉及第一、二、六、十三、十五、十六篇等相关章节内容外,还征引朱熹、孔安国、张载、白氏夫妇、陈荣捷等人的观点,并博采《书经》《大学》《朱子语类》等著述,且参照比较安乐哲、陈荣捷、刘殿爵、理雅各、森舸澜、韦利共六位译者的译文。由此可见,该译本独具一格,引经据典和互文参照兼顾,具有文献翔实、评注丰富等特点,实可谓一种综合研究性译本,也是丰厚翻译的一种典型代表。

作为译者的朋友,方朝晖(2012)[①]认为希勒从业余爱好者到成为儒家典籍研究专家实为不易,指出该译本乃译者"积二十余年之力写成","语言流畅生动,试图在英语世界中开创一个全新的解释《论语》和儒家现代意义的传统"。里奇(Jeffrey L. Richey)曾在《宗教研究评论》(*Religious Studies Review*)撰文指出,关于《论语》的翻译大体可以分为两类:一类是考量历史上有关原作文本的注疏和学术传统,另一类是抛开此等细枝末节,直指原作所谓的"道德科学"(moral science)、"总体架构"(overall design)以及和谐而统一的方法,而希勒的《论语》英译本即属于后者;不同于大多数现代学者,译者旨在构建一种通往"儒家道德科学"(Confucian moral science)的统一方法,进而开启儒家思想更为广泛的复兴(Richey,2010:246)。里奇同时认

[①] 参见方朝晖于 2012 年 9 月 10 日发表的关于希勒译本的推荐文章《特别推荐 David R. Schiller 最新〈论语〉英译本》(http://www.aisixiang.com/data/57172.html)(2014 – 01 – 09)。

为，在将原作文本作为一个统一整体来表达一种连贯思想体系时，希勒与最新学术成果不同：翻译应当在一定程度上弥合文本和读者之间在文化、历史、语言、哲学等方面的差异，但不应该完全消除这种差异，因为当一个形成于远古时空的文本变得足够熟悉，这不是翻译而是同化；正如译者希勒所言，《论语》中的儒家思想极为丰富而多样，迥异于现代西方思想，以致得不到真正的翻译（同上）。总体来说，以上学者的评价还是较为符合实际的。

正如该译本"封底"所言，新译不仅没有大量源自拉丁文的俗话俚语以及西方哲学术语的暗示，而且是一本"非形而上的"（non-metaphysical）、连贯的现代英语散文读本。任何受过教育的读者都可以通过本书所提供的广阔历史背景、早期儒家及后来宋明理学的概念术语（兼涉广泛征引的许多中国古代注疏家观点）、译者自己的原创诠释等内容而受益良多。

七 其他《论语》英译

在繁荣期，海外华人译者积极参与包括《论语》在内的各种中国典籍的翻译实践，传播中国传统文化的精髓，与西方学者展开交流和对话，逐渐形成一个可谓颇有影响的华人汉学家群体。就《论语》英译而言，多个华人译者的英文全译本相继问世，如丘氏兄弟合译本（1991）、黄继忠译本（1997）、蔡氏夫妇合译本（1997）、谢维万译本（1997—1998）、李祥甫译本（1999）、金安平译本（2014）、倪培民译本（2017）等，颇为值得关注，这里简要加以介评。

（一）丘氏兄弟的《论语》英译

丘氏兄弟《论语》英语合译本名为：*The Confucian Bible，Book 1 Analects：The Non-Theocentric Code for Concerned Human Beings*，于1991年在马尼拉由格兰希尔公司（Granhill Corporation）印行。译者丘文明（John B. Khu）、丘文郊（Vicente B. K. Khu）、丘文星（William B. S. Khu）和丘文祁（Jose B. K. Khu）兄弟四人是菲律宾华人，为菲律宾儒学基金委成员，自幼受家庭的熏陶，学习儒家经典，同时又接受西方教育，对中西思想文化颇有感悟，视《论语》为儒家之《圣经》。在菲律宾儒学基金会的资助之下，四人通力合作英译完成《论语》。该译本旨在向华人世界以及西方社会传播中华文化遗产，宣传对中华民族影响深远的儒家思想。

丘氏兄弟合译本英汉对照，其中汉语内容包括《论语》文言文原文和现代汉语今译两个部分。除了正文（计339页）外，该译本还包括"前言"（Foreword）、"导论"（Introduction）、"致谢"（Acknowledgments）、五个功用各异的参考性附录以及"后记"（Epilogue）等部分。在译者看来，该译本主要服务的读者对象为"像自己一样生活在国外的华人后代"（people of Chinese descent like us living in foreign lands）——他们珍视华人身份，然而不够熟悉汉语却又渴望了解自己的传统。关于《论语》英译，译者既借鉴了理雅各、韦利、辜鸿铭等前人的译文，又强调新译本所应遵循的原则，主要包括：尽可能避免性别歧视（如尽可能使用非歧视性词语"person"和"one"）；尽可能多地参考中文权威注释；使用现代英语的用法；译词处理以逻辑、一致和精确为标准等（Khu, et al.：18—22）。译本正文采用英汉对照的形式，且汉语原文附有今译；英译文往往伴有注释和评论，其中评论内容基本上皆以基督教经典《圣经》为参照。经初步抽样阅读发现，该译本注解丰富，内容翔实，儒耶互参，文本内容及其编排便利于普通华人读者，但书中有关儒家和基督教概念比较的内容时而存在牵强比附之虞。

（二）黄继忠的《论语》英译

黄继忠《论语》英译本全名为：*The Analects of Confucius: A Literal Translation with an Introduction and Notes*，于1997年由牛津大学出版社有限公司出版。译者黄继忠（Chichung Huang, 1923—2001），美籍华人学者，出生于江西吉安，曾任北京大学西方语言系教授。1958年曾以"右派"知识分子的身份被送往茶淀清河农场劳动教养，文革后重返北京大学任教；1983年应邀先后到美国明尼苏达州翰林大学（Hamline University）讲授《论语》、佐治亚州埃默里大学（Emory University）和佛蒙特州班宁顿学院（Bennington College）讲授中国文学，计十余年。主要英译著作除传统典籍《论语》（1997）和《道德经》（2003）外，还包括《黑人短篇小说集》（1954）、《鳏夫的房产》（1955）、《比尔麦凯大哥》（1955）、《汤姆叔叔的小屋》（1982）等，其中译著《论语》《道德经》和《汤姆叔叔的小屋》尤其广受好评。

除译本正文之外，黄继忠译本还包括"导论"（Introduction）、"术语"（Terms）、"比较年表"（A Comparative Chronology）、"发音指南"（Guide to Pronunciation）、"地图"（Map）、"中国朝代年表"（Chronology of Chinese Dynasties）、"孔子生平"（Life of Master Kong）、"孔子主要弟子"（Master Kong's Main Disciples）、"索引"（Index）以及"致谢"（Acknowledgments）等内容。译者在"致谢"中指出，该译本是其历经十年研究、撰写和修改之作，尤其对汉学家理雅各、韦利、刘殿爵、魏鲁男和道森及其《论语》英译深表谢意。关于翻译动机和翻译目的，据巫宁坤于 2005 年 9 月 2 日在《文汇读书周报》刊文介绍，黄继忠在教学过程中，参阅了许多汉学家的《论语》英译，颇为他们专心致志地介绍中文经典的敬业精神所感动；同时发现，"或由于文化和语言差异，或由于'意译'的影响"，诸多译本难免会出现失误，无法准确表达原意，故决心采用"直译"法迻译出一个忠实而流畅的《论语》译本。

就译文质量而言，巫宁坤在上文中就曾援引牛津大学出版社对黄译本的如此评价——"这个新译文是众多《论语》英译本中最精湛的一本"（巫宁坤，2005）；美国新泽西州罗文大学（Rowan University）王晴佳（Q. Edward Wang）教授在书评中指出，词约义丰的古汉语"直译"为英文几无可能，但通过比较黄继忠和理雅各两位译者的《论语》译本，认为黄译本的直译实属上乘，译文准确而简洁，忠于原文且注重细节（Wang，1996：134—137）；而北卡罗来纳大学（University of North Carolina）哈迪（Grant Hardy）教授强调黄译本呈现了一名负责任华人学者对待《论语》的传统观念，其直译策略颇具价值但并不完全成功（Hardy，1998：273）。国内有学者研究认为，译者文化身份影响黄译本的形成及其所坚持选择的"直译"翻译策略，而黄译本呈现出海外华人译者译本的共性因子，"直译"翻译策略也带来了个性化译文（屠国元、许雷，2013：215）。以上学者的评判基本符合黄译本的特点，当然该译本还具有其他方面的特色，如译文注释以条目形式紧附其后，简洁明了且功用多样等，值得进一步深入研究。

（三）蔡氏夫妇的《论语》英译

蔡氏夫妇《论语》合译本名为：*The Analects of Confucius: A Stand-*

ard English Version with a Chinese Study Text，于 1997 年由美国光驱出版公司（Americd-rom Publishing Company）印行，并在 1998 由该出版公司再版，改名为：The Analects of Confucius（Unabridged）。该译本（1998 年版）采用英汉对照形式，且汉语原文附有现代汉语拼音。译本的主译 Jack J. Cai 曾任《外国文学评论》编辑、中央编译局研究员；其妻 Emma Yu 为辅译，曾任教于威斯康星大学麦迪逊分校（University of Wisconsin-Madison）。蔡氏夫妇与女儿现定居于美国中西部（Midwest of the USA）。

该译本主要由英汉对照正文和"参考资料"（References）构成，计 313 页。正文分为"上论"和"下论"两个部分，而"参考资料"则具体包括"孔子生平年谱"（The Chronicle of Confucius's Life）、"《论语》中的孔子弟子"（Confucius's Disciples in The Analects of Confucius）、"《论语》注释"（Notes on The Analects of Confucius）、"《论语》汉语拼音与国际音标对照表"（Chinese Pronunciaton Key）、"《论语》简、繁体汉字对照表"（The Conversion List of Traditional Chinese Characters and the Simplified Chinese Characters in The Analects of Confucius）和"索引"（Index）。从目前已掌握的文献来看，迄今尚未有学者对该译本进行深入研究。据初步随机抽样考察，笔者发现该译本语言简洁平实，表达流畅易懂，尤其便利于国外普通读者阅读，有助于儒家思想的对外传播。

（四）谢维万的《论语》英译

谢维万《论语》英译本名为：The Complete Analects of Confucius，共三卷，其中第一卷于 1997 年、第二、三卷于 1998 年皆由新加坡亚太图书有限公司（Asiapac Books）出版。译者谢维万（Adam Sia）早年在新加坡国立大学攻读英语语言和社会学，获文学学位；后在新加坡市场学院攻读营销传播专业，获研究生文凭。曾在当地一家出版公司担任专职作家，先后撰有英文著作 The Chinese Art of Leadership（《中国式领导艺术》）（1997）、The Chinese A. R. T. of Goal Setting（《中国式立志"艺术"》）（1997）、The Chinese Art of Exellence（《中国优秀艺术》）（2006, 再版易名为 The Art of Exellence，即《优秀艺术》）等。

谢译本为双语本，附有古汉语原文和现代汉语译文（由徐晖翻译），还配有风趣幽默的漫画插图，由漫画家萧成材（Jeffery Seow）创作。该译本除了汉英对照正文外，还包括关于漫画作者、现代汉语译者和英文译者的简介，以及出版说明、序言、主要孔子弟子等内容。从译者简介可知，译者谢维万对中国文化遗产采取一种"务实观"（pragmatic view），为此撰写了一系列实用而便易的漫画著作。从出版说明可以看出，新版本呈现给读者的是一位和蔼而严厉、渊博而务实的孔子。谢译本的"封底"文字点明译本的宗旨，即帮助读者既了解中国最重要哲学家的观念，又揭示中国人的核心价值观，而该出版公司（即"Asiapac Books"）印行"中国文化系列丛书"的目的就在于以漫画的形式捕捉中国文化的精髓，这显然也与译本的翻译目的相一致；新加坡国立大学中文系教授李焯然（Lee Cheuk Yin）在所撰序言的最后部分对该译本亦有类似评价。关于主要孔子弟子，附有包括"姓"（family name）、"名"（given name）、"字"（styled name）和"外称"（other name）四个部分的配图说明。该译本正文结构一般由每章原文、现代汉语译文和英语译文三部分构成，共占一页，漫画插图另占一页。总之，谢维万译本图文并茂，老少皆宜，集趣味性和普及性于一体，译文语言简明流畅，配图文字充满现代生活气息，加之栩栩如生的插图，读之往往令人忍俊不禁。

（五）李祥甫的《论语》英译

李祥甫《论语》英译本全称是《论语新纪元英译本》，译本名为：*Analects of Confucius*: *A New-Millennium Bilingual Edition*，于1999年在美国马里兰由普瑞米尔出版公司（Premier Publishing Company）印行。译者李祥甫（David Hsiang-fu Li，1928—），美籍华人学者，出生于浙江宁波，1949年毕业于上海圣约翰大学，1953年获美国伊利诺伊大学博士学位。曾先后任加利福尼亚州立大学、华盛顿大学、德克萨斯大学等美国高校教授，1968年担任香港中文大学社会科学学院院长。除《论语》之外，李祥甫还翻译了《孙子兵法》（*Art of Leadership by Sun Tzu*，2000）、《道德经》（即《道德经千禧年英译本》）（*Dao De Jing*: *A New-Millennium Translation*，2001）等中国典籍，致力于从华人的视角译介中华传统文化。

李祥甫译本主要包括"前言"（Preface）、汉英对照正文以及"附录"（Appendices）等内容，其中"附录"共计七个，内容丰富，涉及

"孔子生平"（Master Kong's/Confucius's Life）、"人名索引"（Name Index）、"主题索引"（Subject Index）等方面，颇具参考意义和实用价值。该译本有关《论语》篇名的英译尤具特色，如"学而篇第一"译为"The Joy of Learning"、"八佾篇第三"译为"The Supremacy of Conduct"、"公冶长第五"译为"The Assessment of Disciples"等，都是对该篇主要内容的概括和提炼，十分便利于国外普通读者的理解。译本遵循使用脚注的中国传统，译文追求"信、达、雅"（truthfully rendered, clearly expressed, and elegantly presented）的翻译理念，要求译本读者可以不熟悉汉语，但要会自我思考（Li, 1999：6）。有学者研究认为，李译本丰富的注释起到了"深度诠释经典，帮助读者理解"的作用，但在一定程度上影响译文读者的思考，并束缚《论语》文本在异域文化里的诠释力（陶友兰，2014：18），该见解还是比较客观而合理的。

（六）金安平的《论语》英译

金安平《论语》英译本名为：*The Analects*，于2014年作为"企鹅经典"由企鹅出版集团（Penguin Group）印行。译者金安平（Annping Chin, 1950—），美籍华人学者，出生于中国台湾，其丈夫为美国著名汉学家史景迁。1962年随家人移居美国维吉尼亚州的瑞奇蒙市（Richmond, Virginia），曾就读于密歇根州立大学数学专业，并于1972年获理学学士学位；1984年获得哥伦比亚大学博士学位，研究方向为中国思想。先后任教于美国卫斯连大学和耶鲁大学，致力于中国思想研究。主要著作包括《中国的孩子》（*Children of China: Voices from Recent Years*, 1989）、《戴震论孟子》（*Tai Chen on Mencius*, 1990）、《合肥四姐妹》（*Four Sisters of Hofei*, 2002）、《孔子：喧嚣时代的孤独哲人》（*The Authentic Confucius: A Life of Thought and Politics*, 2007）等。

金译本除正文之外，还包括"前言"（Preface）、"致谢"（Acknowledgements）、"导论"（Introduction）、"延伸阅读建议"（Suggestions for Further Reading）、"翻译说明"（A Note on the Translation）、"中国朝代年表"（Chronology of Chinese Dynasties）、"附录"（Appendices）、"注释"（Notes）、"参考文献"（Bibliography）等。译本正文包括英语译文和附后的汉语原文。在"前言"中，译者开篇首句即谓《论语》乃"中国历史上最重要之书"（the single most important book in the history of China）；《论语》作为"四书"之一，是中国古代科举考试的重要内容，而顺利通过科举考试进而谋取朝廷官位是绝大多数中国男人千百年来提升个人社会地位的唯一途径，因此其教育意义和社会影响十分重大。然而，绝大多数《论语》英文翻译没有反映出关于该书悠久而丰富的注疏传统，往往仅仅依赖朱熹的注解。译者强调，新译本遵循一个不同的路径，即通过借鉴近三百年来学者们的研究成果，基于自己的理解，对诸章字句可能的意义进行选择和迻译，并希望译本能够明示某些孔子所言的模糊歧义，这是仅靠一家之言无法做到的。

通过抽样细读发现，金译本颇具特色，尤其儒家核心概念的考辨极为细致。譬如，关于"君子不重，则不威"（"学而第一"）中的"君子"，译者在评解中指出，《论语》中的"君子"一般意为"a man of noble character"或"a gentleman"，然而此处该词（即"*junzi* 君子"）则为"a man of noble birth"或"a man of position"，这恰恰是孔子诞生之前古代中国人所赋予"君子"更为常见的含义，但大多数学者仍将其理解为"gentleman"，就此诚如有评论指出：从原作上下文来看，这样理解毫无意义，因为如此"君子"（gentleman）本来就已是"一个诚实正直之人"（someone of integrity），故而无需孔子的教导以改良其个人品质（Chin, 2014：6）。大体看来，金译本语言简明谨严，评解旁求博考，内容丰富而翔实（其中许多章评解的篇幅是译文的数倍），观点言之有据，副文本信息多元而有益，是一个颇值得深入研究的《论语》英译本。

（七）倪培民的《论语》英译

倪培民《论语》英译本全名为：*Understanding the Analects of Confucius: A New Translation of Lunyu with Annotations*（《论语理解——英语论语新译注》），于2017年3月由纽约州立大学出版社（State University of New York Press）出版，是笔者迄今所发现海外最新出版的《论语》英语全译本。译者倪培民（Peimin Ni, 1954—），美籍华人学者，出生于上海，1978年考入复旦大学，先后获哲学学士和西方近代哲学硕士；1991年获美国康涅狄格大学（University of Connecticut）哲学博士。曾任教于美国三一学院（Trinity College）、蒙大拿州立大学（Montana State University），现为美国格兰谷州立大学（Grand Valley State University）

哲学系教授，曾任北美中国哲学家协会会长。研究领域主要包括中国古典哲学、儒学、比较哲学以及西欧近代哲学等；主要著作除了《论语》英译本外，还包括《托马斯·锐德》（1996）、*On Reid*（2002）、*On Confucius*（2002）、*Confucius—Making the Way Great*（2010）（该书的中译本《孔子——人能弘道》为李子华所译，于2012年由上海人民出版社印行）等，发表数十篇学术研究论文。

除译本正文之外，倪译本还包括"前言"（Preface）、"惯例"（Conventions）、"致谢"（Acknomlegments）、"导论"（Introduction）、"关键词"（Key Terms）、"注释"（Notes）、"参考文献"（Bibliography）、两种"索引"（Index）等内容，计486页。在"前言"中，译者将孔子与苏格拉底、耶稣、释迦牟尼和穆罕默德并举，认为他是对人类文明产生了最深刻、最持久影响的少数几个人之一，而《论语》就像《新约》之于基督教、《古兰经》之于伊斯兰教一样，一直是儒家传统的主要经典；同时指出，由于《论语》难以理解，翻译起来更为不易，现有英译本往往无法让人满意，所以自己决定通过重译以保留原作文本的模糊性和不确定性。以上文字让读者不难看出译者翻译《论语》的原初动机和目的。关于翻译策略，译者在"前言"中强调翻译《论语》时的一种矛盾性需要——既保留原作的模糊性又让读者更好地理解原作，要求译者一方面要做到尽可能少的阐释，另一方面将注释置于译文下方以表明主要的可替代解读，因此新版本有望更加忠实于原作，更有助于了解有关原作的古今学术成果。"导论"内容丰富，主要涉及历史背景、孔子生平、儒家思想、《论语》的形成、《论语》英译、"功夫"（*gongfu*）取向等方面，多维度助益于西方读者理解《论语》原作及倪氏新译。初览倪译，不难发现旁征博引实为该译本的一个突出特色。其中，参引的中国学者就有董仲舒、何晏、邢昺、程颢和程颐、朱熹、刘宝楠、程树德、程石泉、陈荣捷、钱穆等，而西方学者尤其（汉学家）《论语》英译者就包括马士曼、高大卫、理雅各、韦利、庞德、道森、利斯、亨顿、安乐哲和罗思文、白牧之和白妙子、森舸澜、华兹生等，可谓文贯古今中外，内容包罗宏富。

南洋理工大学助理教授宋晓竹（H. C. Winnie Sung）博士撰文认为，倪译本之所以能够从新的视角理解《论语》就在于两个方面：

一是关于原作的丰富译注,二是通过基于优异能力修为的"功夫"论来呈现孔子的教导;译文具有关注原作文本的细微之处、有助于欣赏孔子教导的不同层面等特点,其不足是对个人特质的过分强调隐藏了孔子思想的关系层面①。总起来说,正如汉学家罗思文在该译本"封底"所言,倪译是"一项出色的汉学学术研究成果"(an outstanding work of sinological scholarship)(Ni,2017),很值得人们关注并加以深入研究。

在繁荣期,还出现了多个《论语》非全译本,包括柯立瑞译本、贾德讷编译本、柏啸虎译本、马德五编译本、怀特译本等,其中美国汉学家柯立瑞的译本颇具特色,且较有影响,值得略作详介。

美国译者柯立瑞(Thomas F. Cleary,1949—)专于中国儒释道研究,著译甚丰,其《论语》译本英文名为:*The Essential Confucius: The Heart of Confucius' Teachings in Authentic I Ching Order*,于1992年在美国旧金山由哈珀柯林斯出版公司(Harper Collins Publishers)出版,计179页;1993年修订再版,计192页。除了《论语》外,柯立瑞还英译中国典籍《易经》(*I Ching: The Book of Changes*,1988)、《孙子兵法》(*The Art of War*,1988)、《道德经》(*The Essential Tao*,1991)等。关于《论语》原作,译者柯立瑞认为由孔子格言警句构成的《论语》是历史上最具影响力的著作之一,也是为人类处理诸多事务提供建议的资料库;同时指出,理解孔子思想的一个主要障碍就在于原作的编排不够系统,尤其对效率至上的西方人来说更是如此(Cleary,1992:x—xi),这正是译者决定重新以一种新的形式翻译《论语》的原初动力。鉴于此,柯立瑞决定该译本以西方读者较为熟悉的《易经》为参照,结合不同卦象对《论语》的篇章内容按主题进行重构,既便于系统了解孔子的思想,又能消除西方人难以理解中国典籍的隔阂,以及历代注疏繁多不一的纷争(同上),体现了译者以《易经》诠释《论语》的独特而新颖的视角。当然,译者此举还有两个不可忽略的原因:一是译者本人于1988年已经翻译完成《易经》,对该书可谓了若指掌;二是译者在

---

① 详见该书评相关网页(http://readingreligion.org/books/understanding-analects-confucius)(2017-09-23)。

哈佛曾受教于白牧之探研"原初孔子"（original Confucius）的奥妙，白氏对他的重要影响不言而喻①。不过，就同样植根于中华文化土壤的《论语》和《易经》而言，两者无论在历史渊源、主题思想还是形式风格上皆相去甚远，如此诠释的译本所导致的种种比附与悖离原作的现象也就在所难免。

此外，贾德讷（Daniel K. Gardner）编译的《四书》英文全名为：*The Four Books*：*The Basic Teachings of the Later Confucian Tradition*（即《四书：后世儒家传统的基本教义》），于 2007 年由美国哈克特出版公司（Hackett Publishing Company）出版，共计 156 页。贾德讷为美国史密斯学院（Smith College）历史系教授，专长于中国 20 世纪文化和思想史研究，著有《朱熹读〈论语〉：经学、评论与儒家传统》（*Zhu Xi's Reading of the Analects*：*Canon*, *Commentary*, *and the Confucian Tradition*, 2003）等。该编译本为贾德讷多年教授本科生有关中国课程的结晶，所含内容是对汉语"四书"的精挑细选，英译文以朱熹《四书集注》为依据，基本上每个章节均附有评论。其中，关于《论语》的部分，译有 111 个章节，章节标示采用"哈佛燕京学社汉学引得丛刊"的《论语引得》。

该时期出现的其他译本还包括：美国东密西根大学哲学教授柏啸虎（Brian J. Bruya）翻译、漫画家蔡志忠（Tsai Chih Chung）编绘的《论语》漫画英译本：*Confucius Speaks*：*Words to Live By*，于 1996 年在美国纽约由船锚出版社（Anchor Books）印行，2013 年收入《大学·中庸·论语·孟子说》（*Great Learning*, *The Middle Path*, *The Analects of Confucius*, *Mencius Speaks*）（中英文对照版）由现代出版社印行；华人学者马德五（Tom Te-Wu Ma, 1932—）的英语编译本：*Confucius Said*，于 2001 年在美国布卢明顿（Bloomington）由第一书籍图书馆（First Books Library）出版，而其英汉对照译本《孔子说》于 2004 年由上海世界图书出版公司印行；保罗·怀特（Paul White）翻译、周春才编绘

---

① 同为《论语》译者，白牧之（与白妙子）在翻译过程中所标举的"层累理论"（accretion theory）和柯立瑞以《易经》诠释《论语》的思想皆体现出一种后现代主义的解构观，两者之为实可谓殊途同归；另外，值得注意的是，白氏夫妇的《论语》合译本英文名即为：*The Original Analects*（《论语辨》）。

的漫画英译本：*The Illustrated Book of the Analects*（《论语图典》），独缺第二十篇，于 2008 年由新世界出版社出版；另有美国学者霍恩（Charles F. Horne）编撰、由凯辛格出版公司（Kessinger Publishing）出版的英译本（*The Analects of Confucius：Deeds and Sayings of the Master Teacher*，2005/2010）（基于詹宁斯译本正文的微调版），日本学者谷学（Manabu Tani，1948—）编撰、由上海译文出版社印行的《全球论语》（*The Global Lun Yu*，ザ・グローバル論語，2007）中英日对照读本，印第安纳大学伊诺（Robert Eno）博士的在线教学《论语》英译本（*The Analects of Confucius*，2005/2012/2015）①，洛赛克（Len Losik）博士翻译、在美国圣克鲁兹（Santa Cruz）由圣伦出版社（San-Len Publishing）出版的《论语：一个西方视角》（*Confucius Analects：A Western Interpretation*，2005/2006/2016）（疑似为基于理雅各译本正文的微调版），美国新墨西哥大学司马仁达齐（Florentin Smarandache，1954—）教授和中海油研究总院傅昱华（Fu Yuhua）研究员合译、在美国哥伦布市（Columbus）由兹普出版社（Zip Publishing）出版的《论语的中智学解读和扩充——正反及中智论语》（*Neutrosophic Interpretation of the Analects of Confucius*，2011），安德烈・古维亚（Andrea Gouveia）编译、在美国查尔斯顿（Charleston）由创作空间独立出版平台（Createspace Independent Publishing Platform）出版的《论语》英译本（*The Analects of Confucius*，2016）（疑似为基于理雅各译本正文的微调版），特拉华大学终身教授陈建国（Jianguo Chen）和杜钟敏（Chungmin Tu）博士合作英译、在美国洛杉矶由尼山国际出版公司（Nishan Press, Inc.）出版的《论语》英译本（*The Analects of Confucius Revisited*，2016）②，香港孔学出版社（Confucius Publishing Co. Ltd.）发行由该社编辑部集体翻译的《论语》中英对照电子书（*The Analects of Confucius*，2017），东京大学穆勒（A. Charles Muller，1953—）教授的在线更新

---

① 参见 Eno 英译本（http://www.indiana.edu/~p374/Analects_of_Confucius_(Eno-2015).pdf）(2017-05-31)。

② 需要说明的是，该译本正文共有三部分：中文原文、英文诠释和英文解读，所翻译的对象是中国孔子研究院院长杨朝明教授所著《论语诠解》，该书于 2012 年 9 月由山东友谊出版社出版，并于次年再版。

《论语》英译本（*The Analects of Confucius*）①，等。

第二节　亨顿与《论语》英译

在20世纪90年代，国外《论语》英译实践得到了空前发展，产生了比以往任何阶段都要多的汉学家《论语》英语全译本，其中就包括亨顿《论语》英译本（1998）。亨顿以诗歌创作、中国古代诗歌与传统典籍翻译而闻名，曾两次荣获美国翻译奖，然而其《论语》英译本鲜有研究，着实令人遗憾。

一　个人背景：从诗人到作家型译者

亨顿（David Hinton，1954—），又译名希顿、欣顿等，是美国诗人、汉学家和翻译家，曾先后在康奈尔大学及中国台湾研修汉语。除了创作丰富的新颖诗作外，他将更多的时间和精力专注于中国诗歌和传统典籍的迻译。关于中国典籍，亨顿先后英译完成《庄子》（*Chuang Tzu: Inner Chapters*，1997）、《论语》（*The Analects of Confucius*，1998）、《孟子》（*Mencius*，1999）和《道德经》（*Tao Te Ching*，2000）的壮举令人最为瞩目，成为一百多年来首位英译孔孟老庄经典著作的西方汉学家②。译者学识广博，其《论语》英译本"导论"关于道家"无为""自然""天"等核心概念及其与儒家思想之联系的论述尤为令人印象深刻（Hinton，1998：xxvi—xxxii）。亨顿在1997年和2007年分别荣获美国诗人学会颁发的"哈罗德·莫顿·兰登翻译奖"（Harold Morton Landon Translation Award）和美国笔会中心授予的"笔会诗歌翻译奖"（PEN Award for Poetry in Translation），其翻译水平及影响力由此可见一斑。

---

①　参见穆勒英译本（First translated in 1990/Revised 2018 – 03 – 29）（www.acmuller.net/con-dao/analects.html）。

②　更确切一点说，亨顿所英译的《庄子》并不完整，仅为《庄子·内篇》，即 *Chuang Tzu: Inner Chapters*，对此学界存在误解，如认为"戴维·亨顿是20世纪第一位将中国古代最著名的四部哲学典籍《论语》《孟子》《道德经》和《庄子》独自全部译成英语的西方翻译家"（金学勤，2010：117）。

亨顿对中华文化典籍的译介始于中国古诗，囊括从晋陶潜，唐李白、杜甫、白居易、王维、孟浩然、孟郊到今人北岛等诸家，这显然与译者的诗人身份不无关系。李特夫曾以《杜甫诗歌在英语世界的传播》为题，对20世纪英语世界重要杜诗英译专集与英语专著进行解析。其中，亨顿英译的《杜甫诗选集》（The Selected Poems of Tu Fu，1989）共选译了《望岳》《游龙门奉先寺》等180余首杜诗。值得注意的是，在书中"前言"部分，译者亨顿集中论述了杜甫诗歌、中国古诗艺术以及翻译原则，并明确提出："在这些译诗中，我首要关注的就是将杜甫再塑造为一个引人注目的英语诗歌声音"（李特夫，2012：92—93）。正是这种勇于追求传递原作独特"声音"的诗歌翻译理念，不仅使得诗人兼译者的亨顿能够把中国古今多家诗人之作以风格独具的形式加以再现，也直接影响其中国典籍的英译实践，无论是译笔风格还是措辞习惯，都与其诗歌翻译具有一致性，创造性地反映了中国古代哲学的思想观念，呈现出独树一帜的译文风采。

二 历史文化语境

自20世纪80年代以来，中国经济迅猛发展，综合国力日益提高，在许多方面国际影响力与日俱增。正是伴随着中国的和平崛起以及国际地位的提升，国外的汉学研究逐渐升温，掀起了一股新的研究高潮。在西方，80年代出现了一批代言中国之士，著名美国汉学家杜维明就曾预言儒学的"第三次浪潮"将为推动环亚太地区经济繁荣提供思想基础（Cheang，2000：563），促生了孔子研究以及《论语》翻译的复兴。

截至20世纪90年代中叶，当代海外汉学发展势头强劲，特点突出：一是从事汉学研究的专业人员规模庞大，是一支"高级的万人学术队伍"，分布在"政府机关、大专院校、学会、协会、社团等公私研究机构和企事业单位"；二是众多国家和机构的积极参与，从60年代末的12个国家增至至少40个国家（和地区），若包括军政界、企业界的汉学研究机构，"估计不会少于一千个"；三是研究领域广泛且研究成果丰硕；四是物质技术基础雄厚，包括丰富的中文藏书、先进的服务设施以及数百家有关学术报刊（孙越生、李明德，1994：编者前言）①。不仅如此，早在80年代，美国的现代汉学研究发生了重大转折，动摇了五六十年代以来费正清所倡导而且产生广泛影响的"冲击—回应"模式。该模式本质上反映出一种西方中心观，强调西方的挑战刺激中国传统社会以及儒家学说为主导的中华文化，并发挥推动进步的作用。1984年，费正清的学生、哈佛大学著名学者柯文（Paul A. Cohen）出版了影响深远的专著《在中国发现历史：中国中心观在美国的兴起》，作者甚至认为"中国中心观"（China-centered approach）其实在20世纪70年代就已开始形成，对该思想他有如此理论描述："强调从中国而不是从西方着手来研究中国历史，主张展开区域性、地方史的研究，'纵向'分解中国社会，并欢迎历史学以外诸学科的介入"（朱政惠，2004：67）。该观点深入剖析并批判了战后美国中国近现代史的研究模式，在美国乃至整个西方汉学界引起了强烈的反响。

其实，柯文的"中国中心观"并非空穴来风，有其深厚的历史文化背景，尤其与西方当下以倡导多元化、反传统为重要特征的后现代主义学术思潮不无关系。后现代主义是西方20世纪60年代兴起的具有反传统理论、反本质主义倾向的社会文化思潮。随着该思潮在全球的广泛传播，在人类社会生活的方方面面都产生了重要影响，引起人们越来越多的关注。在英国文学评论家伊格尔顿（Terry Eagleton）看来，"后现代性是一种思想风格，它怀疑关于真理、理性、同一性和客观性的经典概念，怀疑关于普遍进步和解放的观念，怀疑单一体系、大叙事或者解释的最终根据"，并指出"与这些启蒙主义规范相对立，它把世界看作是偶然的、没有根据的、多样的、易变的和不确定的，是一系列分离的文化或者释义，这些文化或者释义孕育了对于真理、历史和规范的客观性，天性的规定性和身份的一致性的一定程度的怀疑"（伊格尔顿，2000：1）。

作为西方重要的文化思潮，后现代主义有其产生的特定时代背景，

---

① 该处引文的原文用语为"中国学""中国学家""中国学研究"等，关于"汉学"与"中国学"等术语称谓国内学界观点不一，大致可以分为两类：一类认为两者为同义词，最多只是指称的阶段有别；另一类坚持两者在研究对象、研究方法等方面皆有明显差别。笔者采用前者的观点，以便于研究及行文的一致性。

大致包括三个方面：一是科技和理性的极端发展及两次世界大战；二是资本主义社会政治、经济矛盾加剧，人们生存状况恶化；三是自然生态环境的破坏使人们的自然家园面临着威胁（余凤翥，2009：548）。可以说，后现代主义之所以出现是源于人们对当时社会现实的批判和反思，也"是对西方现代主义的片面化、极端化思维方式的质疑和反叛"，"具有一定的现实性和时代性"（同上：548，550）。关于后现代主义，方真（2007：229）较为客观而公允地指出，虽然人们对后现代主义有不同的评价甚至相互矛盾的观点，但后现代主义是对后现代社会本身所做出的综合反映，"是一种客观的历史现象"，并强调"尽管后现代思潮包含着对历史和现实生活众多甚至是很重要方面的否定观点，但它在对现实生活进行批判的同时，也包含着对社会进步和人的发展的关注，具有丰富的、建设性的思想内涵"。以上国内外学者的论述基本反映了后现代主义的基本特征，该思潮不可避免地影响到国际汉学界以及汉学家对中国典籍的译介。

　　的确，多元化正是20世纪90年代以美国为代表的国际汉学研究的一个突出特征。早在80年代，美国的中国学研究学者就开始关注中国的改革开放政策，从政治、经济、文化等不同维度对中国社会的各个领域进行深入研究。90年代以来，中国的综合国力与日俱增，在国际社会扮演着越来越多的重要角色，其影响力在世界上赢得更大的关注。与此同时，在美国从事中国问题研究的学者队伍不断壮大，科研条件有了极大改观，研究手段和方法更加灵活多样，研究对象和内容更加丰富，并在广度和深度上继续拓展。可以说，"整个80年代尤其是90年代以后，美国中国学总体上更趋向多元化"（朱政惠，2004：73）。

　　诚然，从国际范围来看，目前汉学研究已从过去所侧重的各种人文学科，拓展到社会、政治、经济、文化、军事、外交等其他许多领域，"研究不断升温趋热，已逐渐成为一门'显学'"（陈勇、彭媛媛，2005：147）。以英国汉学为例，熊文华（2007：171）研究认为，"21世纪将是英国汉学全面研究中国的世纪，也将是英国汉学家为世界汉学施展才智和奉献成果的世纪。英国的汉学研究史表明汉学研究需要有世界眼光，需要置身于世界历史的大潮之中来比较并考察中国，加强彼此的对话是汉学家们促进汉学发展的重要途径。"同样可以肯定的是，经过20世纪90年代这个"充满了大胆观察和分歧的年代",21世纪的美国汉学研究势必发生很大变化,一直影响现代中国研究的因素还将发挥作用,"包括从借鉴研究中国其他领域的方法,补充新的研究人员,开拓获得信息的新途径,改革该研究领域中组织形态和资金来源"(王建平、曾华,2003:128)。如此,美国的汉学研究也定会朝着跨学科、多元化的方向继续发展。

后现代主义在翻译领域也产生了广泛而深刻的影响,迄今在中西译学界解构主义思想依然盛行不衰即为明证。关于当代翻译领域的后现代特征,陈友良和申连云研究认为,"在当代翻译研究话语之中,无论是对原作统一意义的否定、对'信'作为翻译标准的质疑,还是对异化翻译策略的推崇、对语言形式的重视、对翻译主体性的张扬、对历史形成的规范和文化的关注,都可以看到后现代主义的影子"(陈友良、申连云,2006:44)。确实,解构文本及其意义是后现代主义学者研究一个文本的基本态度,为同一个文本在无限多层面上的解释提供了可能性,传统意义上的文本阅读和理解就要让位给读者(包括译者)的意图和反应。繁荣期的汉学家《论语》英译实践也不例外,像上文论及的白牧之和白妙子合译本就是一个典型代表,而利斯译本、安乐哲和罗思文合译本、多个漫画译本等也都不同程度上带有后现代主义的色彩。

同时,还应当看到,当代包括儒家思想在内的汉学研究在国外的兴起也与中国政府重视中国传统文化"走出去"的战略息息相关。譬如,"大中华文库"工程早在1995年正式立项,是首次系统地向国外译介中华文化经典的重大出版工程,涉猎从我国先秦至近代的经典著作一百种,浓缩了数千年的中华文明,向全世界介绍和宣传中国。再如,2013年经国务院批准设立的"中华思想文化术语传播工程","旨在梳理反映中国传统文化特征和民族思维方式、体现中国核心价值的思想文化术语,用易于口头表达、交流的简练语言客观准确地予以诠释",进而"传播好中国声音,讲好中国故事"[1]。为了有效贯彻中华文化"走出去"的国家战略,中国应当继续重视文化建设,强调要把文化产业建设

---

[1] 详见"中华思想文化术语传播工程"相关网页(http://www.chinesethought.cn/single.aspx? nid=95&pid=99)(2017-02-06)。

成为国家的支柱产业；要加强翻译人才后备力量的培养，强化责任感和使命感；进一步加强对外推广与传播，打造高质量的品牌战略；培育敬业的出版宣传人才，提升专业素养（曹阳、刘占辉，2012：212）。

不仅如此，关于学术的对外译介，中国政府则积极推行了"中华学术外译项目"（2010 年经全国哲学社会科学规划领导小组批准设立）、"经典中国国际出版工程"（2009 年由新闻出版总署启动）、"中国图书对外推广计划"以及"中国文化著作对外翻译出版工程"（两者分别于 2004 年、2009 年由国务院新闻办公室与新闻出版总署联合启动）等多种有效举措。这一切都表明包括儒家思想在内的中华传统文化的对外宣传和传播是一个系统工程，需要多方面付出更多的努力以及积极的参与和配合。

三　翻译动机与翻译目的

亨顿《论语》英译本名为：*The Analects*，于 1998 年在华盛顿由对位出版社（Counterpoint Press）首次出版，其中译本正文计 232 页。该译本于 2016 年收入《中国四大经典：道德经・庄子・论语・孟子》（*The Four Chinese Classics: Tao Te Ching, Chuang Tzu, Analects, Mencius*）一书，由同一家出版社再次印行。在长达 25 页的"导论"中，译者开篇指出，作为人类历史上最具影响力的圣人，孔子终生致力于创建自己心目中的理想社会，却无法成功实现，因而是不幸的。然而，其社会哲学思想从此成为了中国人的社会理想：一种基于"礼"（ritual）制的人际关系的社会构成；接下来，译者用相当长的篇幅概述历史悠久的中华文明，从夏商的神权统治，到周朝的兴起、诸侯篡权窃国乃至混战，最终导致王权的衰败（Hinton，1998：xi，xvi）。

在亨顿看来，孔子的社会哲学是一种富有理性的经验主义，既有伦理的色彩，又有"礼"制的意旨，强调这种"礼"制社会只有通过成员的教育和修养（尤其通过成为"君子"）才能变为现实；关于儒家思想的社会意义，译者归纳认为，孔子的伟大之处体现在：追求创建实践上符合中华悠久传统宇宙观的且富有勃勃生机的人类秩序，因为守"礼"的社会让人际关系充满活力，是一种人类生态观，必将融入宇宙衍化过程的巨大自然生态观之中（同上：xxi—xxiii，xxxiii）。同时，译者对《论语》原作及其风格认识明确而深刻：认为《论语》在人类历史上比别的任何著作所产生的影响都更广泛、更深刻和更久远；原作采用格言形式，鲜有上下文语境；语言含蓄不明，时而引用古人话语阐发己思，且此类话语往往飘忽不定、游离多义（同上：xii, xix—xx）。以上表明，作为译者，亨顿对原作《论语》、孔子及其思想甚为谙熟，深深感悟到儒家思想千百年来在中国社会和中华传统文化中的核心地位及其对于当今人类社会的现实价值，这正是译者翻译《论语》的基本动机和目的。整篇导论实可谓包罗宏富，行文洋洋洒洒，既有中华文明史实和儒家（兼及释道）思想的引介，又时时闪现译者关于原作及其思想的哲思睿见，令人遐想翩翩，未读译文已心向往之。

就翻译效果而言，亨顿《论语》译本较为令人满意，颇获学界赞许。索尔斯（Soles, 2000：263—266）认为亨顿译本在多方面看来，实属上乘之作，译文文字十分可读，孔子形象丰满，尤其能够准确、明晰地再现原作微妙的哲学思想，尽管可能偶尔存在对孔子类似玄学及认识论层面的牵强解读，但瑕不掩瑜，该译本无论对学生还是学者极具价值。围绕"如何对待经典"，史嘉柏（Schaberg, 2001：130）指出，亨顿像利斯一样——似乎比刘殿爵、安乐哲和罗思文、道森、黄继忠、白氏夫妇等其他《论语》译者更致力于活现孔子的声音，尤其通过使用缩略语、破折号、非完整句、措辞有度等手段展现原文的效果，不过风格上的努力有时造成译文有失准确乃至错讹，并认为亨顿像安乐哲和罗思文、利斯一样呈现的是一个社群主义、平等主义的孔子。

第三节　亨译本的语义、交际翻译

亨顿《论语》英译本虽然在 20 世纪末就已问世，但至今缺乏深入研究①。细读亨顿译本不难发现，译者不仅熟稔中国典籍所蕴藏的传统文化元素，而且对《论语》原著的风格特点秉持独到的感悟和判断。

---

① 从搜集的文献来看，涉及译者亨顿及其《论语》译本的论文三篇、论著三部，其中只有一篇论文（金学勤，2010：117—123）有所研究，且关于《论语》的译句例证仅有五处，另有一部专著也仅用一段文字（王琰，2012：138）加以简述。

亨顿为了破解并处理好这些迻译时的难题,灵活运用多种翻译操作手段,在语义转换、交际效果等层面都给出了较为令人满意的答案。译本的这一特色不由得让人联想起英国翻译理论家纽马克关于"语义翻译"(semantic translation)和"交际翻译"(communicative translation)的思想,故这里尝试加以借鉴。

一 语义转换

语义转换是任何译者在翻译实践活动中都必须考虑的首要因素。语义翻译强调"在尽可能照顾译语的语义结构和句法结构的前提下,准确传达原文的上下文意义","侧重服务于作者"(Newmark,2001b:39,63)。为了确保原文语义的准确转换,亨顿不仅观照译语的语义结构和句法结构,而且通过尽可能贴近源语的表达方式和措辞习惯,让译文时而带有"异国情调",给异域读者带来非同寻常的阅读期待。以词语翻译为例,如将"父母之邦"("微子第十八")译为"this land of my parents"、"市朝"("宪问第十四")译为"(add one's) corpse to the market's display of criminals"、"(疾)固"("宪问第十四")译为"stubborn self-righteousness"等等,就有令人耳目一新之感。至于有关语义转换的翻译失误,基于译本细读后的统计发现,此类译误所占亨顿译本明显不妥甚至翻译失误的章节总数[①]的比例超过五分之三,故该部分在对译本语义转换成功之处进行品鉴的同时,也会对相关译误评析有所偏重。

(一)引申得当 义足显豁

亨顿认为《论语》是一种警句格言式的汇编(Hinton,1998:xii),符合原作言简义丰的特色,其译本往往通过适当引申或阐释以确保原文语义的准确转换。此类译文具有较为复杂、欠畅、精细等特点,倾向"超额翻译"(overtranslate),体现语义翻译的基本特征(Newmark,2001b:39)。例如:

[①] 据笔者统计,这一数目为60个左右,与早期理雅各英译本(1861)的"175个"及威利英译本(1938)的"约有150个"(何刚强,2007:77—82)、赖发洛英译本(1935)的"大约130个"翻译失误(张德福,2012:134)相比,亨顿译本有明显改善。

(1) 子贡曰:"《诗》云:如切如磋,如琢如磨。其斯之谓与?"("学而第一")

Adept Kung said: "In *The Book of Songs*, the noble-minded are perfected

as if cut, as if polished,

as if carved, as if burnished.

Is that what you mean?"

(2) (子曰:)"居处恭,执事敬,与人忠。虽之夷狄,不可弃也。"("子路第十三")

"Even if you go east or north to live among wild tribes, these are things you must never disregard."

例(1)通过对引文添加潜在的主语"the noble-minded",并补足语义,使译文取得释义完整的效果,而例(2)将"夷狄"浅化译为"(east or north) wild tribes",也颇具匠心,译文语义显豁畅达。当然,译文偶尔也存在释义欠妥之处,比如下例在文内阐释的同时,又有文外注释:The first of many such attacks. The reason for Confucius' outrage is that Ritual is being violated(Hinton,1998:234),似嫌冗余,完全可以将译文中引申部分(即"as if he were an Emperor")并入文外注释:

(3) 孔子谓季氏:"八佾舞于庭,是可忍也,孰不可忍也?"("八佾第三")

Speaking of the Chi family patriarch, Confucius said: "Eight rows of dancers at his ancestral temple, as if he were an Emperor: If this can be endured, what can't be?"

(二)行文结构　逼真再现

从广义上说,原文语义的准确转换不仅涉及字词概念等内容,还应包括原文的表达形式,因为语言形式是其意义不可或缺的重要组成部分。《论语》原作时常既言简意赅,又工整对仗,译者往往能够做到逼真再现这一特色。请看:

(1) 子游曰:"事君数,斯辱矣。朋友数,斯疏矣。"("里仁第四")

Adept Yu said: "If you scold your sovereign too often, you'll end up with disgrace. If you scold your friend too often, you'll end up alone."

（2）子曰："兴于《诗》，立于礼，成于乐。"（"泰伯第八"）

The Master said: "Be incited by the *Songs*, established by Ritual, and perfected by music."

（3）子曰："恶紫之夺朱也，恶郑声之乱雅乐也，恶利口之覆家邦者。"（"阳货第十七"）

The Master said: "I hate to see purple replacing the purity of vermilion. I hate to see those dissolute songs of Cheng confused with the stately music of Ya. And I hate to see calculating tongues pitching countries and noble houses into ruin."

例（1）译文运用两个 if - 从句表条件分别兼以"too often"和"end up"的重复妙用、例（2）译文利用英语祈使句及三个排比结构，而例（3）别具一格，译文则以三个排比句并置以及"purity""stately"和"noble"三词的点睛化用，皆成功重现了原文的风貌。不过，译文也存在因语序欠当，改变语义重心的现象，如下例译文中的 if - 从句似应前置：

（4）夫子矢之曰："予所否者，天厌之！天厌之！"（"雍也第六"）

The Master declared: "Heaven will renounce me if I've done anything wrong. Heaven will indeed renounce me."

比较：The Master swore, "If I had done anything wrong, may Heaven reject me! May Heaven reject me!"（许渊冲，2005：28）

（三）理解不确　语义悖离

就语义悖离的程度而言，此类译误大致可以分为两类：语义偏离和语义错乱。前者往往表现为措辞表达不够准确、精当，而后者错讹较为明显，有时令人莫名其妙，似有风马牛不相及之嫌。请看：

（1）子曰："以约失之者鲜矣。"（"里仁第四"）

The Master said: "To lose by caution is rare indeed."

比较：The Master said, "Very few go astray who comport themselves with restraint."（Slingerland，2003b：37）

（2）子曰："君子耻其言而过其行。"（"宪问第十四"）

The Master said: "The noble-minded say little and achieve much."

比较：The Master said, "The gentleman is ashamed to have his words to exceed his actions. "(Slingerland, 2003b: 37)

（3）子曰："由也，千乘之国，可使治其赋也。不知其仁也。"（"公冶长第五"）

The Master said: "In a nation of a thousand war-chariots, Lu could be Minister of Defense. But I don't know if he's Humane. "

比较：Confucius said：'I only know that Zhong You has the ability to command the military force of a country with thousands of troops and chariots. But I do not know if he is benevolent. '(Sia, 1979: 200)

以上是三个译文语义偏离的例证：例（1）原文的"失"指"过失"，此处用作动词，有"犯过失"之意；例（2）译文运用视角转换的手段值得肯定，然由于漏译了"耻"字，偏离原义明显；而例（3）原文之"赋"，乃"兵也"，"古者以田赋出兵，故谓兵为赋"（朱熹，1983: 77；参见杨伯峻，2009: 44），用来比较的译文虽不乏值得商榷之处，如口语语气的缺失、"千乘之国"的措辞不确等，但就译"赋"为"the military force"这一点来讲，仍可资借鉴，且原译用今词"(be) Minister of Defense"（国防部长）译古"（治其）赋"，犹如用今日之"President（总统）"译古代君王称谓（如"King"或"Emperor"），实为不当。下面再来看两例译文语义混乱的明证：

（4）子曰："雍也可使南面。"（"雍也第六"）

The Master said: "Jan Yung is one who could take the Emperor's seat and sit facing south. "

比较：Ran Yong, said the Master, may be made a leader setting his face to the south. （许渊冲，2005: 24）

（5）必有寝衣，长一身有半。（"乡党第十"）

And as for sleeping, he always wore robes half as long as he himself was.

比较：When goes to bed, he must have a quilt that is one and a half times longer than himself. (Sia, 1997: 116)

例（4）译文的引申部分定会令读者莫名其妙：倡礼求仁的孔子如何发出此种大逆不道之词?! 况且，在中国历史上，被明代思想家李贽誉为"千古一帝"的秦始皇（前259—前210）实乃第一位中国皇帝，此处使用"Emperor"一词译之也甚为不妥。在例（5）原文中，"寝衣"即今之被，古代大被叫"衾"，小被叫"被"（参见杨伯峻，2009：100），又据《说文解字·衣部》："被，寝衣，长一身有半"，可见"寝衣"定当超过人体身长了。

（四）望文生义　本意无存

在亨顿译本中还存在一类望文生义的误译，为数极少却尤为值得引以为鉴，原因可能主要是译者疏忽大意，甚或率尔操觚所致。试看：

（1）子曰："道千乘之国，敬事而信，节用而爱人，使民以时。"（"学而第一"）

The Master said： "To show the Way for a nation of a thousand war-chariots，a ruler pays reverent attention to the country's affairs and always stands by his words. He maintains economy and simplicity，always loving the people，and so employs the people only in due season."

比较：The Master said，'In guiding a country of a thousand war-chariots，approach your duties with reverence and be trustworthy in what you say；avoid excesses in expenditure and love your fellow men；employ the labour of the common people only in the right seasons.'（Lau，1979：59）

（2）"邦君树塞门，管氏亦树塞门。"（"八佾第三"）

"A sovereign screens his gate with trees. But Kuan also built such a screen."

比较：'Rulers of states erect gate-screens；Kuan Chung erected such a screen as well.'（同上：71）

（3）齐，必有明衣，布。齐必变食，居必迁坐。（"乡党第十"）

And during purification for the sacrifice, he wore bright robes of plain linen.

During purification for sacrifice, he changed what he ate and where he sat.

比较：Before sacrifice, he must wear bathrobe made of lenin cloth. He must change his food and live in another bedroom not together with his wife.（笔者注："lenin"应为"linen"）（许渊冲，2005：45）

例（1）原文的"道"同"导"，为"领导，治理"之意（徐志刚，1997：3；参见杨伯峻，2009：4）；例（2）原文的"树"为动词，乃"树立"之意；在例（3）原文中，"明衣"实为斋戒沐浴时所用的浴衣，而"迁坐"即改变卧室，古代的上层人物平常和妻室居于"燕寝"，然斋戒之时则居于"外寝"（也称"正寝"），和妻室不同房（杨伯峻，2009：101；参见钱穆，2011：242；刘宝楠，1990：405—408）。显然，以上例子的英译都出现了令人遗憾的讹误。

二　交际效果

追求成功再现原文的交际效果以有效服务于普通读者，是亨顿译本的另一个突出特点。为此，译者在诸多方面灵活运用不同翻译操作方法，取得较为令人满意的结果，如译文大量运用像"they're""you've""isn't""can't"之类的缩略语、that-从句省略"that"等手法再现原作的口语化效果。在纽马克看来，与语义翻译不同，交际翻译更强调"语效"（force），译者应使"译作对译文读者产生的效果，尽可能接近于原作对原文读者产生的效果"（Newmark，2001b：39，69）；虽然交际翻译和语义翻译皆为"真实翻译"（true translation），但实践中前者比后者更来得迫切，且读者至上（同上：63）。在亨顿译本中，译者因追求译文的交际效果所致的翻译失误占全部误译的比例约为五分之一。

（一）核心概念　变通灵活

对任何一名译者来说，如何有效迻译《论语》原作中的核心概念都是一个颇为棘手的问题。亨顿译本在这方面做出了很大的努力：除了尽量保持核心概念在上下文中的一致性，译者时常结合具体语境采取灵活变通的策略，确保译文的交际效果。例如：

（1）子曰："……人不知而不愠，不亦君子乎？"（"学而第一"）

The Master said："... When you're ignored by the world like this, and yet bear no resentment — isn't that great nobility?"

（2）子曰：父在，观其志。父没，观其行。三年无改于父之道，可谓孝矣。（"学而第一"）

The Master said："Consider your plans when your father is alive, then see what you do when he dies. If you leave your father's Way unchanged for all three years of mourning, you are indeed a worthy child."

(3) 曰:"去食。自古皆有死,民无信不立。"("颜渊第十二")

"I'd give up food," replied the Master. "There's always been death. But without trust, the people are lost."

(4) 子曰:"有德者必有言,有言者不必有德。仁者必有勇,勇者不必有仁。"("宪问第十四")

The Master said: "Masters of Integrity are sure to be well-spoken, but the well-spoken aren't necessarily masters of Integrity. The Humane are sure to be courageous, but the courageous aren't necessarily Humane."

例(1)将原文中具体的概念"君子"抽象化,译为"great nobility",而例(2)则把原文的"孝"这个抽象概念具体化,译为"a worthy child";例(3)原文的"信"在整个译本中基本上都译为"stand by one's words",若此处亦然,译文必显啰唆,且与上文"(去)兵"(weapons)和"(去)食"(food)的英译不和;核心概念"仁"在译本中多译为"Humanity",而例(4)译文对两个"仁"字的处理可谓非同凡响,令人回味。此外,译者对核心概念的翻译手法还包括音译加注,如结合文外详细注释(多达12行)(Hinton,1998:249)将"恕"音译为"*shu*",等。

(二)句法语序 调整重构

为了实现交际效果,充分发挥译语的句法结构和行文特点是译者经常采用的一种翻译操作方法。具体表现主要包括从句释义如例(1)、语序灵活调整如例(2),而例(3)中"忧"字的处理更是异乎寻常,令人称奇。

(1) 子曰:"毋!以与尔邻里乡党乎?"("雍也第六")

The Master said: "Why refuse? Aren't there people in your neighborhoods and villages who need that grain?"

(2) 子曰:"射不主皮,为力不同科,古之道也。"("八佾第三")

The Master said: "People's strength differs. So, in archery, shooting through the target-skin isn't the point. That is the way of the ancients."

(3) 司马牛忧曰:"人皆有兄弟,吾独亡。"("颜渊第十二")

A sorrowful Szu-ma Niu said: "People all have brothers. I alone have none."

(三) 化繁为简　意旨再现

化繁为简是译者为了集中突出原文意旨以达到交际效果所广泛运用的另一种翻译手法。此类译文更简化、更流畅、更直接、更地道，倾向"欠额翻译"（undertranslate）（Newmark，2001b：39）。试看：

(1) 子贡曰："我不欲人之加诸我也，吾亦欲无加诸人。"（"公冶长第五"）

Adept Kung said："I do nothing to others that I wouldn't want done to me."

(2) 子曰："奢则不孙，俭则固。与其不孙也，宁固。"（"述而第七"）

The Master said："The extravagant are soon pompous, and the frugal soon resolute. Better resolute than pompous."

(3) 子曰："其言之不怍，则为之也难。"（"宪问第十四"）

The Master said："Immodest words are not easily put into action."

以上化繁为简的译例各有特点，如例（1）译文的从句运用、例（2）译文的省略简化和例（3）译文的主语选择，都看得出译者独具匠心，令读者玩味不已。

(四) 修辞风格　译文活现

丰富而灵活的修辞表现手法是儒家典籍《论语》中的一道亮丽的风景。为了再现原作的这一特色，译者煞费苦心，想方设法利用多种表达手段，主要涉及译语的措辞习惯和行文风格。例如：

(1) 伯牛有疾，子问之，自牖执其手，曰："亡之，命矣夫！斯人也而有斯疾也！斯人也而有斯疾也！"（"雍也第六"）

When Jan Po-niu fell ill, the Master went to visit him. Standing outside the window and holding his hand, the Master said："He's dying! It's destiny, pure and simple. But how could such a man have such a disease? How could such a man have such a disease?"

(2) 子曰："君子坦荡荡，小人长戚戚。"（"述而第七"）

The Master said："The noble-minded are calm and steady. Little people are forever fussing and fretting."

(3) 季康子问政于孔子。孔子对曰："政者正也，子帅以正，孰敢不正。"("颜渊第十二")

Lord Chi K'ang asked Confucius about governing, and Confucius said: "Utter rectitude is utter government. If you let rectitude lead the people, how could anyone fail to be rectified?"

例（1）译文通过成功再现原文的反复修辞格，体现"孔子深惜其贤，故重言深叹之"（钱穆，2011：137）的意蕴；例（2）原文对仗工整且叠字"荡荡"和"戚戚"的运用令人印象深刻，译文拆译为两句（或可商榷），亦整齐对仗，分别以两个形容词（与系动词搭配）英译汉语单音叠词"坦荡荡"和"长戚戚"，尤其后者"fussing"和"fretting"的组合更是凸显英语语音修辞的魅力；而例（3）除了合译两句为一句，为了再现原文"政"和"正"的谐音效果，英语同源词语"rectitude"和"rectify"的巧用可谓功不可没。

尽管交际翻译强调是一个主观介入的过程（Newmark，2001b：42），但下例中译者将"士"译为"a thinker"，"主观介入"程度之大，似乎更像译者为了阐发己见或哲思，对原文进行"操纵"的结果：

（4）子曰："士而怀居，不足以为士矣。"("宪问第十四")

The Master said: "A thinker who cherishes the comforts of home isn't much of a thinker."

（五）人名指称　瑕瑜互见

《论语》原文以语录体和对话体为主要表现形式，人名指称现象十分普遍，涉及大量的中华传统文化和历史知识，如何实现有效的汉英转换实非易事。通观亨顿译本，此类翻译不乏可资借鉴之处，而翻译失当或讹误也并不鲜见，给交际效果带来负面影响，值得引以为戒。例如：

（1）子曰："君子不重，则不威；学则不固。……"("学而第一")

The Master said: "If you're grave and thoughtful, people look to you with the veneration due a noble. And if you're learned, too, you're never inflexible. . . ."

（2）子夏曰："仕而优则学，学而优则仕。"("子张第十九")

Adept Hsia said: "When you're an official with free time, study. When you're a student with free time, take office."

(3) 子曰:"非吾徒也。小子鸣鼓而攻之可也。"("先进第十一")

The Master said: "He's no follower of mine. If you sounded the drums and attacked him, my little ones, it wouldn't be such a bad thing."

(4) 曰:"予小子履,敢用玄牡,敢昭告于皇皇后帝:有罪不敢赦。帝臣不蔽,简在帝心。……"("尧曰第二十")

Emperor T'ang said: "I, your little child, dare not to offer dusky bull and call out to you, O most august and majestic Lord. You dare not pardon those who commit offense, and we servants can hide nothing from you: we are revealed in your heart...."

作为有关指称翻译可资借鉴之例,例(1)和例(2)分别将"君子"和"仕"译为"you"可谓译者的创见,比译为"the noble-minded"和"official"更有新意,可能较为符合普通读者的阅读期待,起到的交际效果也更有普遍意义;例(3)原文的多义词"小子"此处当为长辈对晚辈的称谓,即用作老师对学生的称呼,似可用"you"译之;在例(4)原文中,"有罪不敢赦"的主语实为"I"即"Emperor T'ang",却被误译为"you"。

关于人名翻译,下文例(5)颇具代表性,译本中多次出现类似误解误译的问题:因中国古人的名字包括"名"和"字"两部分,名为幼时所起,以供长辈呼唤,而成年后通常要取字,用于同辈或朋友间称谓,所以《论语》原文中孔子称谓弟子时皆呼名,而弟子之间则相互称字。该例中,"子贡"复姓端木,名赐,字子贡,所以孔子唤其名"赐",竟被译为"Kung",交际效果值得怀疑。此外,因"子"在古代特指有学问的男人,为男人的美称,故常有以"子"字入名的;然"孔子"之"子"不同于"子贡"之"子",此处以"Adept Kung"英译"子贡"令人费解,与原文相去甚远,更妄论交际效果了。此类翻译问题还发生在"子路"(Adept Lu)、"子夏"(Adept Xia)、"子张"(Adept Chang)等人身上,需要说明的是,译误统计时仅记作一处。

(5) 子贡欲去告朔之饩羊。子曰:"赐也,尔爱其羊,我爱其礼。"("八佾第三")

As the ceremony had fallen into neglect, Adept Kung wanted to do away with sacrificing sheep to announce a new moon to the ancestors. The Master said: "You love sheep, Kung, but I love Ritual."

三 语义和交际兼顾

在亨顿译本中,译者对语义转换和交际效果的追求是客观的、辩证的:就具体译例而言,有的偏重语义转换,有的关注交际效果,更多的情形则是两者的兼顾和统一。从严格的意义上说,上文的分类例证评析主要是侧重程度的不同,也是便于讨论的需要,因为一个真正成功的译文必然兼顾语义转换和交际效果。正如语义翻译和交际翻译一样,任何翻译在一定程度上无疑都是两者兼而有之(Newmark,2001b:62)。调查发现,译者能够较好地同时观照译文的语义转换和交际效果,因而此类翻译失误相对较少,所占全部译误的比例低于五分之一。

(一) 效果语义 逼真再现

英汉两种语言殊异,且原作"语言含蓄不明",亨顿通过充分利用译语的特点,尽可能贴近原文表达的概念内容和语言形式,以逼真再现原作的语义和效果。该翻译法体现了语义翻译和交际翻译的精髓,因为"无论交际翻译还是语义翻译,倘若等效得以保证,字字直译不仅最佳,而且是唯一有效的翻译法"(Newmark,2001b:39)。以下便是数个语义和效果兼顾的例证:

(1) 子曰:"视其所以,观其所由,察其所安。人焉廋哉?人焉廋哉?"("为政第二")

The Master said: "If you look at their intentions, examine their motives, and scrutinize what brings them contentment — how can people hide who they are? How can they hide who they really are?"

(2) 子温而厉,威而不猛,恭而安。("述而第七")

The Master was genial and yet austere, awesome and yet not fierce, reverent and yet content.

(3) 子曰:"饭疏食,饮水,曲肱而枕之,乐亦在其中矣。不义而富且贵,于我如浮云。"("述而第七")

The Master said: "Poor food and water for dinner, a bent arm for a pillow — that is where joy resides. For me, wealth and renown without honor are nothing but drifting clouds."

(4) 子曰："可与言而不与之言，失人；不可与言而与之言，失言。知者不失人，亦不失言。"（"卫灵公第十五"）

The Master said: "When a person is capable of understanding your words, and you refuse to speak, you're wasting a person. When a person isn't capable of understanding your words, and you speak anyway, you're wasting words. The wise waste neither words nor people."

下文例（5）和例（6）分别将孔子之语译为两个和三个独立的句子，略显拘泥于原文形式，考虑到英、汉语的形合与意合特点，译者也许更应该考虑适当运用英语连词或标点符号，再现原文的语义关系，也更利于译文交际效果的需要。

(5) 子曰："君子喻于义，小人喻于利。"（"里仁第四"）

The Master said: "The noble-minded are clear about Duty. Little people are clear about profit."

(6) 子曰："知者不惑，仁者不忧，勇者不惧。"（"子罕第九"）

The Master said: "The wise never doubt. The Humane never worry. The brave never fear."

（二）原文译语　巧妙对应

对应是语言转换中的一个重要概念，提起翻译中的对应，往往让人想到奈达基于"对应原则"（principle of correspondence）而提出的"形式对等"（formal equivalence）和"动态对等"（dynamic equivalence）翻译思想（Nida，2004：165—166）。在论述语义翻译和交际翻译时，纽马克还从文化层面指出，两种语言的文化重叠之处愈接近，译文有望愈接近、愈上佳（Newmark，2001b：47），对应的可能性也就愈大。尽管英汉语言文化大相径庭，细读亨顿译本，读者仍会不时发现译者在这方面的积极尝试。试看：

(1) 子言卫灵公之无道也，康子曰："夫如是，奚而不丧？"（"宪问第十四"）

The Master was talking about how Duke Ling of Wei had so completely ignored the Way, when Lord Chi K'ang asked: "If that's true, how is it he never came to grief?"

(2) 子曰："巧言、令色、足恭，左丘明耻之，丘亦耻之。匿怨而友其人，左丘明耻之，丘亦耻之。"（"公冶长第五"）

The Master said："Clever talk, ingratiating looks, fawning reverence: Tso-ch'iu Ming found that shameful, and so do I. Friendly while harboring resentment: Tso-ch'iu Ming found that shameful, too, and so do I."

（3）齐景公问政于孔子。孔子对曰："君君，臣臣，父父，子子。"（"颜渊第十二"）

Duke Ching asked Confucius about government and Confucius said："Ruler a ruler, minister a minster, father a father, son a son."

作为英语口语化习语，"come to grief"有以失败而告终之意，例（1）以之译"丧"几近形神兼备，远胜于类似"lose one's state"等直白表达，原文口吻和意蕴毕现；例（2）译文从语序句构到措辞笔调乃至标点符号的妙用，充分展现了原文的风貌；而例（3）更是将孔子所言原文与其译文之对应发挥到了极致，近乎神来之笔。

（三）归化异化　相得益彰

《论语》原文文化内涵丰厚，如何有效传达原作的文化思想是每一个译者都必须认真面对的挑战。为了较好地处理原作的文化词汇，亨顿译本能够经常采用归化和异化相结合的翻译策略，成功再现原文的语义和效果。试看一例：

子贡曰："譬之宫墙。赐之墙也及肩，窥见室家之好。夫子之墙数仞，不得其门而入，不见宗庙之美，百官之富。"（"子张第十九"）

Adept Kung said："It's like courtyard walls. Mine stand shoulder-height, so people can look over and see how lovely the house is. But the Master's wall is fifteen or twenty feet high. Unless they're admitted through the gate, people never see the beauty of his temple and the splendor of his hundred rooms."

"仞"为古代长度单位，周制八尺，汉制七尺，具体长度虽颇有争议，但据《说文解字》，"仞，伸臂一寻，八尺"，可见无论周尺抑或汉尺远小于今尺之长。译文将"数仞"归化译为"fifteen or twenty feet"，而"及肩"与"百官"则分别用异化法迻译为"shoulder-height"和"hundred rooms"，译者心手相应，两种译法挥洒自如，令译文语义显豁，效果立现。

四 副文本的应用

副文本的充分应用是亨顿《论语》英译本的一大特色，在语义、交际层面具有积极意义，与该译本的基本特点密切相关。"副文本"（praratext）概念由法国文学理论家热奈特（Gérard Genette）于20世纪70年代首先提出，指伴随文本而生且让文本得以书籍形式出现的言语或非言语材料（Genette，1997：1）。热奈特将副文本分为十余种，归为两大类："内副文本"（peritext）和"外副文本"（epitext）（同上：5）。前者主要包括作品装帧（如封面）、作者署名、（副）标题、序、前言、导论、注释、插图等，后者则指作品之外有关该作品的相关信息，如媒体相关访谈、作者私人的信函和日记等。此处所探讨的副文本主要是指前者，涉及封面、署名、（副）标题、前言、导论、插图、注释等。此类失误较为罕见，所占比例庶几忽略不计。

亨顿译本装帧精美细致，封面下方仅出现原作及原作者的译名（即The Analects 和 Confucius），然后是译者署名，与上方一幅古朴的描绘弟子问学的中国画相配，素雅考究且主要信息突出，古香古色之气扑面而来。封二是一页影印数十繁体汉字的局部碑刻拓片，经查证，它源自《礼器碑》，全称为《汉鲁相韩敕造孔庙礼器碑》，系东汉桓帝永寿二年（公元156年）所刻，被认为是东汉隶书成熟时期的代表作；同时还发现，该拓片在20篇译文之前皆有复现，令读者在阅读过程中始终怀有些微历史沧桑感。紧随译本"目录"（Contents）的是一幅名为"中国孔孟时期主要诸侯国"（Principal Chinese Nations During the Era of Confucius and Mencius）的地图，勾勒出各个诸侯国的面积大小及其与主要河流（包括黄河、长江和淮河）之间的方位关系。长篇"导论"前文已评，不再赘述。此外，译本篇章编排异常醒目，各篇篇名翻译独占一页，且译文贴近字面，以重现原作原貌。这些特色皆透露出译者的审慎态度和良苦用心，令人在品读译作时，犹如阅览经典原作一般，亦时时不无些许敬仰、肃穆之感。

译本正文之后依次附有"注释"（Notes）、"历史年表"（Historical Table）、"关键术语"（Key Terms）和"延伸阅读"（Further Reading）四个部分。其中，"注释"和"关键术语"尤为值得一提，两者对准确理解译本正文内容至关重要，且相互参照，如"予一以贯之。"（"卫灵公第十五"）的英译注释"single thread"中就有"See Key Terms：shu"（同上：242）的说明。每篇译文的注释数量少则一个，多的达十余个。注释内容大都洗练精当，涉猎广博，如关于中国典籍除引证频率最多的《诗经》外，还包括《易经》《中庸》《尚书》《庄子》等。这些特色也体现了该译本"学术性翻译"（scholarly translation）的一面，在服务于普通读者的同时，也观照"专业读者"（professional readers）（比较金学勤，2010：123）。关于副文本的运用，以下再举两个例证以窥斑见豹：

（1）季氏使闵子骞为费宰。闵子骞曰："善为我辞焉！如有复我者，则吾必在汶上矣。"（"雍也第六"）

When the House of Chi wanted to appoint him regent in Pi, Min Tzu-ch'ien said："Find some diplomatic way of declining for me. If they come after me again, I'll have to cross the Wen River and live in Ch'i."

（2）（接舆）趋而避之，不得与之言。（"微子第十八"）

But CrazyCart ignored him and hurried away, so Confucius never spoke with him.

例（1）译文对原文部分内容进行适当引申，倘若读者能够结合那幅"中国孔孟时期主要诸侯国"地图，就会看到齐国（Ch'i）在鲁国（Lu）以北，甚至能够想象到汶水流经齐鲁之间，这样该地图作为副文本就发挥应有的作用了。例（2）的文外注释（同上：244）如下：

This begins a group of sections that provide a Taoist counterbalance to Confucian doctrine. They were perhaps included by a later editor with Taoist sympathies.

For another version of this particular story, see Chapter IV of *Chuang Tzu* (Hinton translation, p. 62)

该注释既提供了宏大的文化背景知识，又借"楚狂接舆歌而过孔子"的故事，呈现译者之博学与哲思，还将读者引向另一中国典籍《庄子》及其译本，进而在《庄子》之"人间世"篇读者可以欣赏到更为完整的故事，以及庄子的"无用之用"重要思想："人皆知有用之用，而莫知无用之用也"（王世舜，2009：62）。的确，"副文本因素能为文本提供一种氛围，为读者阅读正文本提供一种导引，参与正文本意义的生成和确立"（肖丽，2011：17），而此处之例证至少从语义转换和交际效果层面也表明了这一点。

有关注释不妥之处，这里试举一例。如关于"盍彻乎？"（"颜渊第十二"）之"彻"的英译注释为"one part in nine"（Hinton，1998：240），译者误其为"井田制"，虽注解周详，但悖离事实："彻"乃西周的一种田税制度，指国家从耕地的收获中抽取十分之一作为田税（徐志刚，1997：150；参见杨伯峻，2009：125；朱熹，1983：135）。

五　余论

译者亨顿文学造诣深厚，始闻名于英语诗歌创作，后专注于中国古今诗歌英译，今致力于中国哲学典籍迻译，硕果累累，卓尔不群。诚然，尽管译者本人为英译儒家经典《论语》孜孜矻矻，付出了艰辛的劳动，该译本还是不无遗憾地存在些许不足之处。造成这种现象的原因是多方面的，主观的如译者的疏忽大意、主体性的过度发挥，客观的如译者前期诗歌翻译的局限性、时间因素（该译本的印行距之前《庄子》译本的完成仅隔一年）等，也值得进一步研究。然而，瑕不掩瑜，文本细读表明，该译本在译本正文整体水平和副文本利用等方面较先前诸多译本都有显著改进，较好地服务于普通读者并观照学者型读者，其兼顾原文意蕴和译文畅达的双重特色在《论语》英译史上留下了浓墨重彩的一笔。

第四节　森舸澜与《论语》英译

进入 21 世纪以来，国外有关儒家典籍《论语》的译介蓬勃发展，仅不同英译本迄今已超过十个，其中美国汉学家森舸澜《论语》英译本（2003）是国外新世纪出现的第一个英语全译本。森译本自印行以来，赢得中外学者的广泛关注，有关书评接连不断，且赞誉之声不绝于耳。然而，文献梳理表明，大多数国内外学人的介评文字例证较为单薄，有的甚至给人些许空谈泛论之感，难以令人服膺，确有必要深入研探。

一 个人背景：从专家到研究型译者

森舸澜（Edward Gilman Slingerland），也被译名为斯林格伦德、斯林哲兰德等，是加拿大著名汉学家。森氏从 1986 年到 1988 年在普林斯顿大学学习生物和古汉语，随后自 1988 年至 1989 年在台湾东海大学汉语中心研修。1991 年获斯坦福大学汉语专业学士学位；1994 年获加州大学伯克利分校古汉语专业硕士学位；1998 年获斯坦福大学宗教研究专业博士学位。现任加拿大不列颠哥伦比亚大学人类进化、认知与文化研究中心主任，东亚研究系教授，并兼职于该校哲学与心理学系，主要研究领域包括先秦中国思想、宗教学、认知语言学、伦理学、认知科学、进化心理学、古汉语等。森舸澜学术成果丰硕，主要著作有《无为之为："无为"乃中国早期的概念隐喻与精神理想》（*Effortless Action*：*Wu-wei as Conceptual Metaphor and Spiritual Ideal in Early China*，2003）、《科学助益人文：融合身体与文化》（*What Science Offers the Humanities*：*Integrating Body & Culture*，2008）、《无为而为：古代中国、现代科学和自发性力量》（*Trying Not to Try*：*Ancient China*，*Modern Science and the Power of Spontaneity*，2014）（该书已被史国强译为《为与无为：当现代科学遇上中国智慧》并于 2018 年 1 月由现代出版社印行）等。

森舸澜不仅学术研究硕果累累，而且积极参加国际学术会议，并通过学术讲座促进中西方的学术交流和研究。据不完全统计，近五年（2011—2016）来森舸澜提交论文参加全国性与国际性学术会议达 30 余次，主题涉及宗教、中国哲学、亚洲研究、认知科学、社会科学、心理学等领域，会议举办地遍布中国（包括台湾）、加拿大、美国、英国、捷克、瑞士等国家，参会频率之高、主题之丰富以及地域之广令人称奇。下面再举两个学术讲座作为例证。2011 年 6 月 21 日，森舸澜在华东师范大学思勉人文高等研究院所作题为《当代认知科学与中国先秦德性伦理》[①]的演讲中，围绕自然科学领域的热门话题认知科学和人文学科的热门话题德性伦理，探讨两者之间能否实现卓有成效的跨学科对

---

① 详见该演讲介绍网页（http：//www.skc.ecnu.edu.cn/s/117/t/325/d3/0f/info54031.htm）（2013 - 08 - 12）。

话、人们能否从当代认知科学出发更好地理解先秦伦理思想等内容，该讲座以认知科学为背景，对中国传统伦理学的问题给出了富有意义的解释和思考；据中国侨网于2016年4月18日题为《汉学家在纽约孔院诠释中国古代"无为"哲学》的报道，森舸澜在纽约州立大学视光学院孔子学院围绕中国古代哲学的"无为"思想进行演讲，认为"无为"虽然与西方的传统哲学相悖，但通过"无为"可以更好地达到思维和行为的统一，进而实现成功及个人的成就感[①]。

森舸澜从中学时期就对汉语言文化产生兴趣，长期致力于中国古代哲学思想文化研究，对中西方宗教哲学思想以及具体的现实问题都表达出独到的见解。2002年6月，徐燕（Nancy Yan XU）在发表于美国《侨报》"南加焦点"版题为《专访森舸澜（Dr. Edward Slingerland）》的访谈中指出，森舸澜认为中国古代哲学思想，尤其是先秦时期的诸子百家思想，不仅理论研究价值丰厚，而且具有重要的现实指导意义，这与先秦之后流行的佛教、西方的基督教有着本质不同。其中，森舸澜尤其沉迷于先秦期儒家以及"无为"思想，认为"无为"是以一种从心所欲的自然状态以达到"德"的境地。他把宗教理解为人们对世界、人生的不同看法及不同哲学思想，相信每个人都在有意识或无意识地信仰某一种宗教哲学思想，强调西方宗教哲学思想的精髓是个人自由主义，而中国等东亚民族的传统宗教哲学思想的核心则是集体主义。关于中美之间人权等问题的对话，他提出这些对话都应该基于中西方不同的宗教哲学思想框架，认为这种人权和其他自由主义理念是特定宗教文化思想的产物。

森舸澜对中国古代哲学思想尤其儒家思想的经年研究，让他痴迷其间，成为其后来翻译儒家典籍《论语》的原初动力，也为自身成为一名《论语》研究型译者准备了重要条件。森氏不仅出版了《论语》英语全译本（2003），而且于2006年又出版了《论语》英语缩略本：*The Essential Analects*，从中不难看出他对《论语》原作的真切喜爱以及为儒家思想在英语世界的传播和交流所进一步付出的努力。关于该缩略本，柯

---

① 详见该报道介绍网页（http://www.chinaqw.com/hwjy/2016/04-18/85740.shtml）(2017-01-10)。

克兰（Kirkland，2007：82—83）从多角度评价道，对讲授亚洲宗教的教师来说，它是教师给学生提供了解孔子的简略、可靠且便宜的读本，先前译本难以媲美，也是译者对"一些教育者之需求"（requests from some educators）的回应；该译本的评论内容用来帮助读者理解原作，篇幅多达 81 页，让 56 页的译文正文相形见绌；译文精致，没有夸饰及扞格不入之处，虽有吹毛求疵的措辞，但读来亦自圆其说，并指出该译本主要令人生疑之处就在于如此过度缩略原作是否符合简洁的要求。

尤其值得强调和注意的是，该缩略译本源自译者先前出版的《论语》英语全译本，这显然迥异于以往的《论语》英文转译本或缩略译本，像庞德转译自法文的英译本（1928）、魏鲁男节译本（1950）等，译者的《论语》全译本皆由他们先前的转译本或节缩译本自然发展而来，即前者是后者的基础。森舸澜缩译本针对特定的使用目的，服务于特定的读者对象，这同样体现了繁荣期《论语》英译实践的多样性和多元化特点。

二 历史文化语境

进入 21 世纪以后，汉学研究继续保持 20 世纪 90 年代以来快速发展的势头，全方位、跨学科、多元化的研究特点依然得以延续。与此同时，中国政府进一步采取重要举措对外提升国家软实力，推进中国语言文化在世界的传播，更广泛地增强其影响力。此处以孔子学院在国外的发展为例来管窥这一现象。

孔子学院是中外合作建立的非营利性教育机构，也是国家对外推广汉语和传播中华文化的教育和文化交流机构。早在 1987 年中国政府就成立了"国家对外汉语教学领导小组"，负责国家开展对外汉语教学工作。全球首家孔子学院于 2004 年 11 月 21 日在韩国首尔成立，截至 2017 年 12 月 31 日，全球 146 个国家（地区）建立了 525 所孔子学院和 1113 个孔子课堂[①]。研究表明，孔子学院的发展与经济关系和汉语热

---

① 参见孔子学院总部网站相关网页（http://www.hanban.edu.cn/confuciousinstitutes/node_10961.htm）（2018-02-05），下文提及的《孔子学院章程》也详见于该网站；需要补充说明的是，孔子学院在海外的发展并非一帆风顺，如美国就曾于 2012 年 5 月审查孔子学院学术资质，并要求部分教师离境。

显著相关，有利于国家软实力的提升，对国际关系具有重要影响（管兵，2012：22—28；参见 Paradise，2009：647—669），而在中国传统文化全球化的过程中，孔子学院的文化传播价值可以概括为：扩大中国影响力，建立包容的国家形象；打造全球文化品牌，提升国家软实力；带动相关文化产业，促进国家经济发展；加强文化交流与融合，增强民族凝聚力（马旭、赵绮娣：2011：32）。

根据《孔子学院章程》，开展中外语言文化交流活动是孔子学院的重要业务范围。其实，孔子学院的最初构想正是由加拿大不列颠哥伦比亚大学亚洲研究系学者、加拿大中文教学学会会长陈山木（Robert S. Chen）先生最早倡议的。可以肯定的是，孔子学院的建设与发展同样对国外汉学人才队伍的培养、汉学研究的进步以及中外汉学研究的沟通与交流具有无可替代的作用。

进入新世纪后，西方以后现代主义为重要特征的文艺思潮在哲学、文学、翻译等领域依然盛行，基于解构主义、后殖民主义、女权主义等思想的研究方法应用广泛。尤其在西方译学界，学术思想自由开放，诸如语言学、功能理论、多元系统、文化研究、哲学研究等视角的翻译思想精彩纷呈，令人目不暇接，出现了可谓百家争鸣的空前盛况。在国外《论语》译介领域，一旦某个《论语》新译本出现，随后便有论者撰文加以评判，成为司空见惯的现象。然而，作为该阶段两个《论语》英译本的译者森舸澜和白氏夫妇之间关于《论语》翻译的辩论耐人寻味，颇具启迪意义。

森舸澜（Slingerland，2000a：137—141）在《东西方哲学》（*Philosophy East and West*）2000 年第一期就白牧之和白妙子夫妇《论语》英译本《论语辨》发表题为《为什么哲学在〈论语〉的理解中并不多余？》（Why Philosophy Is Not "Extra" in Understanding the Analects?）一文进行深入的例证分析和评价。森舸澜认为白氏夫妇合译本在多方面可谓非同寻常之作，虽然观点激进而难以证实，但令人深切地意识到《论语》原作乃不同时期文本的异质性汇集。概括看来，森氏指出该译本的不足主要包括：一是译本难以为读者理解：译文笨拙，尽管词源考证准确、关注汉学细节、明显倾向新词及个性化的学术习惯等；二是译者坚持对原著篇章内容的根本性重新组构，但该观点因其循环论证而乏力；

三是译者对历史资料的隐喻性诠释建立在脆弱的宏观性时期划分理念即"层累理论"（accretion theory）基础之上，该理论是自然科学思想在人文科学领域的不当运用；四是译者通过设定原作的章节内容是对墨家、法家、道家等思想对手的回应以支撑其时期划分思想，该做法也于证不足。森舸澜总结认为，译者白氏夫妇哲学取向的缺失导致其对原作文本的断然性政治解读，是一种极端的怀疑性诠释；不过，与该译本译文并存的丰富评论的确为读者提供了一座汉学知识宝库和一些独到的见解。

针对森舸澜的评论，白牧之和白妙子（Brooks & Brooks, 2000：141—146）在同一期《东西方哲学》撰文《答森舸澜书评》（Response to the Review by Edward Slingerland）加以回应。两位译者强调，通过多年经营原作文本让他们深深感悟到，任何有关《论语》的简单评论都可能对其重要性和挑战性有失公允。为了维护自身的观点，他们集中回答了森氏的五点质疑：一是他们惯常使用的"科学的"（scientific）且"持怀疑态度的"（sceptical）方法；二是该方法是否在崔述观点的基础上前进一步；三是他们的观点是否为循环论证；四是从哲学重要性的层面他们的有关观点是否正确；五是他们关于原作的层累模式是否源自合理推论以及能否成功加以运用。

颇有意思的是，也是在同一期《东西方哲学》，森舸澜（Slingerland, 2000b：146—147）著有短文《答白牧之和白妙子》（Reply to E. Bruce Brooks and A. Taeko Brooks）作为对白氏夫妇回应的进一步论辩。该答辩文字依次对白氏夫妇的五点意见进行回应，逐一表明自己的看法和见解。如关于第一点，森舸澜认为白氏夫妇的研究方法令人怀疑不是因为他们考虑到哲学之外的影响力如军事冲突、弟子间的争强斗胜等对《论语》文本发展变化的可能影响，而是因为他们几乎毫无例外地聚焦于此类哲学之外的影响力，并以此作为解释的因素；同时，森氏进一步联系当前人文领域的习惯做法，指出该方法具有局限性且"难免有偏见"（hardly "unbiased"）。

从以上森舸澜和白氏夫妇关于《论语》英译本的辩论中不难看出，在国外不同《论语》译者基于自身对原作及其所产生的种种历史背景因素的理解和认知，呈现出不同的学术思想和观点，并就所关注的研究方面或内容进行争鸣和辩论，既彰显各自的研究理念和特点，又启迪对方进行更深入的多元化思索。此外，就白氏夫妇《论语》合译本而言，除了森氏评论外，国外还有十余位学者（如 Lai，1999；Henderson，1999；Kline III，1999；Wallacker，1999；等）从不同角度对该译本进行了评介；而关于森舸澜《论语》英译本，国外也有多名学者（如 Goldin，2003；Hon，2003；Lo，2004；Littlejohn，2005；Fielding，2005；等）先后在不同层面加以介绍和评述，另有数位学者对森氏于 2006 年出版的《论语》缩略本进行了介评。以上西方学者对《论语》英译的关注和讨论，不仅表达了基于自身专业训练和学术观念的不同见解，更能够反映出当代西方思想自由的学术生态以及汉学研究的开放性与多元性。

三 翻译动机与翻译目的

森舸澜《论语》英译本名为：*Confucius: Analects*，于 2003 年在美国剑桥由哈克特出版公司（Hackett Publishing Company, Inc.）印行。作为研究型译者，森舸澜利用译本"前言"（Slingerland，2003b：vii—ix）为普通读者提供了大量关于原作和译本的背景知识和信息。关于原作《论语》，译者指出它不是大多数现代西方人所认为的一部"著作"（book），而是一种孔子去世后历经多年搜集和编纂的"记录"（record），并论及《论语》版本的生成、文本特点、注疏历史及阅读理解等方面的内容，最后强调指出孔子、《论语》、儒家思想等因素之于中华文明的极端重要性。

至于该译本的翻译目的，森舸澜坚信通过提供广泛而连续的评述，能够让英语读者感悟到些许原文语义的丰富性，管窥原作文本本然的活力，并指出该译本主要依据的是程树德注解《论语》的四卷本著作（即《论语集释》），而程树德本人也被译者誉为 20 世纪中国最重要的《论语》研究者之一。由于该译本采用的是现代汉语拼音方案，译者提供的现代汉语拼音和威妥玛-翟理斯式拼音法的对照表出现在译本正文后，较好地为那些仅熟悉一种拼音法的读者提供必要的帮助和参照。在"致谢"中，译者强调先前的《论语》译本是该译本的基础，并对四位提供不同帮助的人表示感谢，而"体例"部分则明确该译本采用罗马拼音法，可谓之"教学版"（classroom edition），主要服务于对汉语知之甚少或一无所知的读者，这也表明了译者的主要翻译目的。尤其强调的一点是，关于孔子弟子称谓的翻译，虽然意识到中国古人名与字的不同，但综合比较利弊得失，出于读者的考虑，决定译文中通常都使用字，偶尔也会用全名。显然，这一抉择不可避免地影响原文许多对话的迻译，造成不同身份的人在特定语境里语言表达口吻和语气的流失，不能不说是一种遗憾。

篇幅较长的"导论"（Slingerland，2003b：xiii—xxv）内容更为细致具体、翔实丰富。不仅进一步评述《论语》一书的形成过程、西方译者及学者对该书的看法，而且突出该译本区别于其他译本的主要特色：汲取中国人关于原作的传统评述。换言之，译者坚持用一种现代人遵循历史和语文学传统的负责态度去研究原作，因而也要求读者以相应的心态去对待译本。接下来，译者用颇多笔墨介评悠久的中华历史文化，从夏商两朝谈起，一直延续到孔子所处的春秋时期，并结合《论语》的具体章节内容，就孔子对时政衰微根源的看法、自我修身之道、理想家国的特征等进行了论述，从中可以看出译者对中国历史文化的熟稔以及对《论语》原作思想内容的宏观理解和整体把握。最后，译者扼要介绍了孔子身后弟子的基本情况，以及后世儒家学者的主要思想，并征引利斯（Leys，1997：xvi）所言："在整个世界史上，没有哪本书能像这册小书影响之久、影响之大、影响人数之众"，故译者的努力正是让读者避免将《论语》仅视为由古怪说教构成的一种历史珍籍或辑集，而应看作一种迄今富有教育意义的、关切宗教和伦理的有力表达。

对于森舸澜《论语》英译本，张仁宁（Littlejohn，2005：107—109）明确指出译者森舸澜关于《论语》文本解读的观点：中国人从未脱离传统注疏的语境，而西方学习该文本的人对此却知之甚少，甚至对此缺乏兴趣，结果造成西方读者以为《论语》乃一些神秘玄奥的、东方"幸运签语饼"（fortune cookie）式的睿语汇集；并认为该译本使用的体例值得注意：整个译本采用汉语拼音方案，除了极个别的情况（如"周"和"纣"令人耳目一新地分别处理为"Zhou"和"Zhow"），但存在值得商榷之处，如译本将"君子"自始至终译为"gentleman"，逊色于安乐哲和罗思文的英译"exemplary person"，最后强调该译本最主要的特色是容纳大量关于《论语》的中国传统评注，且内容博采百家，丰富多彩。同时，虽有国外学者的相关书评对该译本褒誉有加，如劳悦强（Yuet Keung Lo）结合例证分析总结认为该译本不仅体现了译者细致的研究和谨严的翻译，也提供了《论语》学术研究的新视角以及《论语》翻译的新模式（Lo，2004：179），但却多少给人综述泛论的印象。

第五节　森译本的丰厚翻译

文献梳理表明，国内已有学者对森舸澜《论语》英译本进行了一定的研究，如从译者、翻译目的、译本特色等方面对该译本加以简要介绍和评述（王勇，2007：59—61），从注疏、题解、翻译法三个层面评介了译本的特点（李钢，2012b：135—137）。这些研究从不同角度反映了该译本的特征与长处，令人受益良多；不过，由于例证的局限性（如前者仅举"学而第一"的首章译文为例）且侧重概述评介，研究结论似乎难以令人信服，也无法让读者深入品味该译本的精髓。如此看来，有必要对森舸澜《论语》英译本进行较为翔实而深入的研究，这里打算借鉴丰厚翻译的思想，以更好地再现并凸显该译本的风格特色和本真面貌。

一　丰厚翻译与《论语》文本

如前文所述，丰厚翻译（thick translation）是美国学者阿皮亚（Kwame A. Appiah）于1993年首次提出的翻译概念。关于该思想的渊源，国内有学者认为是参考了由美国文化人类学家格尔茨（Clifford Geertz）提出的"深度描写"（thick description）思想（段峰，2006：90）。其实，细读格尔茨的专著《文化的解释》（1999），便不难发现：格尔茨在谈及如何从事民族志研究时，"深度描写"是其借用另一学者吉尔伯特·赖尔（Gilbert Ryle）的概念，并提到该概念的讨论见于赖尔最近的两篇文章《思考与反思》和《对思想之思考》（格尔茨，1999：6—7）。另外，从阿皮亚的主要学术著述来看，"世界主义"（cosmopolitanism）为其核心思想，身上带有加纳血统的阿皮亚甚至连"非洲中心主义"（Afrocentrism）也不放过，对此加以口诛笔伐。在某种意义上，他本人的这种基本思想似乎与其丰厚翻译的理念更加密不可分，前者对后者的影响或许更为关键，因而丰厚翻译观念可以说正是他这一核心思想的延伸，是视翻译为语义转换和跨文化活动的双重领域的重要体现。

在格尔茨看来，深描思想是一种迈向文化的解释理论，而文化分析不是一种寻求规律的实验科学，而是一种探求意义的解释理论，是对意义的推测并估价这些推测，进而从较好的推测之中得出解释性结论（格尔茨，1999：5，26）。在《丰厚翻译》（Thick Translation，1993）一文中，阿皮亚运用格莱斯（Herbert P. Grice）的语用学理论分析自己家乡谚语的英译问题，指出格莱斯的"会话准则"（conversational maxims）[①]仅能处理人们对话或文本交流的"字面意图"（literal intention）。在翻译的意义转换过程中，由于"厚语境化"（thicker contextualization）的存在，也由于源语中存在的诸如某一术语的指称物或话语所隐含的社会惯习在译语里不明或缺失，这就要求一种不同的文学翻译思想，既服务于文学教学，又作为学术翻译：在译文中添加注释及"附带说明"（accompanying glosses），使文本存活于一个丰富的语言文化语境，即谓之丰厚翻译（Appiah，2000：417—429）。可见，丰厚翻译思想是基于两种语言文化的差异，要求译者在双语转换过程中，运用包括注释在内的诸多手段，旨在充分考虑并努力再现原文的丰厚语境，以实现文本意义的充分转换，进而传递原作的思想精髓。

《论语》一书虽然仅有一万五千余字，却较为有效地采用语录体记载了孔子及其弟子的言行，反映出孔子在政治、伦理、道德、教育等领域的思想。作为儒家经典，《论语》不仅用大量的文字记言记事，而且人物形象描写生动活泼、栩栩如生。然而，由于参与编纂者众、成书历时久等因素，《论语》文本也客观存在些许不足之处，如思想较为散乱、章节时而重出等，再加之文字表达言简义丰、文化元素丰富、修辞风格鲜明、语境时而丰厚时而缺省等特色，这一切都决定了该文本翻译时语言转换的复杂性、直接字面迻译的局限性以及多种注解和释义的可能性与必要性。如此，我们似乎也从中看到丰厚翻译理念和《论语》翻译之间可能存在的某种关联：丰厚翻译对译介《论语》——一部言简

[①] 有研究称之为"常规理论"（conventional maxims）（赵勇，2010：77），笔者反复细读英语原文并未发现这一表达，可能是形似致误。

辞约却思想深奥精微之儒家经典的借鉴意义。为了服务于"对汉语知之甚少或一无所知的读者"（readers with little or no knowledge of Chinese）（Slingerland，2003b：xi），森舸澜《论语》英译本正是集中体现丰厚翻译思想的典型例证。

二 森译的"丰厚"特点

森舸澜《论语》英译本正文颇具特色，每篇篇名直接用"BOOK ONE""BOOK TWO"等加以标示，下方都附有简要解释；每章的译文都有编号标示（如"5.12"表示"公冶长第五"篇的第十二章），且皆附有评论，经常也伴随出现有关译文和评论的注释。字体排版不同，篇解和译文的字体较大且前者为斜体，评论次之，评论之引文和注释皆最小，让读者看起来一目了然。文本细读发现，该译本几乎处处闪现丰厚翻译的思想，从整个译本的丰富构成、体例设定，到具体章节内容的迻译、多种附录的编制。这里主要围绕该译本的译文、（译文）评论、注释等方面，结合具体的典型例证分析，展现该译本丰厚翻译的基本特征和整体风貌。为了便于行文和读者阅读的需要，该译本出现的繁体汉字这里一律改为简体字、英文字体除斜体外也处理一致。

（一）译文

为了有效服务"普通读者"（nonspecialists）（Slingerland，2003b：xxv），译者往往在吃透原文的基础上，参照译语表达习惯，采用多种灵活手段，如增补法、综合法、释译法等，令译文及其效果特色鲜明，与以往译本多有不同。试看：

（1）原思为之宰，与之粟九百，辞。子曰："毋！以与尔邻里乡党乎！"（"雍也第六"）

When Yuan Si was serving as steward, he was offered a salary of nine hundred measures of millet, but he declined it.

The Master said, "Do not decline it! [If you do not need it yourself], could you not use it to aid the households in your neighborhood?"

（2）伯牛有疾，子问之，至牖执其手，曰："亡之，命矣夫！斯人也而有斯疾也！斯人也而有斯疾也！"（"雍也第六"）

Boniu fell ill, and the Master went to ask after his health. Grasping his hand through the window, the Master sighed, "That we are going to lose him must be due to fate! How else could such a man be afflicted with such an illness, [and we left with nothing we can do?] How else could such a man be afflicted with such an illness?"

(3) 子贡问曰:"孔文子何以谓之'文'也?"("公冶长第五")

Zigong asked, "Why was Kong Wenzi 孔文子 accorded the title 'Cultured' (*wen* 文)?"

(4) 公叔文子之臣大夫僎与文子同升诸公。子闻之,曰:"可以为'文'矣。"("宪问第十四")

Gongshu Wenzi had his household minister Zhuan promoted along with him to the ducal court. When Confucius heard of this, he remarked, "Surely he deserves to be considered 'cultured' (*wen* 文)."

例(1)译文通过方括号增添必要的表达:If you do not need it yourself,彰显原文字面无而语内隐含的意思,并区别于译文其他文字,而例(2)译文用方括号来表示必要的增补内容:and we left with nothing we can do,呈现原作文字内隐的语义——孔子对弟子病情危重的无奈之情,并与译文以示不同;同时,从这种采用文内增词补义兼以标点符号的译法,译者谨严的翻译态度也由此可见一斑。在例(3)和例(4)中,译者综合利用"意译+音译+汉字"的翻译法来传达原文丰厚的含义,再现汉语原文中利用"孔文子""公叔文子"和"文"来表达人名及其谥号之间在字面和深层意义上的密切关系。该综合翻译法还用于器物文化词名称如"瑚琏"("公冶长第五")、"觚"("雍也第六")等翻译难点的处理,结合必要的评注较为完整地传递出原文的本真意义,且往往上下文观照,颇有可资借鉴之处。

释译法是该译本翻译操作方面的又一个显著特点。从形式上看,该法尤其偏爱运用从句来释译原文的重要概念或内容,如例(5)原文的"文章"、例(6)原文的"隐"以及表达语气效果的"是丘也"有如下处理:

(5) 子贡曰:"夫子之文章,可得而闻也;夫子之言性与天道,不可得而闻也。"("公冶长第五")

Zigong said, "The Master's cultural brilliance is something that is readily heard about, whereas one does not get to hear the Master expounding upon the subjects of human nature or the Way of Heaven."

(6) 子曰:"二三子以我为隐乎？吾无隐乎尔。吾无行而不与二三子者,是丘也。"("述而第七")

The Master said, "Do you disciples imagine that I am being secretive? I hide nothing from you. I take no action, I make no move, without sharing it with you. This is the kind of person that I am."

值得注意的是,高频率的从句使用时而会让读者感到译文显得不够简练,有悖于原作简约的风格。如例(7)和例(8)原文的"仁者"被译为"one who is Good",较之于先前译本如韦利译本的"a Good Man"(Waley,1938:102)、亨顿译本的"the Humane"(Hinton,1998:33)、刘殿爵译本的"the benevolent man"(Lau,1979:72)等英译,似嫌啰嗦,而例(9)译文中的who-从句、例(10)译文中的"there be"从句和that-从句也存在类似问题。请看:

(7) 子曰:"唯仁者能好人,能恶人。"("里仁第四")

The Master said, "Only one who is Good is able to truly love others or despise others."

(8) 子曰:"仁者先难而后获,可谓仁矣。"("雍也第六")

The Master said, "One who is Good sees as his first priority the hardship of self-cultivation, and only after thinks about results or rewards. Yes, this is what we might call Goodness."

(9) 子见齐衰者、冕衣裳者与瞽者,见之,虽少,必作；过之,必趋。("子罕第九")

Whenever the Master saw someone who was wearing mourning clothes, was garbed in full official dress, or was blind, he would always rise to his feet, even if the person was his junior. When passing such a person, he would always hasten his step.

(10) 子贡问政。子曰:"足食,足兵,民信之矣。"("颜渊第十二")

Zigong asked about governing.

The Master said, "Simply make sure there is sufficient food, sufficient armaments, and that you have the confidence of the common people."

从内容上看,该译本的释译特点是通过采撷多家之长来理解原文,几乎所有篇章的译文释必有证、译必有据,有时甚至简短的一章译文也兼采两家之言。如在下文例(11)中,针对译文的由来,译者在评论部分(参见 Slingerland,2003:154)不仅给出了字面解释,还引证何晏的观点,并参照《左传·僖公二十三年》的相关内容,以表明其译文的可靠性和合理性:

(11) 子曰:"士而怀居,不足以为士矣。"("宪问第十四")

The Master said, "A scholar-official who cherishes comfort is not worthy of the name."

而在例(12)中,译文前半部分参照孔安国的注疏,其中"片言"译为"one side",即"片,犹偏也"(转引自刘宝楠,1990:501),而后半部分则采纳朱熹(1983:137)的注解,其中"宿"即"留也",有"overnight"之意,故有如下译文:

(12) 子曰:"片言可以折狱者,其由也与?"子路无宿诺。("颜渊第十二")

The Master said, "Able to decide a criminal case after only hearing one side — does this not describe Zilu?"

Zilu never put off fulfillment of a promise until the next day.

只有在极为罕见的情况下,译者才会将译文化繁为简,以符合译语表达习惯,请看下例译文对原文后半部分"小人不可大受而可小知也"的简化处理:

(13) 子曰:"君子不可小知而可大受也,小人不可大受而可小知也。"("卫灵公第十五")

The Master said, "The gentleman is incapable of petty cleverness, but he can take on great tasks; the petty person is the opposite."

(二) 评论

多彩多姿的评论是森舸澜《论语》英译本最为突出的特点。正如该译本的副标题(即"with selections from traditional commentaries")所示,译本中引述了大量精心撷取的中国古人的注疏,但也兼涉少许中国近现

第五章　繁荣期：多元迭新　193

代学者的评述。从译本正文来看，每章译文罕无相应的评论①，且绝大多数章节的评论篇幅大大超过译文本身，有些评论甚至超过译文高达十倍以上（如 6.25, 13.23, 14.6 等）。

据参考译本"附录"并加以统计，该译本征引中国古今学者近百人，其中引用率最高的是程树德，引用率较高的主要有汉郑玄、包咸、孔安国、马融，三国魏何晏，南朝梁皇侃，宋朱熹，清刘宝楠等诸家；涉猎中国古籍著作约 50 部，经常引证的主要包括《史记》《礼记》《孔子家语》《吕氏春秋》《左传》《孟子》《庄子》《汉书》等。同时，评论兼纳西方古今学者的论点，征引内容虽相对较少，但也颇值得关注。征引对象主要包括两类人：一类是先前的《论语》译者，如理雅各、韦利、华兹生、白牧之和白妙子、安乐哲和罗思文等，其中理雅各的儒家经典译著往往被视作权威的参考史料；另一类是西方包括一些著名汉学家在内的从事中国经典著作尤其儒家经典研究的学者，如高本汉（Bernhard Karlgren）（1950）、奥哈拉（Albert O'Hara）（1981）、诺布洛克（John Knoblock）和王安国（Jeffrey Riegel）（2000）等。由是观之，该译本的评论内容实可谓兼采百家，借鉴古今，处处透露出古今中外的思想智慧。以下略举数例加以说明。

(1) 子曰："吾十有五而志于学，三十而立，四十而不惑，五十而知天命，六十而耳顺，七十而从心所欲，不逾矩。"（"为政第二"）

The Master said, "At fifteen, I set my mind upon learning; at thirty, I took my place in society; at forty, I became free of doubts; at fifty, I understood Heaven's Mandate; at sixty, my ear was attuned; and at seventy, I could follow my heart's desires without overstepping the bounds of propriety."

We have here Confucius' spiritual autobiography. We can see his evolution as encompassing three pairs of stages. In the first pair (stages one and two), the aspiring gentleman commits himself to the Confucian Way, submitting to the rigors of study and ritual practice until these traditional forms have been internalized to the point that he is able to "take his place" among

---

① 据笔者统计，译文没有评论的仅有两处（即 7.9 和 13.11），占整个译本总章数（512）的比例不足 0.4%。

others. In the second pair, the practitioner begins to feel truly at ease with this new manner of being, and is able to understand how the Confucian Way fits into the order of things and complies with the will of Heaven. The clarity and sense of ease this brings with it leads to the final two stages, where one's dispositions have been so thoroughly harmonized with the dictates of normative culture that one accords with them spontaneously—that is, the state of wu-wei. Some interpretations take the ear being "attuned" to mean that Confucius at this point immediately apprehends the subtle content of the teachings he hears (Zheng Xuan), some that there is no conflict between his inner dispositions and the teachings of the sages (Wang Bi), and some both of these things. As Li Chong explains, "'Having an attuned ear' means that, upon hearing the exemplary teachings of the Former Kings, one immediately apprehended their virtuous conduct, and 'following the models of the Lord' (a reference to King Wen in Ode 241), nothing goes against the tendencies of one's heart." As Huang Kan explains, "By age seventy, Confucius reached a point where training and inborn nature were perfectly meshed, 'like a raspberry vine growing among hemp, naturally standing upright without the need for support.' Therefore he could then give free rein to his heart's intentions without overstepping the exemplary standards." Or, as Zhu Xi explains it, "Being able to follow one's heart's desires without transgressing exemplary standards means that one acts with ease, hitting the mean without forcing it."

就篇幅而言，例（1）的评论中等偏上。译者首先指出本章的主题为孔子的精神自传，可以两两组合构成三个演变的阶段，并逐一加以解读。仅就"耳顺"之意，在参照郑玄和王弼的观点后，又征引王充之语："耳顺者，听先王之法言，则知先王之德行，从帝之则，莫逆于心"（转引自刘宝楠，1990：45）。接下来，援用黄侃之言阐释"七十而从心所欲，不逾矩"，而黄氏所引之语由此处的注释（该评论共有两个）向读者加以说明，最后以朱熹（1983：54）的注解作结："随其心之所欲，而自不过于法度，安而行之，不免而中也。"

（2）子曰："人而无信，不知其可也。大车无輗，小车无軏，其何以行之哉？"（"为政第二"）

The Master said, "I cannot see how a person devoid of trustworthiness could possibly get along in the world. Imagine a large ox-drawn cart without a linchpin for its yolk, or a small horse drawn cart without a linchpin for its collar: how could they possibly be driven?"

Most commentators understand this as a comment upon an individual's character — the "linchpin" of trustworthiness linking together one's words and one's actions — as in Zhu Xi's comment that "the words of a person devoid of trustworthiness have no substance," or Ames and Rosemont's observation that "like the carriage pins, making good on one's word (xin 信) is the link between saying and doing" (1998: 234). It may also, however, be a comment on society as a whole — requiring as it does the mutual trust inspired by trustworthiness in order to function — as in Dai Zhen's comment that "among people, trustworthiness is the linchpin of social relations and mutual support." The portrayal of trustworthiness as a metaphorical "linchpin" here contrasts with passages such as 1.13, where the importance of trustworthiness is downplayed.

较之于例（1），例（2）的评论更短，就是在这有限的文字里，读者不仅能够了解到多数评注家从个人品行的视角理解该章的观点，并辅以朱熹之论："若人无信，则语言无实"（转引自黎靖德，1997：535），以及安乐哲和罗思文的观点：如车之輗軏，信乃言行之枢机。不仅如此，译者又征引戴东原之语："信之在人，亦交接相持之关键，故以輗軏喻信"（戴震，1995：349），进而结合自己的理解，推断该章整体上或许是一种强调以"信"促人际互信的社会评论。最后，译者指出以"輗軏"比"信"之喻可与"学而第一"相关内容相参照和比较，并提示读者两者的差异。这种评论丰富翔实、层层推进，令原文简洁质朴的文字充满活力和张力，既让普通英语读者准确把握原文的意义，又一定程度上弥补了原作思想散乱的不足，有利于读者较为完整地了解和感悟儒家丰厚的思想。简言之，该例通过博采古今中外思想以旁征互证，有效阐释并评述原文的思想和意义。这种博采百家且侧重中国传统注疏以论述原作思想的做法是森舸澜《论语》英译本最为常见的评论方式。

(3) 厩焚。子退朝，曰："伤人乎？"不问马。（"乡党第十"）

One day the stables burned. When the Master returned from court, he asked, "Was anyone hurt?" He did not ask about the horses.

Considering that horses were quite valuable commodities and stable hands easily replaceable, Confucius' response is both unexpected and moving—an expression, as many later commentators have put it, of Confucius' "humanism". According to the version of this passage in the *Family Sayings of Confucius*, the stables mentioned were the state stables of Lu. Most commentators, though, assume that the stables in question were those of Confucius himself, and argue that part of the point of this passage is the Master's lack of concern for his own material possessions.

(4) 季路问事鬼神。子曰："未能事人，焉能事鬼？""敢问死。"曰："未知生，焉知死？"（"先进第十一"）

Zilu asked about serving ghosts and spirits. The Master said, "You are not yet able to serve people—how could you be able to serve ghosts and spirits?"

"May I inquire about death?"

"You do not yet understand life—how could you possibly understand death?"

In this passage—often cited by Western commentators as an expression of Confucius' profound "humanism"—we clearly see Confucius' practical orientation: the aspiring gentleman is to focus his energy on virtuous conduct and concrete learning rather than empty speculation (cf. 7.21). As Huang Kan remarks, "the teachings of the Zhou Dynasty and of Confucius have to do solely with the here and now." More metaphysically oriented commentators such as Zhu Xi contend that the Master did have esoteric teachings about death and spirits, but that Zilu is simply not yet ready to hear about them, and must complete more basic levels of education before he can receive the esoteric teachings. This, however, is unlikely. As Chen Tianxiang puts it, "The Way of the two sage-lords, the three kings, Duke Zhou, and Confucius focuses solely upon the exigencies of daily human existence and does not depart from them for an instant... nowhere do we hear of teachings concerning various levels of esoteric comprehension that must be completed so that one might understand the mysteries of death... The Master correctly saw that Zilu's questions were only remotely related to practical concerns, and therefore answered him [as he did]."

上文例（3）的评论较为简短，征引并比较《孔子家语》与多数注疏家关于"厩"的归属的不同观点，而例（4）的评论较例（3）稍长，大量篇幅用于引用并比较诸家如黄侃、朱熹及陈天祥等人的不同见解。令读者尤为关注的是，在两例的评论中，译者皆重视原文思想的现代诠释，认同学者所赋予孔子的现代"人本主义"（humanism）思想，而例（4）更是基于孔子的实践取向对原作文本进行了诠释：有志君子是将精力集中于德行和具体学习，而不是空想。可以说，译者通过解读古文今义，做到联想并关注当下，这种针对儒家思想所作的多姿多彩的现代诠释是该译本评论另一个吸引读者的亮点①。

该译本评论的第三个特色是灵活丰富，趣味性强。译者能够利用评论篇幅的灵活性，通过征引典故的做法，将原文思想化抽象为具体、变单调为丰富，既吸引读者的阅读兴趣，也帮助读者理解和体味儒家思想。试看：

（5）子曰："君子和而不同，小人同而不和。"（"子路第十三"）

The Master said, "The gentleman harmonizes (*he* 和), and does not merely agree (*tong* 同). The petty person agrees, but he does not harmonize."

The best commentary on this passage is a story from the *Zuo Commentary*: The Marquis of Qi had returned from a hunt, and was being attended by Master Yan at the Chuan pavilion when Ran Qiu came galloping up to them at full speed. The Marquis remarked, "It is only Ran Qiu who harmonizes (*he*) with me!" Master Yan replied, "Certainly Ran Qiu agrees (*tong*) with you, but

---

① 该译本在评论中关于原作的现代诠释还反映在其他方面，如认为 4.13 和 13.5 皆表达一种"反象牙塔观念"（anti-Ivory-Tower attitude），即传统惯用要应用于现实世界，而非仅仅理论研究，16.7 体现心理和生理因素与人之恶的关联，17.15 蕴含当代中国人谓之"铁饭碗"（iron rice bowl）的思想观念等。

how can you say that he harmonizes with you?" The Marquis asked, "Is there a difference between agreeing and harmonizing?" Master Yan answered, "There is a difference. Harmonizing is like cooking soup. You have water, fire, vinegar, pickle, salt, and plums with which to cook fish and meat. You heat it by means of firewood, and then the cook harmonizes the ingredients, balancing the various flavors, strengthening the taste of whatever is lacking and moderating the taste of whatever is excessive. Then the gentleman eats it, and it serves to relax his heart. The relationship between lord and minister is just like this. If in what the lord declares to be acceptable there is something that is not right, the minister submits to him that it is not right, and in this way what the lord declares acceptable is made perfect. If in what the lord declares to be wrong there is something that is, in fact, acceptable, the minister submits to him that it is acceptable, and in this way the inappropriate aspects of what the lord declares wrong are discarded. In this way, government is perfected, with no infringement upon what is right, and the common people are rendered free of contentiousness... [An extended musical metaphor follows, where different notes are brought together and harmonized to please the heart of the gentleman.] Now, Ran Qiu is not like this. What his lord declares acceptable, he also declares acceptable; what his lord declares wrong, he also declares wrong. This is like trying to season water with more water — who would be willing to eat it? It is like playing nothing but a single note on your zither — who would want to listen to it? This is why it is not acceptable for a minister to merely agree."

For the danger caused to a state by a minister who merely agrees, also see 13. 15.

上例的评论篇幅较长，除了告诉读者惟命是从的大臣之于国邦的危害可参见 13.15 外，为了帮助普通英语读者理解原文抽象的含义，整个评论主要在引述出自《左传·昭公二十年》（杨伯峻，1990：1419）的一个故事：

齐侯至自田，晏子侍于遄台，子犹驰而造焉。公曰："唯据与我和夫!"晏子对曰:"据亦同也,焉得为和?"公曰:"和与同异乎?"对曰:"异。和如羹焉,水、火、醯、醢、盐、梅,以烹鱼肉,燀之以薪,宰夫和之,齐之以味,济其不及,以泄其过。君子食之,以平其心。君臣亦然。君所谓可而有否焉,臣献其否以成其可;君所谓否而有可焉,臣献其可以去其否,是以政平而不干,民无争心。

从表面上看,译者花费如此多的笔墨引述一个故事多少让人费解,然而细读后不难发现,这一做法确实能够帮助普通读者理解原文抽象的含义,颇有合理之处。经过进一步查证发现,即便国内学者如刘宝楠(《论语正义》)、钱钟书(《管锥篇》)等在探讨"和而不同"的思想时,也都几近完整地引鉴晏婴之喻论和与同的故事。

领悟原文以阐发儒见是该译本评论的第四个特点。较之于现代诠释,该类评论针对原作的特定章节,译者往往会通过诠释原文并结合个人思考,侧重阐发自己对儒家思想的创见。譬如,对原作中比较具有争议性内容的新颖解读,关于"唯女子与小人为难养也"("阳货第十七")一语,译者有如此评论:(鉴于酒色乱性、品行不良的南子等)该章的意思似乎对生活在维多利亚时期的欧洲男人来说并不特别奇怪——考虑到家庭主妇(如妻妾)像仆人一样,可能因性和失控因素造成的危险,需要严加管教;倘若顺从称职,亦应予以尊重(Slingerland,2003:211—212)。以下试以译者眼中儒家的"无为"思想为例略加分析。

(6)子禽问于子贡曰:"夫子至于是邦也,必闻其政。求之与?抑与之与?"子贡曰:"夫子温、良、恭、俭、让以得之。夫子求之也,其诸异乎人之求之与?"("学而第一")

Ziqin asked Zigong, "When our Master arrives in a state, he invariably finds out about its government. Does he actively seek out this information? Surely it is not simply offered to him!"

Zigong answered, "Our Master obtains it through being courteous, refined, respectful, restrained and deferential. The Master's way of seeking it is entirely different from other people's way of seeking it, is it not?"

Huang Kan believes the point of this passage to be that the quality of rulership in a state is revealed in the sentiment of the common people, to which Confucius was particularly sensitive because of his virtuous nature. Rulers thus "give away" this information inadvertently to one as attuned as Confucius, who therefore does not have to make inquiries in the ordinary fashion. Zhu Xi believes that it is the rulers who, drawn by the power of the Master's virtue, actively seek Confucius out to discuss the problems of governance. In any case, the point seems to be that Confucius "sought it in himself, not in others" (15.21), or that (as Lu Longqi puts it) "the sage seeks things by means of virtue, unlike ordinary people who seek things with their minds." That is, while ordinary people consciously and deliberately pursue external goals, the sage focuses his attention upon his own inner virtue and allows external things to come to him naturally. Confucius does not actively pry or seek out information, but is so perfected in virtue that what he seeks comes to him unbidden, in a wu-wei fashion.

此处是该译本正文中第一次出现"wu-wei"一语，译者首先逐一征引皇侃、朱熹以及陆陇其的观点，最后开始阐发自己对儒家相关思想的见解：也就是说，普通人有意识、有目的地追求外在的目标，而圣人注重自身内在的品德，让外在之物自然而然临之；孔子并未主动地打听或探询情况，然其完美的品德让一切以自然而'无为'的方式发生。就这样，作为道家的核心思想之一，"无为"在儒家经典《论语》的译文中反复出现，一再得以诠释，甚至在"导论"（xix—xxii）部分也多次论及。据粗略统计，仅在该译本正文"无为"（wu-wei）就出现三十余处，引用有关老庄思想的著述所占比例较其他《论语》英译本也更为突出。如此，纵然《论语》原作确实存在"无为而治"的思想（如15.5），该译本这一做法也有新颖非凡之处，但较之于儒家思想的本真面目，似乎也多少存在"以道释儒"、偏离甚至误读儒家思想之嫌[①]。

[①] 关于"无为"思想，森舸澜在《无为之为："无为"乃中国早期的概念隐喻与精神理想》（*Effortless Action: Wu-wei as Conceptual Metaphor and Spiritual Ideal in Early China*, 2003）一书中有深入论述；也可以说，对《论语》中"无为"思想的极力强调反映了森氏的一种独特观念，即儒家和道家在思想上具有重要的关联性与承继性。

此外，在其他章节的评论中，还存在以墨释儒（如 8.21）、儒道之争（如 14.34）等内容，观点新颖有趣，展现了译者广博的学识，也令读者反复玩味①。

(三) 篇解和注释

森舸澜《论语》英译本正文另一突出特色是运用补义助译、形式多样的篇解和注释，尤其是前者对普通读者理解每篇的主题思想乃至整部原著的思想精髓尤为重要。篇解大都是译者综合归纳各种传统评论和注疏，对《论语》每篇文字的全面解读及其主要思想的概括提炼，有助于读者对原著较为散乱的思想做出整体把握。请看"学而第一"的解读（原文斜体保留）：

(1) *One of the central themes of this Book is that learning* (xue 学) *has more to do with actual behavior than academic theory, and that virtuous public behavior as an adult is rooted in such basic familial virtues as filial piety* (xiao 孝) *and respect for elders* (ti 弟) (*lit. "being a good younger brother"*).

该篇解简明扼要，告诉读者原作首篇的主旨之一是学和行之密切关系，而人之德行根源于诸如孝和弟（即"悌"）的家庭美德。

下文例 (2) 为"为政第二"的篇解：

(2) *In this book, we see elaborations of a theme suggested in 1.2: political order is not obtained by means of force or government regulations, but rather by the noncoercive influence of the morally perfected person. Several descriptions of such wu-wei perfection appear in this book* (*including Confucius' famous spiritual autobiography in 2.4*), *and we also find an extended discussion of the "root" virtue of filial piety that emphasizes the importance of having the proper internal dispositions.*

该篇解同样言简意赅，让读者了解到本篇旨在详论首篇（即"学而第一"）第二章所蕴含的一个主题，即政治秩序不是通过武力或政府法

---

① 不过，该译本在这方面也存有译者对原作的误读或误解，很大程度上反映了译者的一种牵强附会或个人成见。如在 2.23 的评论中，译者指出孔子关于"十世可知也？"的表述，实际上指向孔子时代流行的"占卜算命现象"（fortune telling），认为孔子对此玄奥做法毫无兴趣，希望弟子们能够多关注伦理上更有用的东西，即先贤的德行；译者甚至相信占卜算命在今日之中国依然盛行（Slingerland, 2003b: 16）。

规所能得到，而是要通过道德完美之人的非强制性影响才能获得，以及进一步对孝道作为"根本"美德的深入讨论。

关于篇解的内容，译者有时也会直接参考他人的观点，概要该篇的主旨思想，如"先进第十一"直接征引刘宝楠的观点：通篇集中于弟子言行；而"颜渊第十二"的篇解则借鉴理雅各的评判：该篇为孔子与弟子探讨仁、政以及别的伦理问题。至于篇解的长度，有的篇解（如"卫灵公第十五"）甚至仅为一句话，可谓最为精短：该篇像第十七篇（即"阳货第十七"）一样，是一个冗长而没有任何明确统一主题的短章汇集（即：Like Book Seventeen, this Book is a lengthy collection of generally short passages without any clear unifying theme.）。不过，篇解偶尔也会较长，内容也较为复杂。这里仅以"乡党第十"为例，因该篇解英文单词达三百余个，原文此处不再征引。其主要内容包括文本的来源，早期注疏家的观点，译者翻译和评论的特点，篇旨强调孔子生活中如何从容得体及其作为"时圣"（timely sage）对后世儒家（如孟子）的影响等（Slingerland, 2003b: 98）。显然，如此详细的篇解能够帮助普通读者透过文字表象，尤其众多繁杂的日常生活细节描述，深入体会其中蕴含的儒家思想，感悟儒家经典的表达方式和内在精神。

该译本正文的注释采取脚注的形式，大都较为简洁，涉及对象为篇解、译文和评论三类，主要起到补充和说明的作用，有时译者也会借此发表个人独到的见解。总的说来，第一类的注释较为简明扼要，数量最少，仅有一处，即"学而第一"篇解的注释，是对关键词"弟"的含义作进一步的补充和引申：

(3) Although the literal meaning of the term is something like "being a good younger brother," *ti* often refers more generally to showing respect and being obedient to one's elders, and the more general rendering will be used throughout to maintain consistency.

关于译文的注释相对较多，主要用来补充说明必要的语言知识、文化背景、个人解读或评判等，符合普通读者的阅读期待。如 7.11 将"子行三军，则谁与？"译为"If you, Master, were to lead the three armies into battle, who would you want by your side?"；19.10 将"信而后谏"译为：The gentleman remonstrates with [his ruler] only after earning his trust；关于"三军"（the three armies）和夹注"［his ruler］"分别有如下注释：

(4) I. e., the combined military force of a large state.

(5) The received text does not mention the ruler, but the context of remonstration seems to require that we add it, and the fact that alternate transmissions of this passage in the *History of the Later Han* and other texts do explicitly include "his ruler" suggest that these words have dropped out of the received text.

注释（4）简明扼要，表明"三军"指大国的整体兵力，即"大国三军"（朱熹 1983：95）；当然，关于"三军"的解释似乎应更详细些，可补充具体说明，如在中国古代，每军一万二千五百人，三军共计三万七千五百人（参见徐志刚，1997：78）。较之于注释（4），注释（5）内容更为丰富，既告诉读者该译本所依据的原著版本没有"其君"二字，而上下文语境似乎需要加以增补，又进一步指出《后汉书》及别的著述则有之，暗示自己所采用的原作文本可能因脱漏二字所致。诸如此类的注释能够帮助普通英语读者了解原文的真相，让一般母语读者也会受益良多，甚至对专业读者或学者也颇有参考价值和借鉴意义[①]。此外，关于引用"定州版"《论语》的成果及有关文献资料的注释（6.10）、关于"四海"英译"the Four Seas"的注释（12.5）、有关"谅"的多义性比较的注释（16.4）等，都给译文理解提供了必要的补充和说明，知识性和趣味性兼顾，符合西方普通读者的阅读期待。

由于评论在森译本正文中所占比例具有绝对优势，有关评论的注释因而出现的频率也最高，涉及的信息内容更为五彩缤纷，尤为值得关注。譬如，关于 2.4 和 5.13 的译文评论分别有以下注释：

(6) A common saying emphasizing the transformative effect of environment upon one's character; see, for instance, Chapter 1 "Encouraging Learning" of the *Xunzi*: "When a raspberry vine grows among hemp, it natu-

---

[①] 的确，劳悦强（Yuet Keung Lo）通过例证分析就认为森舸澜《论语》英译本"为美国大学生以及学术界提供了极其宝贵的服务"（an invaluable service to American college students as well as the scholarly community）（Lo, 2004：179），也可视为森译本能够服务于"专业读者"的一个佐证。

rally stands upright without the need for support; when white sand is mixed with mud, both of them become infused with blackness" (Knoblock 1988: 137). The idea, of course, is that the tall, straight hemp acts as a natural stake guiding the growth of the raspberry vine, which otherwise would grow into a tangled bramble.

(7) As Cheng Shude points out, further evidence for this interpretation can be found in an alternate version of 5.13 that appears in the *Record of the Historian*: "The Master's teachings on the Heavenly Way and inborn destiny (*xingming* 性命) cannot be heard about" (320).

为了强调环境对人之品性的影响,注释(6)进一步征引了由诺布洛克(Knoblock)翻译、出自《荀子》首篇"劝学"的论述:"蓬生麻中,不扶而直;白沙在涅,与之俱黑"(王先谦,1988:5)。译者本人确信,直麻如桩自然导引蓬的生长,不然蓬会长成一团。针对该章评论有关孔子避谈"性与天道"现象所做的解读,注释(7)则援用程树德(1990:318)引自《史记·孔子世家》的语句——"夫子言天道与性命,弗可得闻也",来作为相关诠释的进一步证据,对读者更好地理解该章译文和评论助益良多。

最后,再来看一个颇令普通读者玩味的例证。18.5通过译评结合,观照类似楚狂接舆的隐士,并探幽发微,触及更为深层的道家思想;关于孔子之道善于且难于此类隐士之道的评论有如下注释:

(8) It is also rather absurd to think that overtly anti-Confucian passages could somehow have been "snuck into" the *Analects* by philosophical rivals. As Brooks and Brooks remark, "We can see the Daoists sneaking up to Confucian headquarters in the dead of night. We can see them jimmying open a window. We can see them taking the *Analects* manuscript out of its drawer in the office desk. We can see them writing anti-Confucian anecdotes in it. We can hear them chortling as they vanish into the night. What we *can't* see is the scene next morning, where [the editor of the *Analects*] comes in, opens the book, finds the Daoist stories, scratches his head, mumbles, 'Well, yeah; I guess I *must* have,' and calls the students in to memorize them" (1998: 183).

该注释进一步补充强调,像汉学专家白牧之和白妙子夫妇充满如此大胆的想象,认为那些有违孔子思想的章节(包括18.5)乃其哲学宿敌所为的观点,实属荒诞不经。

有关评论的注释值得积极肯定的还有许多,如有关中国古代"射礼"之"五善"具体情形的注释(3.7)、关于《礼记》中"武王克商"后历史事件的注释(3.16)、对征引范宁之语所涉南了不良品行的注释(既让读者认识到其不良品行又观照其他章节内容)(6.16);涉及儒家核心概念"仁"和孟子的注释(告诉读者参照"仁"之思想更为详细的衍变)(6.30);有关似"晨门"之隐者以表达个人见解的注释(14.38)等等。通过这些内容丰富的注释,读者能够更好地理解原文、译文和评论,拓展自身文化视野,不断提升文化素养,更有利于进一步对儒家思想的认知和领悟。

(四)正文之外

森舸澜《论语》英译本是迄今篇幅内容最为丰厚的译本之一。该译本共计279页,除了235页译本正文,副文本内容十分丰富,共占40余页,也多于大多数汉学家《论语》译本。这些内容能够帮助普通读者正确理解原作和译文,有时甚至会发挥举足轻重的作用,呈现出丰厚翻译的思想。就其在译本的位置而言,可分为正文之前和正文之后两个部分:前者包括版权页、"目录"(Table of Contents)、"前言"(Preface)、"致谢"(Acknowledgments)、"体例"(Conventions)、"导论"(Introduction)及"传统纪年表"(Traditional Chronology),后者包括"(拼音)罗马化"(Romanization)、"附录"(Appendix)以及"参考文献"(Bibliography)等。关于正文之前的内容前文多有论及,此处再以附录为例加以简评。五个附录分别为"术语汇编"(Glossary of Terms)、"孔门弟子"(Disciples of Confucius)、"历史人物"(Historical Personages)、"所引中国传统评注学者"(Traditional Chinese Commentators Cited)和"中国传统文本"(Traditional Chinese Texts)。这些补充信息,不仅吸引普通读者的注意力,帮助他们更有效地读懂译文,而且对专业读者或学者也具有相当高的参考价值。当然,提到更高的参考价值,不能不说是最后的"参考文献":既包括其他重要的《论语》英译本信息,也囊括该译本所征引的中国早期典籍的翻译著述以及精选的次要文献资料。

三 余论

森舸澜《论语》英译本几近释必有证，译必有据，极少出现明显的译误现象，堪称《论语》英译的上乘之作，也赢得学界的广泛赞誉。不过，假若把读者群扩大一些，森译本将汉语原文附上或许是一个不错的选择，那些追求再现本真的译文效果（如音译＋汉字）应当更佳。经比对查证，该译本每篇每章的划分皆与杨伯峻《论语译注》一致，不过译文和评注与其多有抵牾之处，实为博采百家之故。

文本细读发现，森译本仍存在些许不足之处，大致可以分为三类：一是语义悖离或风格欠妥，如极少使用缩略语导致关于对话的译文口语化缺失，因一家之言对词语"寝衣"评注有失偏颇（1.6），数字翻译如"（诗）三百"的失当（13.5）等；二是疏忽大意之误，如译文中将"曾皙"混同"曾子"，误译为"Master Zeng"（11.26），将"莒父"误译为"Jifu"（应为 Jufu）（13.17），将"骈"误拼为"Ping"（应为"Pian"）（14.9），漏译原文"子曰：'雍之言然。'"（6.2）和第二个"子曰"（7.26），评注参照不明（1.15）、注释不够严谨（疏漏6.4相关表达）（13.14）等；三是排印拼写讹误：如"will not be lead astray"（"lead"应为"led"）（2.2），"in an wu-wei fashion"（"an"应为"a"）（2.18），译文中"command"后漏掉"of"（8.6），评论中"（a traditional) sayings"应为 saying（12.8）、"is found is various permutations"的第二个"is"似应为"in"（12.17）、"a theme that will be appear several times"中的"be"似应去掉（12.22）等。据统计，不包括排印拼写错讹，前两类失误所占比例大致相当，共计20处左右①。

森舸澜译本不仅广受学界褒誉，而且译本中关于儒家思想的观点也引起学者的关注与赞同。美国学者迈哈内（2011：29）在《通往和

---

① 这里译文口语化缺失之类仅算作一处；较之于先前译误多达百余处的《论语》英译本如理雅各译本（1861）、赖发洛译本（1909/1935）、韦利译本（1938）、魏鲁男译本（1955）等，森舸澜英译本实可谓白玉微瑕。

谐之路——马克思主义、儒家与和谐概念》一文中，论及"礼"的重要性，迈哈内指出对"礼"的正确理解和应用将会带来走向和谐的辩证进步运动，即"礼"是对"大道之行"的描述；同时，迈哈内征引森舸澜在其《论语》新译本附录中的观点："礼"是"一组传统的宗教和道德习俗，儒家认为它们是先王的承天之道"（参见 Slingerland，2003：241）；认为礼的范围相当广泛，既包括祭祀诸神，又支配人的日常生活行为，并再次引证森舸澜的观点：最重要的是，孔子认为"通过遵从礼并将其内在化"（同上），一个人就能够实现个体和谐与共同和谐。

第六节　本章小结

多元化和创新性是繁荣期汉学家《论语》英译的两大特点。在20多年的时间里，该时期先后出现了十余个汉学家译本以及多个华人译者译本、漫画译本、编译本等，译者翻译理念新颖，译文风格各具特点，翻译效果也精彩纷呈。在这个历史时期，西方后现代主义思潮盛行，多元化、反传统等诉求成为许多领域的时代特征，其中就包括对翻译研究活动的影响。"翻译活动中的文本选择和翻译或改写，体现了译者对文本、目标社会和源语社会的认识和态度，而这一主观认定又会进一步影响译者的翻译运作"（王悦晨，2013：31），这正是对该时期尤为凸显的译者主体性的真实写照。本期汉学家《论语》英译大致可以分为两个时段：即20世纪90年代和21世纪初至今，以下分别加以扼要归纳。

在20世纪90年代，译者亨顿具有诗人的背景，个人创作才能不凡，可谓《论语》英译的作家型译者。亨顿《论语》译本强调"礼"在儒家思想中的核心地位，认为它是构建人与人、人与社会之间关系的纽带，并受到译者个人的诗学观以及诗歌翻译理念（如再现每位诗人的独特声音）的影响。该译本以服务普通读者并观照专业读者为目的，充分发挥副文本的功能，灵活运用多种翻译操作方法，展现了兼顾原文意蕴和译文畅达的双重特色。具体体现为译笔简练可读、口语化风格贴近原作、追求关键词语译文一致、孔子形象鲜活等特色①。

除了以亨顿译本为个案进行深入研究之外,其间还分别对多个汉学家《论语》英译本加以介评。关于道森译本,译者对古汉语和原作见解深刻,并树立明确的翻译观。该译本以(不曾接触汉语和中国哲学传统的)普通读者为对象,强调译文贴近原作;语言表达简洁,通畅易懂;人名翻译追求统一,采用现代汉语拼音,且注释说明内容颇具参考价值。关于利斯译本,译者作为一名反极权专制主义者,倡导自由平等的思想,具有独特的个人意识形态(如政治理念、价值取向等)。利斯追求古为今用、化中为西的"现代性"翻译理念,译笔自由灵活,简明洗练,流畅可读,译文具有口语化倾向,且关注文学性,尤其译本注释旁征博引,直面西方社会所面临的种种现实问题,突出反映儒家经典的当代价值和现实意义。

在 20 世纪 90 年代还出现了两个译笔风格和翻译理念迥异的《论语》合译本。译者安乐哲和罗思文基于中西比较的思想,从语言、哲学、语言与文化关系等层面揭示中西方的巨大差异,探求对中国哲学典籍进行哲学性诠释的合理性和必要性,提出富有创造性的跨文化翻译策略和方法。其合译本创造性的译文是对西方文化中心主义的一种反拨,以独特的"陌生化"言说方式来传达儒家思想的精髓,既有别于以往用西方宗教神学乃至现当代哲学附会、诠释中国哲学的传统和惯性,又有利于摒弃过去的充斥曲解或误读的翻译话语,进而确立中国哲学的合法地位,构建属于中国哲学自身的思想表达体系,再现译者视域中的中国哲学面貌。白牧之和白妙子合译本新奇而大胆,富有革新性和独创性,呈现出浓重的后现代主义色彩。译者为崔述的思想所启发,借鉴中外学者尤其韦利和顾颉刚的观点,探研《论语》篇章形成的演进假设,提出"层累理论",进而达到对原作内容的解构和重构。该"重构"翻译文本注释丰富、旁求博考,与中国注疏传统一脉相承,通过解读《论

---

① 黄中习(2009:189)对亨顿 1997 年英译出版的选译本《庄子》(*Chuang Tzu: The Inner Chapters*)进行研究,并如此引用其在译者注中的翻译观点:"尽可能准确地翻译而不失庄子的精神",以"有助于重点突出原文文本的荒谬和哲理的放纵"(参见 Himon, 1998: xix);认为译本"多作意译",有时"意译加音译","通俗易懂",该译本的这些特征对认识亨顿《论语》译本特色不无佐证价值。

语》文本的方式反映早期儒家的思想史，服务于译者所进一步从事的战国研究项目，让读者感受到经典文本意义的开放性、诠释的复杂性以及译者主体的多样性。

从 21 世纪初至今，则先后涉及三个汉学家《论语》英译本，其中森舸澜译本成为个案研究的主要对象。正如史嘉柏所说，森舸澜《论语》新译是人们长久以来所急需的译本：它准确、流畅，解释和参考资料令人受益，还有那些精选的最重要传统评论；普通读者和学生再也找不出更容易、更可靠的途径来了解原作难懂而精奥的文本（Slingerland, 2003b：封底）。的确，作为研究型译者，森舸澜英译《论语》以普通读者为主要对象，并兼顾专业读者，译文采用增补法、综合法及释译法等翻译手段，评论以博采百家、现代诠释、灵活风趣和阐发儒见为特色，注释和篇解等内容形式多样、补义助释；整个译本意蕴丰厚，实为体现丰厚翻译思想的典范之作。森译本个案研究表明，丰厚翻译旨在通过多种手段再现原文丰厚语境，以传递原作的思想精髓，该翻译思想对促进中华文化典籍外译具有借鉴意义。

华兹生《论语》译本既体现译者一贯的中国典籍翻译特色，又让人看到华人学者王际真翻译风格的重要影响。该译本简洁达意，注释少而精，口语化译笔洋溢着睿智哲思，有助于再现原作风格，且可读性较强；不同于译者前期的大量译作，该译本音译时采用现代汉语拼音方案。作为一位并不熟悉汉语的"异类"汉学家，希勒长年累月孜孜不倦地致力于儒家典籍研究，其译本实为个人 20 余年学术研究的成果。该译本引经据典，参照先前众多译本，且观照古今中外学者的观点；对原作众多关键概念词语加以统计且标示说明，每章译文后的评论和解释内容翔实，并时常比较其他译者的译文，以新颖而独特的文本表述方式传达译者对儒家思想的理解和诠释。

同时，本章还简要介评了诸多华人《论语》英语全译本，包括丘氏兄弟合译本、黄继忠译本、蔡氏夫妇合译本、谢维万译本、李祥甫译本、金安平译本和倪培民译本，以及柯立瑞译本、贾德讷译本等《论语》英语非全译本。

第六章　总结与思考

自 19 世纪 60 年代以来，汉学家群体在《论语》译介的过程中发挥了无可替代的重要作用。汉学家拥有独特的跨文化身份，虽然个人专长、学术背景、所处的历史文化语境等多有不同，但经年浸润于中西文化的接触、碰撞和吸纳过程之中，为博大精深的中华文化所吸引，进而了解、熟悉并掌握中国的语言和文化。作为译者，汉学家认识到儒家思想在中国传统文化中的核心地位和重要意义，为儒家典籍《论语》在国外的译介做出了突出贡献，整个过程反映出鲜明的阶段性特点，该现象背后的诸多因素及其个中缘由值得总结并加以进一步思考。

第一节　译者的显身

在本质上，描述翻译学者研究的对象是译者的所言所行以及翻译教学者与评论者的所言所行，不仅翻译作品而且关于翻译的论述包括规定性和评价性判断，都涵纳于描述翻译研究之中（Hermans，2004：35）。同时，描述翻译研究强调翻译语境化，在研究翻译的过程、产品以及功能的时候，把翻译实践置于时代之中，故广而言之，亦即置于政治、意识形态、经济和文化之中（Tymoczko，1999：25），使翻译研究具有较强的合理性和说服力。的确，以汉学家及其《论语》英译本为研究对象，通过分阶段、多维度对众多译本个案的历时研究，让我们对汉学家英译《论语》现象有了较为全面而深入的理解和认识。

一　汉学家《论语》英译本的翻译取向

多译本的比较研究是描述翻译学的一个重要研究方法。通过多译本比较研究，人们不仅深入了解译本本身及其演变过程的特点，而且结合考察诸如译者、语言、文化等影响因素，能够发现这一翻译现象的衍变规律。关于描述翻译学研究方法的构建，图里首先强调翻译文本作为研究对象的可接受性，指出最简便的方式是对某一特定时期的同一译语的多译本比较研究，因为此类研究最易于合理论证，所涉变量最少；而对于不同时期的一种译语的多个译本，比较研究可能更为普遍、更具可能性，但是也更加复杂，涉及包括语言在内的多种变化因素（Toury，2001：70—73）。

中国典籍尤其是儒家典籍通常具有较强的文学性，其翻译实践往往反映出文学翻译的重要特征，相关翻译研究有助于揭示文学翻译领域所存在的若干特点，而文学翻译的研究成果也能够给有关典籍翻译研究以启示和思考。置身于后殖民语境，美国比较文学学者提莫志克（Tymoczko，2004：122）通过结合分析政治、经济、意识形态、文化等因素，研究早期爱尔兰文学的英译活动，提出翻译文学的两种传统：文学型翻译和学者型翻译。前者可读性极强，富有英语的文体风格，但很大程度上偏离了原文本材料、形式特征及其语言结构，而后者为贴近原文本的转译，译文几乎不堪卒读，完全缺乏文学趣味或风采。她认为，两者比直译和意译、面向源语的翻译和面向译语的翻译等之间的差异更为显著。从不同传统的解释来看，提莫志克对两种翻译传统的理解似乎仍然分别与由来已久的异化和归化翻译观念一脉相承，没能摆脱传统意义上的二元对立思想。

根据当代诠释学理论，原文文本是主体化了的客体，意义具有开放性和多元性。前理解是读者开始理解活动的前提条件，每个人都是带上一种前理解去理解文本的意义；前理解构成了理解者的特殊视域，在理解过程中与文本的原初视域相遇和对话，最终达到视域融合，使意义的生成成为可能。诠释学强调理解的历史性，认为文本的意义和理解者一起处在不断形成的过程之中，加达默尔（Hans-Georg Gadamer）称之为"效果历史"，不同读者对文本的理解都会因效果历史而产生不同的意义。换言之，"对意义的每一种理解都是从人的历史情境中的前理论的给定性出发的有限的理解"（加达默尔，2004：42）。鉴于此，在英译《论语》的过程中，汉学家译者正是在具体历史文化语境里通过自身的

"前理解"以形成各自作为"理解者的特殊视域",进而与原作的"原初视域"对话,生发出特定"视域融合"下的文本意义。

就汉学家译者而言,不同历史时期的《论语》英译本呈现出不同的翻译取向,此处打算借鉴赫曼斯在1996年首次结合翻译叙事话语提出的"译者的声音"(translator's voice)这一概念加以解析。赫曼斯指出,在包含多种声音的翻译叙事话语文本中,译者的声音是"另一种声音"(the other voice),时时出现在译本的字里行间,有时会隐藏在叙述者的背后,令读者无法察觉,然而译者的声音会突破语篇层面,以己之名为自身说话,像在副文本——译者注释中用第一人称解释所述之事,并强调译者声音的任何显性表现都是直接可察的公开干预(Hermans,1996:27—28)。而贝克以译者风格为研究视角,认为风格是"一种通过一系列语言和非语言特征所表达的独特个性",指出译者风格比"译者的声音"更丰富,包括译者对译本的选择、特定的翻译策略、前言、后记、脚注、译文的润饰等,进而强调译者风格研究必须重视译者典型的表达方式,而非只是译者公开干预的实例(Baker,2000:245)。确实,就文学作品而言,需要关注的"不仅在乎它说了什么,而且在乎它是怎么说的",如果"文学译本仅顾到原著说了什么,而不管怎么说的,读起来便索然寡味"(老舍,1984:131)。

本研究多维度对汉学家译者群体及其《论语》英译本进行深入而系统的历时研究,通过分阶段研究典型《论语》英译本个案,表明汉学家《论语》英译活动的衍变特点,发现丰富多样的汉学家"译者的声音",揭示出该领域翻译传统的延续性、多样性和复杂性。起始期的威妥玛译本行文谨严,采用附注存真的形式保留并传达原作的本真风貌;在延伸期,赖发洛译本简洁凝练,通过敬畏式质直求真的译笔再现原作的思想精髓,而稍后的韦利译本则文质并存,呈现过渡性;在发展期,魏鲁男译本追求简练实用,译文释译达意,而稍早且多次复译的庞德译本偏好运用拆字法对原作核心概念加以释义,重在诠释译者的诗学理念和价值取向①。

---

① 有研究认为,"从《论语》英译史来看,庞德是一个转折性的人物。自庞德开始,《论语》的英译逐渐淡出了西方中心主义的影响,步入了文化多元化主义的新历史文化语境"(李钢、李金姝,2013:242);该观点主要基于庞德《论语》英译的介评,值得商榷,且不无夸大"西方中心主义的影响"作用之嫌疑,似乎与汉学家《论语》英译的历时衍变特征不符。

多元化翻译是繁荣期汉学家《论语》英译本的最突出特征。在 20 世纪 90 年代，亨顿译本以服务于普通读者并观照专业读者为目的，展现了兼顾原文意蕴和译文畅达的双重特色；道森译本以普通读者为对象，强调译文贴近原作，语言表达简洁，通畅易懂；利斯译本追求古为今用、化中为西的"现代性"翻译理念，译文具有口语化倾向，突出反映儒家经典的当代价值和现实意义。该时期出现了两个译笔风格和翻译理念迥异的《论语》合译本：安乐哲和罗思文合译本基于中西比较的思想，探求对中国哲学典籍进行哲学性诠释的合理性和必要性，再现译者视域中的中国哲学面貌，而白牧之和白妙子合译本则呈现出浓重的后现代主义色彩，基于"层累理论"对原作内容进行解构和重构，让读者感受到经典文本意义的开放性、诠释的复杂性以及译者主体的多样性。进入 21 世纪以来，先后出现了三个汉学家《论语》英译本。森舸澜译本以普通读者为主要对象，并兼顾专业读者，充分发挥评论、注释和篇解的功用，实为体现丰厚翻译思想的典范之作；华兹生译本简洁达意，注释少而精，口语化译笔饱含睿智哲思，有助于再现原作风格，且可读性较强；希勒译本通过参照并常常比较先前大量译本，对原作众多关键概念词语加以统计且标示说明，每章译文后的评论和注释内容翔实，以独特的文本表述方式传达译者对儒家思想的理解和诠释。

概而言之，19 世纪 60 年代以降，汉学家《论语》英译本迄今在翻译取向上经历了一个从直译到释译再到多元化翻译的衍变过程，其主要特点如下表所示：

表 6.1　　　　　　汉学家《论语》英译本的衍变特点

四个阶段	汉学家	英译本	初版时间	阶段特征	翻译取向（及译本特点）
起始期（1860—1890）	威妥玛（Thomas F. Wade）	The Lun Yü; Being Utterances of Kung Tzŭ, Known to the Western World as Confucius	1869	附注存真	直译（多注）

续表

四个阶段	汉学家	英译本	初版时间	阶段特征	翻译取向（及译本特点）
延伸期（1900—1940）	赖发洛（Leonard A. Lyall）	*The Sayings of Confucius*	1909	质直求真	直译（少注、多注并存）
	韦利（Arthur D. Waley）	*The Analects of Confucius*	1938		
发展期（1950—1980）	庞德（Ezra Pound）	*Analects*	1951	释译达意	释译（少注）
	魏鲁男（James R. Ware）	*The Sayings of Confucius: Teachings of China's Greatest Sage*	1955		
繁荣期（1990—）	道森（Raymond S. Dawson）	*The Analects*	1993	多元迭新	多元化翻译：包括直译、现代性翻译、哲学性翻译、重构翻译、丰厚翻译等（少注、多注、多评并存）
	利斯（Simon Leys）	*The Analects of Confucius*	1997		
	亨顿（David Hinton）	*The Analects*	1998		
	安乐哲（Roger T. Ames）、罗思文（Henry Rosemont, Jr.）	*The Analects of Confucius: A Philosophical Translation*	1998		
	白牧之（E Bruce Brooks）、白妙子（A. Taeko Brooks）	*The Original Analects: Sayings of Confucius and His Successors*	1998		
	森舸澜（Edward G. Slingerland）	*Confucius: Analects*	2003		
	华兹生（Burton Watson）	*The Analects of Confucius*	2007		
	希勒（David R. Schiller）	*Confucius: Discussions/Conversations, or The Analects [Lun-yu]*	2011		

　　自 20 世纪七八十年代以来，中国学者纷纷引介各种西方尤其欧美学者的翻译理论和思想，有力促进了国内的译学研究和发展。然而，国内学者比附甚至机械套用西方译论的现象长期盛行，时至今日依然存在。其实，以欧洲为中心的翻译思想局限性十分明显，因为这些思想基本上都是从西方帝国主义统治地位的角度来讨论翻译，或者实为西方历史语境下的反映（Tymoczko，2007：77）。韦努蒂在其代表作

《译者的隐身》（*The Translator's Invisibility*）中指出，17 世纪以来在欧美国家通顺翻译策略盛行，其主导地位令译者隐身，降低外来的文化资本，导致不平衡的文化交流，故倡导异化翻译策略来抵制翻译中的民族中心主义暴力，对抗霸权主义的英语国家及其在全球范围内对他国所进行的不平等文化交流（Venuti，2004：2，17，20）。不过，从汉学家《论语》英译实践来看，来自欧美国家的汉学家译者并未一直践行"通顺翻译"，尤其对于起始期和延伸期的汉学家译者，事实恰恰相反，因为他们的译本主要以质直翻译为特征。显然，我们不宜运用韦努蒂的这一观点来解释汉学家的《论语》英译现象。本节使用"译者的显身"作为标题正是凸显两者之间的差异，也是对"译者的隐身"的另一种思考。

二 汉学家翻译行为影响因素及其表现

汉学家长期从事中国语言文化的研究，是沟通中西文化的重要使者，在中西方思想交流史上发挥着极其重要的桥梁作用。作为译者，汉学家尽管在个人经历、学术专长、思想观念、价值取向等方面皆有不同，并各自身处特定的历史文化语境，但是他们都为广博深奥的中华传统文化所吸引，着迷于中国文化典籍的译介，致力于向西方读者传播中华文明的思想精髓，为中西方文明相互之间的沟通、交流和学习做出了重大贡献。

本研究所深入探索的汉学家儒经翻译活动始于 19 世纪 60 年代，考察影响和制约汉学家翻译行为的许多因素必然基于对有关史料的搜集和爬梳，这也成为整个研究的一个重要关键和着力点。尽管关于早期汉学家译者的个人背景、特定历史文化语境等史料不易获取，但通过充分利用图书馆、互联网等多种途径，有关汉学家及其《论语》翻译活动的宝贵史料不断得以发现。围绕具体的研究对象，新发现的史料促进了进一步的思考，新的想法和观点也随之产生，为深入研究汉学家《论语》英译活动提供了新的内容和视角。的确，"新观点依存于新材料"，"新史料的掘出常常出乎意料，打破了我们的思维预期和模式"（王建开，2007：58—59），这正是在发掘有关影响和制约汉学家译者群体《论语》翻译行为的史料过程中的真切体验和感受。

就汉学家《论语》英译现象而言，任何译本的产生都依赖于特定的历史文化语境，受到当时的社会背景、文艺思潮、汉学研究、翻译规范等因素的影响。正如勒弗维尔所言，翻译不可能在真空中发生，译者要在特定文化与特定时间发挥作用，而译者理解自身及其文化的方式影响着他们的翻译方式（Lefevere，2003：14）。同时，译者的主体性是我们研究汉学家《论语》英译现象过程中不容忽视的一个重要方面。在不同历史阶段，甚至在同一个历史阶段，每一位汉学家译者不仅受到特定历史文化语境的影响，而且受制于诸如个人经历、学术专长、语言知识结构、文化态度等各种个人因素，进而形成各自的翻译动机和翻译目的，最终影响到译者对儒家经典《论语》的翻译实践。

作为《论语》英译的开创者，西方传教士通常采用以耶释儒、耶儒互参的翻译策略，通过翻译包括《论语》在内的儒家典籍，既学习掌握了汉语语言，又了解到中国传统文化的精华，进而服务于其传教事业的根本目的。纵观汉学家《论语》英译历史不难发现，尽管他们拥有诸如外交官、海关洋员、留学生、诗人、学者等不同身份，最初对待他者文化的态度也因人而异，然而随着长久浸淫于中国的语言文化学习和研究，文化态度不断变化并逐渐形成个人特殊的跨文化身份。诚然，在此过程中不少汉学家译者难免会对《论语》原作产生不同程度的误读或曲解，甚至就像《论语》英译者安乐哲所言，在西方哲学界"往往是将中国哲学置入其自身毫不相干的西方哲学范畴和问题框架中加以讨论"（安乐哲，2002：7）。无独有偶，哲学家兼翻译家陈荣捷就曾强调，"不应该以西方哲学的模型来处理中国哲学"（Chan，1969：468；参见刘敬国，2012：49）。

在不同的历史阶段，汉学家《论语》译者尽管都受到各种主客观因素的影响和制约，却能够致力于中国儒家典籍的研读和翻译，并最终促进了儒家思想在西方的交流和传播。就影响和制约汉学家从事《论语》英译活动的因素而言，大致可以归为两大类：一类为内在因素，即译者的个人背景因素，包括个人经历、学术专长、语言知识结构、文化态度、跨文化身份、价值取向、政治理念、对原作及儒家思想的认知等；另一类为外在因素，属于历史文化语境范畴，包括社会背景、文艺思潮、意识形态、时代诗学、汉学研究、翻译规范、中西文化交流态势等因素。研究表明，以上两大类因素相互作用，共同制约了汉学家译者的翻译动机和翻译目的，进而影响到译本服务读者对象、翻译策略以及翻译方法的抉择，最终决定了《论语》译本所呈现的形态。

值得注意的是，影响汉学家译者翻译活动的因素并不总是非此即彼，一目了然，有时体现内在性和外在性兼具的双重性特点。譬如意识形态因素，既有主流社会的一面，也有译者个人的一面，因而对译者产生的影响及其结果较为复杂，需要深入分析。关于译者的个人意识形态，吕俊（2008：46）曾强调，译者在译本挑选以及具体翻译活动中，其所选择的立场"与他本人的意识形态倾向性有密切关系，在翻译史上也不乏因译者意识形态倾向不同于原文作者的意识形态理念而对其改写甚至篡改的事实"。而在更宏大的历史文化语境下，近代以来西方国家眼中的东方世界通常是凭空想象的结果，是被发明且逊于西方的"他者"，"西方和东方之间存在着一种权力关系，支配关系，霸权关系"（萨义德，2000：8），这同样是在充分考量近代甚至当下任何社会主流意识形态时所不可忽略的重要因素。

鉴于此，研究汉学家英译《论语》现象既要考虑影响译者的各种内外因素，又要看到影响因素的关联性和复杂性。像与译者文化态度因素密切相关的译者责任，表面上只是与译者个人相关的因素，其实与特定的历史文化语境不可分割，难免在翻译活动中受到翻译规范、意识形态、赞助人等因素的影响。林语堂认为真正的译家理应担负三种责任，"第一是译者对原著者的责任，第二是译者对中国读者的责任，第三是译者对艺术的责任"（林语堂，2009：492—493）。虽然林语堂这里所谈的是外译中现象，但个中道理恰恰反映出当代翻译伦理思想的合理性和正当性。翻译伦理要求译者直面不同的语言和文化，尊重它们之间的差异，使差异不必再被轻视、容忍甚或粗暴地征服（Assmann，1996：99）。具体来说，"翻译伦理的充分实践应当辩证地追求并调和包括文本形式、文本内容、作者意图、读者理解、读者接受等多方诉求，在相对客观、全面的译介语境中实现平等尊重"，既"要努力'存异'"，又"要承担对读者的责任"（吴赟，2012：99）。

三 汉学家译者主体性的演变特点

自19世纪60年代以来,汉学家群体在《论语》英译活动中,受到各种内在因素和外在因素的影响和制约,其译者主体性随着时代的发展而不断发生变化,译者的主体性地位逐渐得以彰显。关于译者主体性的界定,侯林平和姜泗平(2006:101)经研究归纳为四类:一是把译者主体性理解为译者的主观能动性,强调"文本中心论";二是把译者主体性理解为译者的操纵性,关注译者的价值;三是从译者与文本、原文作者和译文读者的关系中规定译者主体性,将其视为译者在翻译活动过程中表现出来的属性;四是认为译者主体性包含两层含义:一方面是译者的存在、活动以及对世界和自身把握的方式,另一方面是译者与文本、原文作者和译文读者的关系中体现出来的特性。相较之下,第一种和第二种观点较为主观片面,容易走向极端,而第三种和第四种观点更为客观而全面,较符合译者从事翻译实践活动的实际。在《论语》英译的实践过程中,汉学家译者的主体性之演变即为明证。

在《论语》英译的起始期和延伸期,汉学家译者诸如威妥玛和赖发洛最初主要分别出于外交和海关工作的客观需要,加之个人的语言天赋,通过努力学习而掌握汉语,并为中华传统文化尤其儒家思想所吸引,最终为儒家典籍《论语》的译介做出贡献。同时,该时期的汉学家译者经历了跨文化身份逐渐形成的复杂过程,对待异域文化的态度也随之而衍变,从陌生甚至敌视到尊重乃至喜爱。因此,在早期的汉学家《论语》英译实践中,外在因素发挥了重要作用,译者相对较为被动,基本都是利用工作之余从事《论语》的翻译,其译本在相当程度上是个人业余兴趣与爱好的结果,故而汉学家译者的主体性较为有限和保守,译本贴近原文,以追求原作思想内容与表达形式的再现为旨归[1]。

在发展期和繁荣期,像魏鲁男、森舸澜等汉学家译者自青年时期就

---

[1] 值得注意的是,在中西翻译史上,早期经典文本的翻译似乎一直有采用直译的传统,如佛经在中国、《圣经》在西方,以保存经文的准确性、神圣感乃至神秘性,甚至不惜以译文的佶屈聱牙为代价(参见 Munday, 2010:19—21)。

接受有关中国语言文化的良好教育，学术专长及研究能力出众，其《论语》英译实践基本上是个人专门学术研究的结晶（当然也与个人所从事的工作如高校教学不无关系）。在他们的翻译活动中，内在因素所起到的作用尤为凸显，译者较为积极主动，强调译本服务于个人所追求的翻译理念，因此汉学家译者的主体性得到充分张扬，译笔灵活多样，效果丰富多彩，译本形态呈现多元化。此外，繁荣期还出现了漫画译本、在线教学英译本、在线更新译本等，同样反映出该阶段《论语》译本形态的多元化特征。概言之，在繁荣期汉学家《论语》英译实践所呈现的不是一种单一的"同化翻译"（translation as assimilation）模式，而是一种多姿多彩的"多元化翻译"（translation as diversification）（Baker，2009：6），反映出汉学家较强的译者主体性。

同一时期的不同汉学家《论语》译本同样呈现出译者主体性的变化特征，尤其在译本频出的繁荣期更是如此。像森舸澜《论语》英译本博采增补法、综合法、释译法等翻译手段，评论内容旁征博引，详尽而周全，兼以现代诠释，呈现出丰厚翻译的理念；译本具有文字诠释、文献考证、易于研读等特色，是学术性翻译的代表之作。该译本已然赢得多方肯定和赞誉，"展示给读者的是一幅幅真实的中国文化画卷，使读者对中国文化的精髓有了更透彻的认识"（儒风，2008：54）；同时也表明，丰厚翻译能够有效保存、再现和弘扬中华文化的思想精髓，有利于打破文化交流中西方的话语霸权，实现中西思想文化的平等交流和相互学习。而白牧之和白妙子《论语》合译本基于"层累理论"，以解构并重构《论语》原作为主要特征，通过考辨孔子和弟子之语以及后世儒生之言，研探并还原原作诞生的历史文化语境，帮助读者以一种独特的方式去系统地理解、认知并感悟儒家思想的丰富内涵。更何况，"在他们雄心勃勃地重构《论语》文本计划的背后，是更为雄心勃勃地利用该文本去书写中国战国史的计划"（Cheang，2000：579）。通过对经典文本的历史化解构，白氏合译本展现出一种崭新而开阔的学术研究视野，突破了中外学者对包括儒家经典在内的中国典籍的阅读传统和认知惯性，具有启迪性、创新性和革命性的多重意义。

从更为宏大的历史语境来看，结构主义是20世纪下半叶最为常用的分析语言、文化与社会的研究方法之一，通常以索绪尔所开创的结构主义语言学为起点。1916年索绪尔出版的《普通语言学教程》标志着结构主义语言学的诞生，强调对语言现象进行系统的深入研究，注重语言的形式结构与成分分析。这与汉学家在起始期、延伸期乃至发展期的《论语》英译基本特征颇为相似，两者体现出相当程度的一致性。然而，随着20世纪60年代后现代主义的兴起，尤其是80年代翻译研究领域的文化转向以及90年代以来国际汉学研究的多元化，以汉学家为代表的西方学者对待包括《论语》在内的中国典籍的态度也随之变化，译者的主体性地位得以逐步凸现。因此，在繁荣期，有些汉学家译者追随后现代主义式的语言观、文本意义观，《论语》作为儒家经典的意义受到挑战乃至很大程度的解构，翻译产生了前所未有的多元形态化译本。简而言之，在四个历史阶段，不同的汉学家译者受制于诸多内在因素和外在因素的相互作用和影响，其《论语》英译本呈现出从直译到释译再到多元化翻译的翻译取向，汉学家译者的主体性地位也逐渐得以彰显。

  勒弗维尔认为，倘若一个文本承载着一种文化的核心价值，且作为该文化的核心文本而起作用，翻译时必将极为小心翼翼，因为"不当"的翻译可能会颠覆该文化的根基；反之，假如某一文化视自身处于其他文化的中心，那么它就会以相当轻率的方式对待源于其他文化的文本（Lefevere，2003：70）。毫无疑问，《论语》在很大程度上就是这样一个"核心文本"，承载着中华传统文化的"核心价值"，千百年来影响着中国社会生活的方方面面。众所周知，鸦片战争以来，随着外国列强的入侵以及一系列不平等条约的签订，闭关锁国的中国开始沦为半殖民地半封建社会，晚清国势日渐衰微；直至20世纪七八十年代随着新中国的改革开放，综合国力日益增强，跃居世界前列，包括儒家思想在内的中华文化逐渐走出国门，在世界上产生了较为广泛的影响。以上研究表明，在这个过程中，汉学家译者对待他者文化的态度颇为复杂，尤其早期的汉学家如威妥玛和赖发洛对待异域文化的态度经历了从陌生（甚或敌视）到尊重乃至喜爱的变化过程，独特的跨文化身份也随之逐渐形成，在中国国势衰微的情境下英译《论语》时并未采取"相当轻率的方式"，而是译笔颇为"谨严"和"敬畏"，该现象应当引起我们对勒氏观点的进一步反思，从中既可看出典籍译本历时研究的复杂性，又再次表明多译本个案深入研究的必要性和重要性。

第二节　汉学家《论语》英译研究的启示

两千多年来，儒家思想在中国历史上发挥着举足轻重的作用，在政治、经济、文化等领域对中国社会产生了极为重要的影响。具体说来，儒学自汉以后，不仅成为中华民族文化的主干，而且成为思想的主流；它所塑造的中华精神是世界华人的精神家园，是世界华人凝聚力的表现，是中华文化生命力的体现，也是一切喜爱中华文化人群的精神宝库，是人类"普世文明"生生不息的活水之一（朱仁夫等，2004：序二）。关于儒家思想，著名汉学家史景迁（Spence，1979：159）曾在《纽约书评》撰文强调："在人类历史上，没有哪一种政治文化像儒家学说那么悠久、那么富有延续性，且充满活力。"确实，通过深入而系统的研究，汉学家群体及其《论语》英译活动在多方面呈现出重要的学术价值和现实意义，并给我们带来诸多启示。

一　汉学家及其典籍翻译的重要性

汉学家是专门从事汉学研究的专家，研究内容与中国相关，而早期的汉学研究大都带有业余性质，其中包括不少传教士在内。进入20世纪以后，尤其二战以来，汉学研究才逐渐呈现出专业化的特点，重要性日益突出。李学勤指出，"国际汉学的研究对于中国学术界来说，有着特殊的重要性。外国汉学家几百年研究中国文化，自有不少成果我们应当吸收借鉴，但由于语言隔阂等等原因，这方面的成果大部分未能介绍到国内来。"（李学勤，1996：序）对域外汉学（中国学）的研究"是一种跨文化、跨学科的研究，我们必须了解汉学在域外发生的文化和学术的背景，了解在不同的知识和文化背景下它的价值和影响"（张西平，2007a：5）。而每一位汉学家的《论语》译本无疑是其汉学研究的重要成果，甚至构成其汉学研究的主要内容，因此，深入而系统地历时研究汉学家群体的《论语》英译本既要考虑到译者的个人背景因素，更要置身于特定的历史文化语境，只有这样才能充分认识到研究对象的历史价值和现实意义。

翻译与文化密不可分，"文化及其交流是翻译发生的本源，翻译是文化交流的产物，翻译活动离不开文化"（王克非，1997：2）。中外文化交流由来已久，对双方都产生了重要的影响。一方面，中国古代文化尤其科学技术长期领先于西方，通过多种途径出入西方，促进了西方社会的发展和进步。英国著名学者李约瑟在其著述中不仅充分肯定了15世纪前中国古代科技处于世界的领先地位，而且明确指出"倘若没有中国古代科技的优越贡献，我们西方文明的整体过程，将不可能实现"，并"试问若无火药、纸、印刷术和罗盘针，我们将无法想象，如何消灭欧洲的封建主义而产生资本主义"（李约瑟，1973：489）。另一方面，历史上外来文化在华的传播也形成几次高潮，影响深远而重大。如汉唐时期的佛教文化传入中国，并产生广泛影响；明末清初随着西方传教士的来华以及西学东渐，促进中华文化的进步；近代以来从西方文化的强行输入，以及现当代对西方文化的主动引进、吸收和利用等，从中不难看到外来文化对中国社会发展和进步的积极意义。

作为集中反映儒家思想的经典著作之一，《论语》是世代中国人了解儒家思想的重要途径，也是儒家思想在对外传播过程中所译介的主要对象。不仅如此，历史悠久的汉学家《论语》翻译现象还让人们不断深化对原作的理解和认识，发现原作新的价值和特质。史嘉柏认为，一个经典文本的价值在于不断的转换与变化，《论语》也不例外；《论语》的声望及其新的注疏与译本在中外不断出版，与它表达了中国国民性的公认本质几无关系，而是因为它具有将文本价值转变成新形式而被认知的机会；犹如希伯来《圣经》等其他旅行文本，《论语》游历了许多社会的、文化的以及种族的家园，其自身的存在就在于其适应性（Schaberg, 2001: 115—116）。

早在四个多世纪以前，来自西方的传教士为了身负的传教事业，努力学习中国语言和文化，研读并翻译包括儒家经典在内的中国典籍，成为中学西传的先行者以及中华文化的传播者。自19世纪以来，汉学家译者（也包括柯大卫、理雅各等传教士）更是在包括《论语》在内的中国典籍外译过程中，扮演着至关重要的角色。从现有的文献来看，正是一代又一代汉学家的译介活动成为西方世界了解中国这个富足而神秘的国度的主要渠道，他们所描述和展现的中国社会对西方人如何认识中国及其文化产生了深远影响。如此，这些汉学家不仅成为中西文化交流的主要纽带和重要使者，发挥了中流砥柱的桥梁作用，也为博大精深的中国思想在西方传播做出了巨大贡献。以《论语》英译为例，在迄今国外出现的30多个《论语》英语全译本中，各类汉学家译本占据着主流地位，其中与本研究所直接相关的主要研究对象就达13个，鉴于译者的身份地位以及译本质量，这些译本的影响力也让大多数海内外普通译者译本难以望其项背。当然，通过对汉学家《论语》英译活动的阶段性深入研究，更是清楚地表明汉学家们在译介包括《论语》在内的中国典籍以及对外传播与弘扬中国优秀传统文化的过程中所发挥的重要作用。

汉学家译者群体在中西文化交流中的重要历史地位，还体现在汉学家译者对国际汉学研究乃至中国国家形象塑造所起的积极促进作用。2013年12月3日至4日，由中国文化部主办的"汉学家与中外文化交流"座谈会在中国国家博物馆举行，座谈会吸引了数十位中外专家，其中包括21位来自全球17个国家的知名汉学家。文化部部长蔡武在致辞中指出，"汉学研究既有助于中国文化的海外传播，帮助外国人认识中国，同时也有益于中国人深化对自我的认识"，强调"在汉学研究中，对中国文学的翻译、介绍和研究、推广是一项重要的内容"，"希望能够加强与国外汉学家、翻译家的合作"，还"希望汉学家与中国当代学者们能够积极投身于中国作品的译介工作，借由这个集中体现了当代中国新风貌、新气象的精神和心灵之窗，推动中外文化交流事业的发展"①。更为重要的是，国家近年尤其关注海外汉学家后备人才的培养，始于2014年由文化部和中国社会科学院联合主办的"青年汉学家研修计划"即为明证。该计划是中国首个针对海外青年汉学家的年度研修项目，迄今已在北京、上海、西安、郑州等地成功举办多期，研修内容丰富多元，旨在促进中外文化交流，帮助青年汉学家深入了解中国国情，

---

① 该"致辞"的详细内容见《深层对话 思想交锋——"汉学家与中外文化交流"座谈会撷英》，《中国文化报》2013年12月12日。

在世界范围弘扬和传播中国文化及价值观念。

就本研究而言，一代代汉学家在不同社会历史阶段形成各自独特的跨文化身份，先后出现了诸如语言学者型译者威妥玛、文化敬畏型译者赖发洛、文化使者型译者魏鲁男、作家型译者亨顿、研究型译者森舸澜等代表性人物，他们通过翻译以《论语》为代表的儒家典籍，在西方汉学的发展过程中发挥了举足轻重的作用。有研究表明，"在汉学历史中，《论语》翻译与其他汉学学术活动一起促成了西方汉学的创立和发展，塑造了不同时期的汉学学术形态"（王琰，2010b：30—31）。汉学家通过自身的译介活动促进了中西方之间的相互交流、对话和学习，不仅让西方人了解到中国社会的方方面面，而且帮助中国认识了西方、认识了世界并认识了自我。尤其是二战后，"人们认识到重新审视我们居住的世界和我们的历史的必要性。汉学家们在看到自己的成就的同时，也意识到对于本国和研究对象国的双向责任。"（熊文华，2007：171）不仅如此，"世界上需要多元文化和谐相处的历史语境，共同创造彼此接近、认识、理解、尊重、沟通、借鉴与融合的机会"，这"是汉学研究发展的机会"（胡优静，2009：16），更是包括《论语》在内的中国典籍外译的契机。

二 汉学家《论语》英译的衍变性

四个多世纪以来，儒家经典《论语》的译介一直是西方人研究和传播中华传统文化绕不开的重要一环，对那些毕生致力于中国传统文化研究的汉学家来讲更不例外。通过历代汉学家的不同译本和大量著述，西方人逐渐了解并认识到儒家思想乃至中华传统文化的博大精深，从而促进中西方文化之间的各种交流和发展。正是基于翻译的跨文化交流属性，人们需要研究翻译对于文化的意义和影响，以及文化对于翻译的制约，尤其关注"在通过翻译摄取外域文化精髓时，翻译起到什么样的作用，达到什么样的目的，发生什么样的变异"（王克非，1997：2—3）。本研究表明，19世纪60年代以降，汉学家《论语》英译活动在翻译动机、翻译目的、翻译理念等方面都不断发生变化，译本经历了一个从直译到释译再到多元化翻译的不断衍变过程。

就译本的具体效果而论，汉学家译者在不同时期对《论语》及儒家思想的理解皆有不同，其主体性的发挥也因人而异，所塑造的孔子形象呈现出复杂的衍变性特征。在法国比较文学学者巴柔（Daniel-Henri Pageaux）看来，"一切形象都源于对自我与'他者'、本土与'异域'关系的自觉意识之中，即使这种意识是十分微弱的"（巴柔，2001：155）。而不同汉学家《论语》译本中的孔子形象是一种"异国的形象"，即"在文学化同时也是社会化的过程中得到的对异国的认知的总和"（童庆炳，1998：4），既反映出译者在跨文化身份的构建过程中的特殊地位，又体现出译者对原作以及儒家思想的独特认知。关于孔子形象，顾立雅认为，在东方孔子乃万世师表，孔子其人其说是万众崇拜的对象，以至于妨碍人们真正地体会孔子丰富的人性美及其思想精髓，而西方学者则自由地"以全新的视角接近孔子的思想与信念，从而复活了一个鲜活的、人性的、博爱的孔子"（转引自梦海，2011：205）。同时，两千多年来，在中国人心目中孔子的形象虽然随着时代的不同而发生某些变化，但更为恒久不变的是他那作为万世师表的儒家思想创始人的形象。

诚然，在西方世界，尤其在不同汉学家《论语》译本中，孔子呈现出多姿多彩的形象。史嘉柏比较研究多个《论语》英译本后，曾如此形象地总结道：倘若一个人向你推销真正的孔子，抑或原初的、字面的、可接受的、改革派的甚或历史事实与语言能力兼具的孔子，就值得怀疑，因为原文本身即真正的玉已经丢失，而诚实的商家会将这一点告诉你（Schaberg，2001：139）。郑文君认为，衡量一个译本成功与否是其多大程度上捕捉到人物活生生现身的特性；通过比较研究多个汉学家译本发现，利斯的孔子口吻平静而文雅，是一个和事佬；白氏夫妇的描绘稍显冗长，从一名年事渐长的"士人"（warrior）到一位难以取悦的空谈家；黄继忠的孔子形象是一个遥远的人物，恰似圣徒传的主人公，发出独特的声音，像一名19世纪的教员：缺乏幽默且机械武断，交谈时并不期望对方的回应；而安乐哲和罗思文的译作独具一格，孔子并无任何凸显个性，该事实反过来或许体现出两位学者的哲学观念（Cheang，2000：573）。尤其值得注意的是，郑文君所研究的皆为繁荣期出现的《论语》英译本，其时在西方以解构文本及其意义为特征的后现代主义语言观依然盛行，难免在不同程度上影响到汉学家的翻译实践活动，衍生出摆脱传统迻译惯性、提倡语言转换革新多元进而着力塑造不同孔子形象的译本形态。

三　汉学家翻译行为影响因素的复杂性

通过对不同时期《论语》英译本的个案研究，发现影响和制约汉学家翻译行为的因素复杂而多样。就表现为译者个人背景的内在因素而言，包括个人经历、学术专长、语言知识结构、文化态度、跨文化身份、价值取向、政治理念、对原作及儒家思想的理解与认知等因素，而由译者处于的历史文化语境所构成的外在因素，则涉及社会背景、文艺思潮、意识形态、时代诗学、汉学研究、翻译规范、中西文化交流态势等因素。本研究还表明，以上两个方面的因素在不同时期发挥不同程度的影响力，且相互影响、相互作用，其中外在因素通过内在因素而发挥作用，共同制约了译者的翻译动机和目的，影响到译本读者对象及翻译策略的抉择，进而决定了《论语》译本的形态。譬如，就汉学研究因素而言，在《论语》英译的发展期和繁荣期，汉学研究发展迅猛，影响深刻而广泛，对汉学家的《论语》英译实践所产生的作用就显得较为突出，甚至影响到译者对翻译目的以及译本翻译策略的抉择。

就译者对原作的认知因素来说，这类因素影响和制约汉学家《论语》英译实践行为，直接涉及原作本身，尤其《论语》文本自身的特质。作为儒家经典，《论语》文本具有突出的特点。一方面，该文本语境不足甚至缺失；话语简洁，呈现出格言式特点；原文篇章并不以话题分类组织；还有语言自身的困难，包括古代语汇和含糊且省略的语法（Cheang，2000：564）。另一方面，正如郑文君所言，在古汉语典籍中没有哪个文本（或许除了《易经》）如此持续地挑战人们的创造性诠释能力，理解原作意义的重任就这么从作者转移到读者；或者更确切地说，该文本在读者看来并不完整，只有通过阅读行为才能完成；《论语》的开放性不仅在于传统注疏的累积，而且体现了原文本的本质特性（同上：565）。不过，像《论语》英译者利斯（Leys，1997：xvii）虽然承认中国人把《论语》视为一部经典的事实及其文本的开放性，但更强调孔子的现代性，并指出或许非中国读者才能处于一个更有利的位置来欣赏它。

更进一步来说,《论语》文本这种开放性特质源于英汉两种不同语言文化的差异。汉学家葛瑞汉（Angus C. Graham）就曾指出，任何西方汉学家都清楚，在自己的语言里没有与汉语"仁"（*jen*）或"德"（*tê*）完全对应的词语；一旦视"benevolence"或"virtue"为其同义词，就会将西方的预设观念强加于自己所研究的思想，而更深层的、影响中西方人思维的句法结构差异同样起误导作用，且远远更加难以辨别（Graham, 1990: 322）。此外，塞顿（Setton, 2000）针对《论语》之模糊性的分类解读和研探，也很大程度上反映出《论语》文本的类似特征。可以说，作为直接的重要影响因素，《论语》文本的开放性、模糊性等特征令汉学家译者对《论语》的理解和诠释产生差异，加之译者主体性在不同程度上的创造性介入，使得译本的复译及其多元化成为了必然的趋势。

四 典籍复译及典籍翻译批评的必要性

复译是中外翻译史上由来已久的客观存在，具有必然性和重要意义，对诸如《论语》这样的中国典籍更是如此。首先，复译的出现与经典文本自身的特性息息相关。以《论语》原作为例，该文本无论从语言表达还是章节结构往往呈现出开放性、模糊性等特征，诸如杜润德（Durrant, 1981: 116）所谓部分章节谜一般的特质、郑文君（Cheang, 2000: 568）所认为原作文本的非透明性、林语堂（Lin, 1938: 5）所称原作语句"非连贯的"（staccato）风格[①]等，由此随之而生的是悠久的注疏传统，使得各种不同的理解和迻译成为可能。其次，随着时代的变迁，译语语言、诗学观念等因素的变化客观需要新译本的出现。再次，同一典籍作品因时代不同而具有不同的现实意义，能够满足不同时代的读者需求，也要求产生复译本。第四，对译者而言，翻译规范往往随着时代的变化而变化，旧译本难以符合新读者的阅读习惯，新的翻译

---

① 林语堂（Lin Yutang, 1895—1976）编译《论语》之作"Aphorisms of Confucius"作为其英文著作《孔子的智慧》（*The Wisdom of Confucius*）第五章的主要内容，于1938年在美国纽约由兰登书屋（The Random House）首次印行。该书后来多次再版，在国内外都产生了较为广泛的影响。

规范无论从翻译方法到翻译策略乃至翻译理念都必然会影响到复译现象。最后,即便对同一个译者来说,随着译者知识结构、认知能力、翻译水平等方面的提高,译者也可能会对自己迻译过的作品再次翻译,使之进一步完善。

在皮姆看来,译本的"再版"(re-edition)往往会强化先前译本的正当合法性,而"复译"(retranslation)则强烈挑战前译的这一正当合法性(Pym,1998:83)。关于复译的意义,鲁迅先生曾指出,"复译还不止是击退乱译而已,即使已有好译本,复译也还是必要的",并强调"因言语跟着时代的变化,将来还可以有新的复译本的,七八次何足为奇"①(鲁迅,2005:284—285)。而著名翻译家傅雷则是在中国现代翻译史上复译的积极践行者。1944年12月傅雷翻译完成巴尔扎克著作《高老头》,次年由骆驼书店出版;1951年7月开始重译《高老头》,9月撰写"重译本序",于当年10月由平明出版社出版。也是在这个"重译本序"中,他提出翻译像临画,贵在神似而非形似,该翻译思想后来在译界产生深远影响,至今犹存。不仅如此,傅雷还曾重新翻译罗曼·罗兰所著《约翰·克里斯朵夫》《贝多芬传》等文学作品。

应当看到,较之于中国译者,汉学家由于出身背景、个人教育、人生经历、知识结构等方面皆有不同,很少自幼受到中国传统文化观念的陶冶或束缚,思维方式和研究视野均有差异。因此,他们对典籍复译的理解与认识自有独到之处,通过中外之间的学术交流和对话,其学术价值应该为中国译者所借鉴与利用。关于当下的中西方学术对话,张西平指出,"中国的人文社会科学研究将逐步走向自觉和繁荣,也正是在这场对话中汉学家(中国学家)才开始面临真正的学术对手,并改变自己的理论形态,也只有在这场对话中中国文化将真正走向世界"(张西平,2007b:56)。在典籍复译领域也不例外,汉学家的积极作用需要得到应有的重视,也只有这样才能更利于有效推进中国典籍对外的译介和传播。

---

① 此处引文出自《非有复译不可》(1935)一文;鲁迅先生还曾撰写过《论重译》(1934)和《再论重译》(1934)两篇文章,不过,这里的"重译"实为转译,而他所指的"复译"则为除转译之外的重复翻译。

诚然,典籍翻译实为不易,而典籍复译更具挑战性,因为真正合格的复译不仅要承继前译的长处与优点,而且"重在超越与创新"(刘云虹,2005:16)。就典籍英译来讲,王宏印认为难点至少有二:一是"英汉概念词及其相互关系的难以对等,致使译文在结构、语义和风格上时而失衡";二是"在于古文结构和信息安排影响到英文类似的考虑,使之比常规句子要复杂多变又颇似汉语味"(王宏印,2009:103)。以古汉语中经常使用重复结构为例。古汉语习惯重复使用名词,有重复结构较多的特点,而英语通常要求转换为代词,以示变异;不过,倘若依照汉语的重复句子来英译,译文就会出现类似的句子结构,"从而形成一种平实而敦厚的文风,完全符合和体现儒家思想人伦教化的文风"(同上:181)。由此可见,典籍复译需要革新意识以突破思维定势,只有不懈地去攻坚克难,才能不断修正、提高和完善前译,才能做到后来居上,超越前译。当然,首要的前提是,译者复译时必须充分权衡多种因素,从中寻求一种平衡或妥协,才能进而做出较为合理的抉择。毕竟,从本质上来说,翻译并不是一种单纯的文字活动,一种文本间话语符号的转换,"而是一种文化、思想、意识形态在另一种文化、思想、意识形态环境里的改造、变形或再创造"(吕俊,2002)。

典籍翻译批评是沟通典籍翻译理论和典籍翻译实践之间的必要桥梁,也是促进典籍翻译(包括典籍复译)发展进步的重要手段。在第六届典籍英译研讨会上,包通法曾撰文《中国对外文化战略与中国典籍外译翻译批评范式》(包通法,2011:58—64),强调"中国典籍外译与批评不仅是一个语言问题,更重要的是关乎保持文化个性品格和弘扬中华民族精神与知性体系、彰显东方文化智慧魅力、传播社会主义中国'和谐世界'认识观、实现我国综合国力'软实力'提升的这样一个长期战略问题"。在国外,勒弗维尔(Lefevere,2004:14—15)提出翻译即改写的思想,指出并剖析影响和制约文学创作(包括文学翻译)的双重因素:内部因素和外部因素。内因指"专业人士"(professionals),主要包括评论家、教师和译者,具有优越的地位,通过"诗学"(poetics)产生影响,而外因指的是"赞助人"(patronage),即拥有促进或阻碍对文学作品阅读、创作与改写的人或机构,通过"权力"(power)和"意识形态"(ideology)而施加影响。尽管从汉学家《论语》英译活动的历时考察来看，此处有关双重影响因素的分析在一定程度上似有简单化的嫌疑，但以上观点对典籍翻译以及典籍翻译批评不无借鉴意义。

在很大程度上，典籍翻译与文学翻译密切相关，且颇有相似或交叠之处。譬如文学翻译批评所涉及的评价因素和内容如原作、译作、译者、翻译过程、翻译方法等也是典籍翻译批评所要考虑和研究的对象。同时，文学翻译批评方法可以也应当为典籍翻译批评所借鉴和利用。文学翻译批评的方法有很多，主要包括"逻辑验证的方法，定量定性分析方法，语义分析的方法，抽样分析的方法，不同翻译版本的比较，佳译赏析的方法"（胡显耀、李力，2009：159）等。然而，无论采用哪种批评方法，文本细读是一个必不可少的重要环节和手段。

文本细读是客观而辩证地评鉴一个译本的基本前提和关键，其中也包括对典籍原作的细读，这也是本研究进行译本典型个案鉴评时一以贯之的重要方法。关于如何阅读《论语》，著名儒学专家余英时（2007）曾在《新京报》撰文认为，《论语》在中国就像西方的《圣经》一样，两千多年来大家都在读《论语》，想从中找到自己想找的东西；"如果没有文字训诂的基本训练，只凭现代人的直觉在那里望文生义就会有很大的问题"，进而指出"没有基本的阅读经典的能力，只是根据个人价值上的需要，任意取舍，任意解释，这恐怕不算是真正意义上的读《论语》"。因此，每位读者尤其译者在阅读《论语》等典籍作品时，应当树立正确的理解观，避免偏离或违悖原作精神的不良倾向。

就关于汉学家《论语》英译的研究而言，调查发现，当下不少相关研究论文往往通过个别有限例证来阐释或支撑对某一或多个译本的见解或观点，且例句多有重合之处，结论着实难以令人信服，因此通过一个个深入的译本个案研究就显得尤为必要，也只有这样才可能揭示在特定历史阶段西方汉学家翻译儒家典籍的风格特点和整体面貌。如今，"翻译研究中逐渐出现了泛文化的倾向"（许钧，2012：9），"从语言和语言学的角度研究翻译可以说是一种回归，一种必然的回归，翻译的栖息地毕竟离不开语言，离不开文本"（王东风，2007：9），而对儒家典籍《论语》英译本的文本细读正是这样一种翻译研究实践。只有基于具有数量统计意义上的译本个案评鉴，才能较为全面地了解一个典籍译本，才可能真正打造一块从事进一步相关翻译研究（包括文化研究）的可靠基石，才可能避免种种盲人摸象式的误读或评判。如此，典籍翻译批评就能真正成为提高典籍翻译质量的有效手段，确保典籍翻译作品在跨文化交际过程中产生积极的作用和效果，进而有力地推动中国典籍在全球范围内的译介和传播。

第三节　中国典籍的跨文化传播

翻译是一种不同语言的转换过程，更是一种跨文化的交流活动，中国典籍的外译也不例外。中国典籍博大精深，涉及文学、语言、历史等诸多层面，文化内涵十分丰厚，其中就包括以《论语》为代表的儒家典籍。三百多年来，一代代西方汉学家孜孜矻矻，不断推出特色各具的《论语》英译本，为中国传统文化尤其是儒家文化的对外传播做出了重要贡献。在此将通过文献梳理并考察汉学家《论语》英译本在英美图书馆的馆藏现状及特点，借鉴跨文化传播理论尝试构建中国典籍的跨文化传播模式，为中国典籍的对外传播乃至中国文化"走出去"战略提供借鉴与参考。

一　《论语》跨文化传播研究现状

现有文献表明，国内外有关《论语》及其英译的著述尽管十分丰富，然而从跨文化传播视角进行的相关研究颇为鲜见。以"主题"为"《论语》"、"关键词"为"跨文化传播"对中国知网期刊全文数据库进行查询（检索日期为2017年8月8日），经过对搜索结果进行查证，"关键词"真正含有"跨文化传播"的论文仅有四篇，其中两篇居然在论文摘要中并未出现"跨文化传播"一语，而正文中也罕有文字就研究对象的"跨文化传播"加以阐述，此处不再赘言，而另外两篇皆聚焦于蔡志忠《论语》漫画英译本，分别从"图像转向"和符际翻译的视域对蔡译本进行研探。许雷等（2010：132—135）研究认为，蔡志忠漫画汉英对照译本为经典阐释开辟了一条新路，将古代哲思语录《论语》从少数人特权的局限中解放出来，使之成为兼具民族个性及大众欢迎的文化产品，引发人们关注跨文化传播的"图像转向"。汤文华

(2014：115—118）从符际翻译视角研究蔡志忠漫画英译本，指出蔡译本在众多英译本中之所以最为畅销，就在于译者以漫画形式将深奥的哲理明了化，即用非语言符号系统诠释儒家思想，并借助雅各布森的符际翻译理论，指出图像符号可以成为解释中国典籍外译的手段，令人多维度思考《论语》的跨文化传播。

同时，以"主题"为"《论语》"、"关键词"为"跨文化传播"对中国知网博硕士学位论文数据库进行查询，结果发现"关键词"含有"跨文化传播"且关注《论语》外译的仅有两篇论文（皆为硕士学位论文），然而两者皆缺少围绕"跨文化传播"对《论语》外译进行较为深入的研究。考虑到"跨文化传播"也通常称为"跨文化交际"，为了尽可能查询到有关文献，笔者尝试调整查找范围，以"主题"为"《论语》"、"关键词"为"跨文化交际"分别对中国知网期刊全文数据库和博硕士学位论文数据库进行查询，结果竟无一篇符合查询要求的相关论文。为了进一步扩大查找范围，又以"主题"为"典籍"、"关键词"为"跨文化传播"对以上两个中国知网数据库进行查询，经过查证发现，符合查询要求的仅有五篇论文（含一篇硕士学位论文）。这些论文或涉及社会学理论谈典籍英译的对外传播，或从生态翻译学视角论典籍外译，或强调典籍翻译应从"语际翻译"转向"符际翻译"，但文中皆鲜有对"跨文化传播"尤其中国典籍的"跨文化传播"进行深入研讨，此处不拟赘述。

就以上所检索的文献结果来看，无论是在微观上以"《论语》"译本为具体个案所进行的"跨文化传播"研究，还是从宏观上对"（中国）典籍"所做的"跨文化传播"探索，有的成果尽管体现出典籍的跨文化传播意识，并在某种程度上进行了一定的探研，从不同层面就中国典籍的对外传播给人以启示，但鲜有围绕"跨文化传播"及其特点对中国典籍的跨文化传播进行较为深入的研究。

二 汉学家《论语》英译影响与传播

由于本研究所涉汉学家《论语》英译活动始于19世纪60年代，迄今已有一个半世纪，且较为深入研究的《论语》英语全译本就有13个，对这些译本的翻译影响和传播情况进行考察实属不易。这里打算就此从两个方面进行初探：一是结合汉学家《论语》英译本的特点，通过扼要梳理相关史料对其影响与传播加以述评；二是借助世界著名图书馆藏数据库调查汉学家《论语》英译本目前在国外的馆藏情况。

（一）汉学家《论语》英译史料述评

在较为广泛的意义上，汉学家《论语》英译本的翻译影响和传播情况首先可以结合各个译本的特点，通过考察相关史料（包括学界书评、译本声誉等）得以体现。如上所述，《论语》英译滥觞于经拉丁文转译而成的《孔子的道德》（1691），而一个多世纪后英国传教士马士曼在印度刊行的《论语》节译本（1809）才真正是外国人依据原作英译《论语》的开端，使《论语》及其儒家思想在国外得以初步传播，但从现有文献来看，该时期在西方世界所产生的影响比较有限。

从1828年由高大卫英译完成的《论语》全译本开始，到理雅各译本（1861）和詹宁斯译本（1895），再到20世纪初的苏慧廉译本（1910），《论语》英译进入了以传教士译者为主流的阶段。早期的传教士译者因其传教士身份通常运用以耶释儒、耶儒互参的翻译策略，《论语》译本如高大卫译本和理雅各译本原本旨在帮助传教士及西方人学习汉语、了解儒家思想乃至中华文化，具有文化利用的基本特征。其中，以理雅各英译本为代表的早期传教士《论语》译本对后代汉学家《论语》英译策略、方法等都产生了深远影响。不可否认的是，这些译本不仅有效地服务于传教士译者自身所从事的传教事业，也推动了以儒家思想为代表的中国语言文化在西方世界的传播，促进了中西文化之间的沟通和交流，并对西方社会产生了很大的影响。

就本研究所涉汉学家《论语》英译本而言，不同时期的不同译本所产生的翻译影响和传播情况各有不同。在起始期，外交官兼汉学家威妥玛从语言学者视角迻译的开创性译本风格谨严、附注存真，较之于先前的传教士《论语》英译本，可谓独树一帜。由于译者本人最初并未打算公开印行其译本，只是期望假以时日进一步修订完善，故威译本鲜为世人所知，所产生的影响亦较为少见。尽管如此，通过调查发现，汉学家翟林奈在翻译《论语》时，曾多次征引过威妥玛的译文（Giles，1907：97）。值得注意的是，1986年大英图书馆发起了"十九世纪"图书出版项目,采用单片缩影胶片的形式对 19 世纪出版的重要英文著作进行重新制作,其中就包括 1997 年制作出版的威妥玛《论语》英译本,此举不得不说是对威译本的充分肯定和积极评价。作为首位英译完成儒家经典《论语》的非传教士译者,威妥玛后来成为剑桥大学首任汉语教授,同样为包括儒家思想在内的中华文化的传播做出了重要贡献。

在延伸期,作为文化敬畏型译者,赖发洛以朱熹《四书章句集注》为依据,确保原作版本的权威性及其译本的可靠性,其《论语》译本初版即为"哈佛经典",印行以来赢得多方赞誉。如 1910 年 5 月《北美评论》撰文认为赖发洛《论语》译本简洁而鲜活,令人感到幽默和尊严,对想了解中国圣人的读者再怎么由衷赞扬也不为过。不仅如此,赖发洛还致力于其他儒家经典如《中庸》(1927)和《孟子》(1932)的译介,促进了儒家思想在西方的传播。于 1938 年出版的韦利《论语》英译本特色鲜明,文质并存,备受赞誉,影响深远。2000 年,在英语世界具有重要影响的美国"人人丛书"再版韦利译本;作为中国近年来两套重要的丛书,"大师经典文库"和"大中华文库"皆选用韦译本在 1998 年和 1999 年分别由外语教学与研究出版社和湖南人民出版社出版,前者称韦译本为我国古代哲学典籍的权威英译本,而后者是 1995 年立项的中国历史上首次系统全面地对外译介中国文化典籍的国家重大出版工程。

在发展期,魏鲁男希望通过译介《论语》来慰藉西方人二战后失落的心灵,魏译本于 1955 年 11 月初刊,到 1964 年 5 月就已第八次印刷,能够在如此之短的时间内反复印行可见其在西方的广泛影响,并赢得积极的评价。如柳无忌(Liu, 1956)认为魏译本的特色包括儒家思想核心概念的新译、时常添加释译语词等;黄继忠在其《论语》英译本的"致谢"里特地将魏鲁男与理雅各、韦利等《论语》英译名家并举,因为这些译作都让自己在翻译时受益匪浅(Huang, 1997: vii)。庞德《论语》英译本于 1951 年在美国出版,后来与其英译《大学》和《中庸》合编再次印行,迄今至少已十余次印刷。尽管庞译本时而会受到译者政治理念、翻译观念等因素的影响,其文字不无偏离原作语义之处,但庞德翻译包括《论语》在内的儒家经典,旨在恢复西方民众生存的混乱社会秩序，坚信儒家思想能够为未来的世界秩序提供蓝图，并帮助人们创造世间的乐园。

　　汉学家《论语》英译在繁荣期呈现出多元化和创新性的特点。在20世纪90年代，作为作家型译者，亨顿强调"礼"在儒家思想中的核心地位，其《论语》译本以服务于普通读者并观照专业读者为目的，展现了兼顾原文意蕴和译文畅达的双重特色；道森《论语》英译本以普通读者为对象，强调译文贴近原作，语言表达简洁，通畅易懂；而利斯译本追求古为今用、化中为西的"现代性"翻译，译笔灵活简练，凸显儒家经典的当代价值和现实意义。安乐哲和罗思文合译本探寻哲学性诠释的合理性和必要性，以"陌生化"方式来表达儒家思想的精髓，构建译者视域中的中国哲学面貌，而白牧之和白妙子合译本具有后现代主义色彩，基于"层累理论"解构和重构原作内容，反映早期儒家的思想史，体现出经典文本意义的开放性以及译者主体的多样性。进入21世纪以来，先后出现三个汉学家《论语》英译本。作为专家型译者，森舸澜英译《论语》以普通读者为主要对象，并兼顾专业读者，整个译本意蕴丰厚，实为体现丰厚翻译思想的佳作；华兹生译本简洁达意，注释少而精，口语化译笔洋溢睿智哲思，有助于再现原作风格，且可读性较强；作为一位并不熟悉汉语的"异类"汉学家，希勒引经据典，参照先前众多译本，其译本重视评论和注释，并时常比较其他译者的译文，传达译者对儒家思想的理解和诠释。

　　繁荣期的汉学家《论语》英译本各具特色，其影响各有不同，但总体评价肯定而积极。如森舸澜《论语》英译本考证谨严，实为《论语》英译佳作，在学界广受好评（参见 Goldin，2003；Hon，2003；Lo，2004；Littlejohn，2005；Fielding，2005；王勇，2007；李钢，2012；张德福，2017）；不仅如此，美国学者迈哈内（2011：29）曾论及"礼"的重要性，就曾征引森译本中的观点："礼"是"一组传统的宗教和道德习俗，儒家认为它们是先王的承天之道"（Slingerland，2003：241）。关于亨顿译本，索尔斯（Soles，2000）认为该译本在多方面实属上乘之作，译文文字十分可读，孔子形象丰满，尤其能够准确再现原作微妙的哲学思想；史嘉柏（Schaberg，2001）指出亨顿像利斯一样，似乎比刘殿爵、道森等其他《论语》译者更致力于活现孔子的声音，所呈现的是一个社群主义、平等主义的孔子。

（二）世界书目馆藏汉学家译本调查

图书馆馆藏能够衡量图书的文化影响，也能成为检验出版机构知名度、知识生产能力等要素的最佳标尺（何明星，2012：12），因此通过查询汉学家《论语》英译本在各国图书馆馆藏的情况可以用来衡量其翻译影响及传播状况。作为世界图书馆目录检索平台，联机计算机图书馆中心（OCLC）的世界书目（WorldCat）是一个提供世界范围图书馆内容及服务的全球性网络，也是世界最大的联机书目数据库。世界书目目前可以搜索到一百多个国家的一万六千多个图书馆馆藏约二十亿份资料。

此处调查对象为本研究所涉的 13 个西方汉学家《论语》英语全译本，世界书目馆藏现状的取样以英、美两国的图书馆为对象（检索日期为 2017 年 8 月 17 日），译本版本除了打印图书，还包括电子图书、微缩品和计算机光盘。查询时，有的英译本版本在英国和美国并无馆藏，会提示其他国家有此版本（但也时而并无任何提示），对相关国家也加以记录；若提示有转译自该汉学家英译本的其他语种版本信息，也会记录以显现其影响力。值得注意的是，偶尔还发现搜索出来的版本居然显示无任何图书馆收藏，甚至已显示某个图书馆收藏特定版本，点击该图书馆相关链接却发现没有该版本收藏信息的情形。

为了使查询结果更为可靠，对同一个汉学家的《论语》英译本有时会扩大查找范围，以尽可能找到所需要的检索信息。如以"Title"为"The Analects of Confucius"、"Author"为"Simon Leys"搜索利斯译本时，结果显示为英译本、西班牙译本和意大利译本各一个，其中英译本仅为电子图书格式；尝试将"Title"改为"The Analects"、"Author"仍为"Simon Leys"搜索利斯译本时，结果显示所检索到的唯一打印图书标题为"The Analects：the Simon Leys Translation，Interpretations"。两次搜索结果表明该译本在英国和美国的图书馆皆无馆藏，提示在荷兰的图书馆藏有该奇怪标题的纸质英译本图书（而该译本电子书则无相关提示）。此外，针对检索时发现个别汉学家《论语》英译本在英美两国图书馆缺少打印图书版本的情况，会另外增加对大英图书馆和美国国会图书馆进行查询，除希勒英译本外皆有馆藏发现，用"补录"两字标示。最后需要说明的是，尽管笔者对查询结果进行多次甄别和校对，加之世界书目数据库有待完善，整理后的数据仍可能会存在疏漏之处。世界书目馆藏汉学家《论语》英译本的最终调查结果如下表所示：

表6.2　世界书目（WorldCat）馆藏汉学家《论语》英译本调查

四个阶段	汉学家	英译本	初版时间	版本数量	英国图书馆数量/次	美国图书馆数量/次	其他馆藏国家（不含中国）	转译语种
起始期（1860—1890）	威妥玛（Thomas F. Wade）	*The Lun Yü; Being Utterances of Kung Tzǔ, Known to the Western World as Confucius*	1869（非公开）	4（含电子书、微缩品、计算机光盘）	3	6	泰国、德国	
延伸期（1900—1940）	赖发洛（Leonard A. Lyall）	*The Sayings of Confucius*	1909	4（含电子图书）	1（补录）	8	瑞士	
	韦利（Arthur D. Waley）	*The Analects of Confucius*	1938	10（含电子图书）	48	88	澳大利亚、德国、以色列、波兰、斯洛文尼亚、意大利、土耳其	西班牙语、日语
发展期（1950—1980）	庞德（Ezra Pound）	*Analects*	1951	6（含电子图书）	4	20	西班牙、加拿大、法国、泰国、澳大利亚、比利时、德国、瑞士、波兰	西班牙语
	魏鲁男（James R. Ware）	*The Sayings of Confucius: Teachings of China's Greatest Sage*	1955	9（含电子图书）	2	384	法国	西班牙语、意大利语

续表

四个阶段	汉学家	英译本	初版时间	版本数量	英国图书馆数量/次	美国图书馆数量/次	其他馆藏国家（不含中国）	转译语种
繁荣期（1990—）	道森（Raymond S. Dawson）	*The Analects*	1993	4（含电子图书）	22	281	波兰、瑞士、斯洛文尼亚、泰国、意大利、法国	
	利斯（Simon Leys）	*The Analects of Confucius*	1997	2（含电子图书）	1（补录）	1（补录）	荷兰	西班牙语、意大利语
	亨顿（David Hinton）	*The Analects*	1998	2	1	6	丹麦	
	安乐哲（Roger T. Ames）、罗思文（Henry Rosemont, Jr.）	*The Analects of Confucius: A Philosophical Translation*	1998	2	6	164	德国、瑞士、加拿大、法国	
	白牧之（E Bruce Brooks）、白妙子（A. Taeko Brooks）	*The Original Analects: Sayings of Confucius and His Successors*	1998	2（含并不存在的1997年版）	1（补录）	1	德国、瑞士、新西兰	
	森舸澜（Edward G. Slingerland）	*Confucius: Analects*	2003	2（含电子图书）	7	9	加拿大、荷兰、德国、	
	华兹生（Burton Watson）	*The Analects of Confucius*	2007	2（含电子图书）	2	31	德国、荷兰	
	希勒（David R. Schiller）	*Confucius: Discussions/Conversations, or The Analects [Lun-yu]*	2011	1	0（补录）	2	爱尔兰、新西兰	

通过观察上表及其相关数据，我们不难发现国外尤其英美两国图书

馆馆藏四个阶段汉学家《论语》英译本的大体情况如下：

在起始期，威妥玛译本的版本多达四个，除了打印图书，还包括电子图书、微缩品、计算机光盘，但英美两国收藏该译本的图书馆数量合计仅为九个（次），这应当与威译本当时并未公开印行有很大关系；然而，威译本在其他国家如泰国和德国皆有馆藏，其整体响力虽相对有限，但同样引人关注。在延伸期，较之于赖发洛译本，韦利译本表现极为突出，其版本数量多达十个（含电子图书），其中，自1938年至2010年期间，在不同年份共出版24次，平均每三年出版一次，其中1992年就有两个版本；英美两国图书馆馆藏数量分别达到48和88个（次），在澳大利亚、德国、以色列、波兰、斯洛文尼亚、意大利、土耳其等国家皆有馆藏，并至少有西班牙语和日语两种转译本。这些都反映了韦译本的传播之广泛和影响力之巨大。在发展期，庞德译本和魏鲁男译本皆有不俗的表现，两者的版本数量分别多达六个和九个，而魏译本自1955年至1988年在17个不同年份皆有印行，其中多个年份均有两个版次。就英美两国图书馆馆藏数量（次）和其他馆藏国家来看，两者具有不平衡性，庞译本在西班牙、加拿大、法国、泰国、澳大利亚、比利时、德国、瑞士、波兰等国家皆有馆藏，而魏译本仅在法国有馆藏；魏译本仅在美国图书馆馆藏数量多达384个（次），而庞译本只有20个（次），不足其十九分之一。在繁荣期，鉴于该时期汉学家译本问世时间较短，大多数译本仅为少数英美两国图书馆所收藏，只有道森译本和安乐哲、罗思文合译本表现较为突出（后者主要为美国图书馆馆藏）。利斯译本的馆藏情况仅为补录的结果，却有西班牙语和意大利语两个语种的转译本；希勒译本（检索结果仅为修订版）的初版和修订版即便在大英图书馆也无馆藏，除了美国却也在他国如爱尔兰和新西兰皆有馆藏，同样反映出这两个译本所产生的一定影响力。如上所述，森舸澜译本广受赞誉，但从馆藏该译本的英美两国图书馆数量来看却相对有限，除了与其印行时间较短有关外，其他可能相关的因素也值得进一步思考。

综合上表世界书目馆藏调查结果来看，汉学家《论语》英译本的馆藏情况至少具有三个主要特点。一是馆藏的广泛性。汉学家《论语》英译本馆藏广泛，除了为英美两国图书馆（唯有希勒译本例外）馆藏外，也皆为其他国家的图书馆有所馆藏，分布在欧洲、北美洲、亚洲、大洋洲等17个不同国家，其中德国是除英美两国之外馆藏汉学家译本最多的国家，馆藏译本达到七种；同时，馆藏汉学家译本的图书馆类型多样，包括公共图书馆、大学图书馆、协会图书馆等。二是版本的多样性。一方面，绝大多数汉学家《论语》英译本的版本都有多个，如早期的威妥玛译本和赖发洛译本皆有四个版本，其中补录赖译本时发现，仅大英图书馆就收藏该译本1909年、1925年和1935年三个版本的纸质图书；另一方面，有些英译本还拥有数量不等的其他语种的转译版本，如韦利译本、魏鲁男译本和利斯译本都有两个不同语种的转译本。三是馆藏的差异性。以国别为例，魏鲁男译本、道森译本、安乐哲和罗思文合译本等在美国图书馆的馆藏数量（次）远远超过在英国图书馆的馆藏数量（次），有的甚至多达一百余倍（如魏鲁男译本和道森译本），其背后原因可能与译者身份等因素相关，值得进一步考证；另外，汉学家译本在版本数量（次）、阶段性等层面也存在不同程度的馆藏差异。

三 中国典籍跨文化传播模式构想

传播是人类信息的传递活动，旨在人与人之间传递有意义的信息，以达到相互沟通和交流。传播过程是"具备传播活动得以成立的基本要素的过程"，而一个基本的传播过程包括五个基本要素：传播者（又称信源），接受者（又称信宿），讯息，媒介（又称传播渠道、信道）和反馈（郭庆光，2011：48—49）。就《论语》英译而言，汉学家从事《论语》翻译的一个主要原因便是帮助英语读者学习和了解原作及其蕴含的儒家思想，是《论语》译介行为的发起者，其角色显然兼具译者和传播者于一身。读者是汉学家的作用对象，是《论语》英译本的接受者，而讯息便是汉学家《论语》英译本，也是汉学家和读者之间进行互动的介质，两者通过译本产生有意义的传递，实现交流的目的。媒介是汉学家《论语》英译本的载体，通常为纸质图书，也包括电子图书、微缩品等，是在传播过程中包括译者和读者在内的各种因素相互连接起来的纽带。反馈是读者对汉学家《论语》英译本的反应，也是读者对汉学家译者的回应。

一般说来，传播过程模式大致可以分为两大类（郭庆光，2011：50—57）：传播过程的直线模式和传播过程的循环和互动模式。前者以美国学者拉斯韦尔（Harold D. Lasswell）传播模式为代表，包括传播主体、传播内容、传播渠道、传播受众和传播效果五个要素；后者主要有奥斯古德（Charles E. Osgood）和施拉姆（Wilbur L. Schramm）的循环模式、德弗勒（Melven L. DeFleur）的互动过程模式等，避免了直线模式诸如传播者和受传者的角色固化、缺乏反馈的要素等不足。传播过程具有三个特点：动态性、序列性和结构性（同上：54）。以汉学家《论语》英译的传播过程为例，动态性在形式上表现为儒家经典《论语》英译本（从儒家核心概念到儒家思想）在特定传播渠道（如印刷图书和电子图书）中的流动，在实质上则是典籍传播者（包括译者）与受传者（如西方读者）就典籍译本的意义进行的双向互动。序列性体现为儒家经典《论语》英译本在传播过程中各个环节和因素的作用具有先后次序，按照典籍传播的流向依次执行功能。结构性指的是儒家经典《论语》英译本在传播过程中各要素、各环节之间所形成的相互关系的总体，包括时间上的先后次序、形态上的链式连接等结构特点。

上文提及较之于传播过程的直线模式，传播过程的循环和互动模式能够克服传播者和受传者的角色固化、缺乏反馈的要素等缺陷，但对传播过程之外因素缺少足够考量，而传播系统模式正是针对这种不足进行完善的成果。同时，任何传播模式的构建都要以传播过程为基础，充分考虑传播主体、传播内容、传播渠道、传播受众等要素。这里打算借鉴马莱兹克大众传播的系统模式（McQuail & Windahl, 1981：40；参见郭庆光，2011：56），结合中国典籍外译的实际，对中国典籍的跨文化传播模式进行初步构想。

跨文化传播（intercultural communication）（亦称跨文化交际）是传播学的重要组成部分，聚焦于文化与传播之间的互动关系，实为中国典籍外译的基本要求。基于马莱兹克大众传播的系统模式，中国典籍的跨文化传播模式应当由典籍译者（典籍传播者）、典籍译本（典籍传播内容）、典籍译本形态（典籍传播渠道）、典籍译本读者（典籍传播受众）等要素构成，各要素之间相互作用、相互影响，其中典籍译者和典籍译本读者除了相互受到对方以及典籍译本和典籍译本形态的影响和制约，还分别受到相关内外因素的影响。以汉学家《论语》英译为例，该模式表明儒家典籍《论语》经历了从典籍译者汉学家通过翻译活动产出《论语》英译本，再以一种或多种《论语》译本形态（如纸质图书、电子图书、微缩品等）为译本读者（如西方英文读者）所阅读和接受的过程，其间汉学家及其《论语》英译本以特定译本形态为媒介与译本读者发生联系，彼此之间相互影响。需要说明的是，影响汉学家译者和英文读者的因素（参照本章前文相关分类）有内在因素和外在因素之别，前者与汉学家译者个人背景有关，如个人经历、学术专长、文化态度、价值取向等，而后者涉及特定历史文化语境，如社会背景、文艺思潮、意识形态、翻译规范等，这些内外因素彼此之间相互联系，共同发挥作用。

鉴于中国典籍的跨文化传播模式所涉因素众多，且相互之间的关系十分复杂，有效践行该跨文化传播模式的关键就在于既要深入研究典籍译者、典籍译本、典籍译本形态、典籍译本读者等要素，又需尤其关注影响和制约典籍译者和典籍译本读者的内外因素。关于前者，如典籍译者的跨文化传播能力，有研究认为该能力体现在宏观和微观两个层面，应当包括熟知典籍的能力，多元文化视角，熟知翻译理论的能力和翻译实践能力（王燊，2012：1098），该观点不无借鉴意义。关于后者，如影响和制约典籍译者的意识形态因素，既有主流社会的意识形态，也有译者个人的意识形态，反映出内在性和外在性兼具的双重特点，同样值得深入思考。由于该跨文化传播模式是一种尝试性探索，需要在实践中加以检验，更有待进一步发展和完善，尤其关于典籍译本的阅读效果及其影响，属于传播效果的范畴，所涉因素较为复杂，很值得进一步探研。

第四节　中国典籍外译的反思与展望

进入 21 世纪以来，中国典籍外译日益得到重视，在多方面都取得了长足的进步，相关研究也不断推进且成果频出，但也存在诸多不足之处。以中国典籍英译为例，较为深入的研究发现，近年来所取得的成绩可概括为地位空前提高、队伍日益壮大和成果逐年增多三个方面，但也面临选材较为单一、理论与实践脱节、对外传播缺乏有效渠道、翻译人才仍需充实等主要问题，并提出多视角研究典籍翻译及其对外传播、开展读者文化心态与读者分类研究、借鉴西方译学理论对典籍英译展开全方位研究、注重理论资源的整合与平衡等建议和对策（王宏，2012：9—14）。就中国典籍外译而言，现有文献表明国内学者有关研究成果大都以具体而微的研究（如一个或多个译本个案研究）为主，而整体式的宏观探索较为有限，尤其是从翻译理念乃至未来发展总体态势上对其所进行的思考甚为鲜见。下文将结合汉学家《论语》英译侧重在宏观层面进行初步探讨。

由于影响和制约汉学家《论语》英译实践因素的复杂性，人们有必要通过综合考虑各种因素，对典籍外译及其相关研究的走向加以思索。勒菲弗尔翻译即折射的思想在这方面对我们不无启示作用。勒菲弗尔（Lefevere，1992：235）认为，"折射"（refraction）在文学领域无处不在，是一种文学作品对不同读者对象的适应，旨在影响读者阅读作品的方式。折射表现形式多样，除了明显地反映在翻译之上，还某种程度上表现在文学批评、评论、历史编纂、教学、人类学著作、戏剧创作等方面。勒弗维尔还强调，无论翻译，还是文学批评抑或历史编纂，作为一种折射皆试图将一种文学作品从一个系统进入另一个系统，体现出两个系统之间的调和或妥协，并充分表明制约两个系统的主导因素；同时指出，折射的妥协程度取决于所翻译作品之作者在源语文学系统的名声，而源语作者的接受程度则决定于在特定发展阶段译语文学系统对其之需要（同上：237）。简言之，在勒弗维尔看来，翻译作为一种折射现象受到读者多种因素的影响，是对两种文学系统（尤其两种不同诗学）之间的调和或妥协。不仅如此，该思想在后来编著的《翻译、历史与文化论集》（*Translation*，*History*，*Culture*：*A Sourcebook*）再次加以强调：译者在两种诗学之间的妥协能够提供令人着迷的洞见，并无可置疑地表明某一种诗学的影响力（Lefevere，1992：26）。

影响和制约译者翻译行为的因素繁多而复杂，译者在翻译实践中需要想方设法地去协调这些因素，其译作也只能是追求一种平衡或调和的必然结果。翻译是"对异域的体验"（trial of the foreign）①，该体验"能

---

① 此处的"the foreign"时而被译为"他者"，似易与英文"the other/Other"混淆，故不取。

展现翻译行为最非凡的力量：揭示异域作品最原始的核心，最深藏的、最真切的却同样是最'遥远'的核心"（Berman，2000：284），而"为了理解他者，不应将对方当作自己的附属品，而应成为对方的客人"（巴柔，2001：181）。这就要求一名译者在翻译过程中要树立一种公平对等的态度，调和各种影响和制约因素，从中在两种不同语言文化之间寻求某种平衡与妥协。就汉学家《论语》英译实践而言，在不同历史时期，我们对影响汉学家译者翻译行为的众多因素要具体而客观地分析，既要认识到各种制约因素的不平衡性，又要看到汉学家译者为此所做出的种种考量和妥协。诸如每个《论语》译本的前言、导论、译文评注等内容，都不同程度上反映出汉学家译者的无奈选择、调和与妥协。毕竟，"之所以要在源语文化和译语文化之间保持平衡，其原因就在于翻译的根本使命：文化交流和借鉴"（赵彦春，2005：82）。否则，任何译者在翻译实践中的一意孤行或肆意妄为，最终都会悖离一名合格译者所应坚守的翻译伦理，给原作人为施加了"暴力"（violence）（Venuti，2004：18）。

就包括《论语》在内的中国典籍外译来说，我们既要强调针对不同读者群翻译出多元化译本，又要充分考虑各种内在因素和外在因素，追求典籍翻译在诸多方面的平衡和调和，树立一种"中和观"。以译本的翻译策略为例，在重视面向普通读者群体的典籍译本之外，应当考虑到典籍研究的学术需求，推出必要的学术性译本，甚至为了有效服务于青少年读者，迻译出一定数量比例的简译本或缩略本。具体到一个译本的行文，鉴于中国典籍的文本特点，以及中西方思维方式所存在的差异，译者必须重视"典籍英译中的逻辑调适"，主要包括"基于东西方思维差异而进行的介入与调适""基于原版本某些因素而进行的介入与调适"和"基于目的语文本要求进行的介入与调适"（卓振英、李贵苍，2011：47）。如此，中国典籍译本必定多种多样而又精彩纷呈，其他文化的典籍译本也不例外，将会在像歌德所追求的一种理想文化中和而不同且和谐共生：外国的、本土的、熟悉的、陌生的都在一起不断运动，并形成了一个整体（Goethe，1992：63），各种典籍译本呈现出一种全球化语境下的普遍性和差异性并存的壮观景象。

其实，中国典籍外译追求这种兼顾"平衡"与"调和"的"中和观",与中华传统文化的中和思想具有一致性。"中和"即中正和谐,"是中国传统文化的核心","体现在中国传统文化的方方面面","是万物生生不息的客观依据"(程静宇,2010:343)。关于中与和的关系,"中与和可以说是体用关系或因果关系,事物因中而求得和谐,中是体,是和的前提,和是中的结果,是用";中和的思想特征包括三个方面:"它是对立统一与平衡、事物多样性统一与融合,也是万物生成发展的源泉"(同上:7)。因此,坚持"中和观"必须反对两种错误倾向:两极化思维和折中主义,前者为一种非此即彼的极端主义,而后者缺乏自己独立的见解(同上:14—15)。进而言之,强调"中和观"在典籍翻译中的实践意义和现实价值,也符合中国传统文化里的"致中和"思想,因为"致"就是"推广""实行""达到",而"'致中和'就是去推行或实现'中和'之道"(同上:343)。

尤其值得注意的是,"中和"思想本身就是儒家思想的重要内容,在儒家著述中多有体现。以《论语》一书为例,有关"中和"思想的表述可谓俯拾即是,如"礼之用,和为贵"("学而第一")、"中庸之为德也,其至矣乎"("雍也第六")、"不得中行而与之,必也狂狷乎"("子路第十三")、"君子和而不同,小人同而不和"("子路第十三")、"均无贫,和无寡,安无倾"("季氏第十六")、"言中伦,行中虑"("微子第十八")、"立之斯立,道之斯行,绥之斯来,动之斯和"("子张第十九")、"天之历数在尔躬,允执其中"("尧曰第二十")等即为丰富例证。

在中西文化比较的意义上,"中和"思想在近现代也影响广泛,得到海内外知识界的推崇。梁漱溟在其代表作《东西文化及其哲学》中,将世界文化分成西方、中国、印度三系,强调"中国文化是以意欲自为调和、持中为其根本精神",而"西方文化是以意欲向前要求为其根本精神""印度文化是以反身相互向后要求为其根本精神"(梁漱溟,1999:33,63)。后来,像蔡元培对中西文化的态度持一种调和会通的观点,提出以我为主、兼取众长的文化互补说;胡适倡导文化的自然折中论,被认为是文化人类学意义上的一种文化"涵化"理论(秦英君,2005:86,126)等,这些思想都可以看到"中和"思想的影响。为了更好地探寻中西文化的异同,新儒家代表人物之一成中英

(Chung-Ying Cheng)提出了"本体诠释学"的思想,强调"主、客体相互解释、结合","要求部分和全体的结合",而"部分和全体的相互决定作用是个辩证的过程",并认为解释和诠释不同:"解释让你得到知识,诠释让你达到理解",进而强调"意义的和谐化原则"(成中英,1998:326—327)。关于"中和"思想,成中英在其《知识与价值:和谐,真理与正义的探索》(1986)、《创造和谐》(2002)等著作中更有详尽的论述。

确实,"中和"思想的广泛影响即便在当今翻译研究领域也不例外,国内学者像郑海凌的文学翻译和谐说(2000)、吴志杰的和合翻译论(2011),甚至由胡庚申(2001)首倡且当今颇具影响力的生态翻译学思想等都是明证。在国外,基于语料库研究,贝克认为翻译文本兼具调和与交际的特性,提出多个"翻译的普遍特征"(universal features of translation),主要包括了明晰化、简单化与去模糊化、常规语法化、翻译的"调和"(mediation)过程及其引发的译本独有特征等(Baker,1993:243—244),该观点像上文论及的勒弗维尔关于翻译妥协的思想具有一致性,两者与中国传统的"中和"思想不无契合之处。国内外学者不约而同地把貌非神似的思想观念践行于翻译研究,从中不难看出该思想极强的生命力和广泛的实践价值。史嘉柏经过比较20世纪90年代出现的七个《论语》英译本就总结指出,作为一个重要的文本,《论语》翻译实为不易,要求译者在语言、哲学、历史等层面综合权衡,要吸引而非迎合读者,对待原作的睿语慧思应公允而不扭曲或淡化(Schaberg,2001:139),这种"综合权衡"同样反映出一种"中和观"式的独到见解。

在美国翻译理论家韦努蒂看来,"翻译是今日具有战略作用的文化活动"(韦努蒂,2000:250),中国典籍翻译及其对外传播尤其如此,像近年来中国政府积极推动的国家重大出版工程"大中华文库"就是明证。潘文国指出,"组织实施中译外工程,既是对外弘扬中国文化的需要,也是中国学者,特别是外语学者重新学习传统、重新体认传统的需要"(潘文国,2007:32)。关于从事中国典籍外译的译者身份,以英国汉学家葛瑞汉为代表的一些学者认为汉籍英译只能由英语译者"译入",而不能由汉语学者"译出",潘文国针对这一主张的三条理由逐一批驳，并呼吁中国译者理直气壮地勇于从事汉籍的外译工作，为在21世纪弘扬中华文化做出自己的贡献（潘文国，2004：40—43）。综合看来，考虑到中外译者自身的优势与特点以及现当代典籍翻译的实际效果，中外译者的携手合作或许更应成为中国典籍外译的主要途径。

总之，典籍翻译所涉因素复杂而多变，不仅要认真面对原作文本的多义性、译本风格的多元化、读者对象的多样性，而且要充分考虑历史文化语境的独特性、译者身份的多元性、译者行为影响因素的复杂性、翻译动机及翻译目的的差异性、翻译策略及翻译方法的灵活性等因素。因此，包括《论语》在内的中国典籍的外译，既要顺应译本多元化的历史潮流与发展趋势，又需综合考量众多的复杂因素，体现必要的"中和观"，在多元化之中探求一种妥协、调和与平衡。

参考文献

Abbot, Ezra. "On Dr. Legge's New Edition and Translation of the Chinese Classical and Sacred Books, Proceedings at New Haven, October 14th and 15th, 1863", *Journal of the American Oriental Society*, No. 8, 1866.

Abbot, Ezra. "On the Golden Rule in the Chinese Classics, Proceedings at Boston, May 18th, 1870", *Journal of the American Oriental Society*, No. 9, 1868—1871.

Alt, Wayne. "Ritual and the Social Construction of Sacred Artifacts: An Analysis of 'Analects' 6.25", *Philosophy East and West*, Vol. 55, No. 3, 2005.

Ames, Roger T. & Henry Rosemont, Jr. (trans.). *The Analects of Confucius: A Philosophical Translation*, New York: Ballantine Publishing Group, 1998.

Appiah, Kwame A. "Thick Translation". In Lawrence Venuti (ed.). *The Translation Studies Reader*, London & New York: Routledge, 2000.

Assmann, Aleida. "The Curse and Blessing of Babel; or, Looking Back on Universalisms". In S. Budick & W. Iser (eds.). *The Translatability of Cultures: Figurations of the Space Between*, Stanford: Stanford University Press, 1996.

Baker, Mona. "Corpus Linguistics and Translation Studies: Implications and Applications". In M. Baker, G. Francis & E. Tognini-Bonelli (eds.). *Text and Technology: In Honor of John Sinclair*, Amsterdam: John Benjamins, 1993.

Baker, Mona. "Toward a Methodology for Investigating the Style of a Literary Translator", *Target*, Vol. 12, No. 2, 2000.

Baker, Mona (ed.). *Translation Studies: Critical Concepts in Linguistics* (Vol. IV), London & New York: Routledge, 2009.

Bassnett, Susan. *Comparative Literature: A Critical Introduction*, Oxford: Blackwell Publishers Ltd, 1993.

Benjamin, Walter. "The Task of the Translator". In Lawrence Venuti (ed.) *The Translation Studies Reader*, London & New York: Routledge, 2004.

Berman, Antoine. "Translation and the Trials of the Foreign". Lawrence Venuti (trans.). In Lawrence Venuti (ed.). *The Translation Studies Reader*, London & New York: Routledge, 2000.

Brooks, E. Bruce & A. Taeko Brooks (trans.). *The Original Analects: Sayings of Confucius and His Successor*, New York: Columbia University Press, 1998.

Brooks, E. Bruce & A. Taeko Brooks. "Response to the Review by Edward Slingerland", *Philosophy East and West*, Vol. 50, No. 1, 2000.

Brooks, E. Bruce & A. Taeko Brooks. "The Analects of Confucius, Translated by Burton Watson", *The China Reviews*, Vol. 9, No. 1, 2009.

Bruni, Leonardo. "The Right Way to Translate". In André Lefevere (ed.). *Translation/History/Culture: A Sourcebook*, New York: Routledge, 1992.

Bruya, Brian (trans.) & Tsai Chih Chung (ed. & illus.). *Confucius Speaks: Words to Live By*, New York: Anchor Books, 1996.

Cai, Jack J. & Emma Yu (trans.). *The Analects of Confucius* (Unabridged), Madison: Americd-Rom Publishing Company, 1997.

Carpenter, Humphrey. *A Serious Character: The Life of Ezra Pound*, Boston: Houghton Mifflin Company, 1988.

Chai, Ch'u & Winberg Chai (ed. & trans.). *The Sacred Books of Confucius and Other Confucian Classics*, New York: University Books, Inc., 1965.

Chan, Wing-tsit. *Neo-Confucianism, etc.: Essays by Wing-Tsit Chan*, Hanover: Oriental Society, 1969.

Cheadle, Mary P. *Ezra Pound's Confucian Translation*, Michigan: University of Michigan Press, 1997.

Cheang, Alice W. "The Master's Voice: On Reading, Translating and Interpreting the 'Analects' of Confucius", *The Review of Politics*, Vol. 62, No. 3, 2000.

Chen, Jianguo & Chungmin Tu (trans.). *The Analects of Confucius Revisited*, Pasadena: Nishan Press, Inc., 2016.

Chen, Shih-Chuan (trans.). *The Confucian Analects: A New Translation of the Corrected Text*, Taipei: Li Ming Cultural Enterprise Co., Ltd., 1986.

Cheng, Anne. "The Analects of Confucius by Simon Leys; The Analects of Confucius (Lunyu): A Literal Translation by Huang Chichung", *Bulletin of the School of Oriental and African Studies, University of London*, Vol. 62, No. 2, 1999.

Cheng, Lin (trans.). *The Four Books, Confucian Classics*, Shanghai: The World Publishers, 1948.

Chin, Annping (trans.). *The Analects*, New York: Penguin Group, 2014.

Chou, Yi-liang. "Tantrism in China", *Harvard Journal of Asiatic Studies*, Vol. 8, No. 3/4, 1945.

Cleary, Thomas F. (trans.). *The Essential Confucius*, San Francisco: Harper Collins Publishers, 1992.

Collie, David (trans.). *The Chinese Classical Work Commonly Called The Four Books*, Malacca: The Mission Press, 1828.

Cordier, Henri. "Thomas Francis Wade", *T'oung Pao*, Vol. 6, No. 4, 1895.

Cortes, Ovidi C. "Orientalism in Translation: Familiarizing and Defamiliarizing Strategies". In Ann Beylard-Ozeroff, etc. (eds.). *Translator's Strategies and Creativity*, Amsterdam & Philadelphia: John Benjamins Publishing Company, 1998.

Dawson, Miles M. *The Ethics of Confucius*, London: G. P. Putnam's Sons, 1915.

Dawson, Raymond S. *Confucius*, Oxford: Oxford University Press, 1981.

Dawson, Raymond S. (trans.). *The Analects*, Oxford: Oxford University Press, 1993.

De Gruchy, John W. *Orienting Arthur Waley: Japonism, Orientalism, and the Creation of Japanese Literature in English*, Honolulu: University of Hawaii Press, 2003.

Dubs, Homer H. "The Analects of Confucius by Arthur Waley", *The Journal of Philosophy*, Vol. 36, No. 20, 1939.

Durrant, Stephen W. "On Translating Lun yü", *Chinese Literature: Essays, Articles, Reviews* (CLEAR), Vol. 3, No. 1, 1981.

Duyvendak, Jan J. L. "Mencius by Leonard A. Lyall", *The Journal of Philosophy*, Vol. 32, No. 13, 1935.

Editorial Board (trans.). *The Analects of Confucius* (E-book), Hong Kong: Confucius Publishing Co. Ltd., 2017.

Edwards, E. "Mencius by L. A. Lyall", *Bulletin of the School of Oriental Studies, University of London*, Vol. 7, No. 1, 1933.

Eliot, Thomas S. *Notes towards the Definition of Culture*, London: R. MacLehose and Company Limited, 1963.

Faucett, Lawrence (trans.). *The Sayings of Confucius: A New Translation of the Analects Based Closely on the Meaning and Frequency of the Chinese Characters*, San Diego, 1978.

Fielding, David. "Confucius Analects, Translated by Edward Slingerland", *Dao: A Journal of Comparative Philosophy*, Vol. 4, No. 2, 2005.

Fiori, Larson D. & Henry Rosemont Jr. "Seeking *Ren* in the *Analects*", *Philosophy East and West*, Vol. 67, No. 1, 2017.

Flanagan, Frank M. *Confucius, the Analects and Western Education*, London/New York: Continuum Publishing Corporation, 2011.

Fung, Yiu-Ming. "Ren (仁) as a Heavy Concept in the *Analects*", *Journal of Chinese Philosophy*, Vol. 41, No. 1/2, 2015.

Gadamer, Hans-Georg. *Truth and Method*, 2nd rev. ed., trans. Joel Weinsheimer & Donald G. Marshall, London: Sheed and Ward, 1989.

Gardner, Daniel K. *The Four Books: The Basic Teachings of the Later Confucian Tradition*, Indianapolis & Cambridge: Hackett Publishing Company, Inc., 2007.

Genette, Gérard. *Paratexts: Thresholds of Interpretation*, Cambridge: Cambridge University Press, 1997.

Giles, Lionel (trans.). *The Sayings of Confucius: A New Translation of the Greater Part of the Confucian Analects*, London: John Murray, 1907.

Girardot, Norman J. *The Victorian Translation of China: James Legge's Oriental Pilgrimage*, Berkeley: University of California Press, 2002.

Goethe, Johann W. von. "Translations". S. Sloan (trans.). In J. Biguenet & R. Schulte (eds.). *Theories of Translation: An Anthology of Essays from Dryden to Derrida*, Chicago: The University of Chicago Press, 1992.

Goh, Beng Choo (trans.) & Tsai Chih Chung (ed. & illus.). *The Sayings of Confucius: The Message of the Benevolent*, Singapore: Asiapac Books, 1989.

Goldin, Paul R. "Confucius: Analects, Translated by Edward Slingerland", *Journal of Chinese Religions*, No. 31, 2003.

Gouveia, Andrea (trans.). *The Analects of Confucius*, Charleston: Createspace Independent Publishing Platform, 2016.

Graham, Angus C. *Studies in Chinese Philosophy and Philosophical Literature*, Albany: State University of New York Press, 1990.

Gu, Mingdong. "Everyone's Confucius, All Readers' Analects", *Journal of Chinese Philosophy*, Vol. 37, No. 1, 2010.

Hall, David L. and R. Ames. *Thinking Through Confucius*, New York: State University of New York Press, 1987.

Hardy, Grant. "The Analects of Confucius: A Literal Translation with an Introductions and Notes, by Chichung Huang", *Journal of Chinese Philosophy*, No. 25, 1998.

Hegel, Robert E. "Confucius, The Analects by D. C Lau", *Chinese Literature: Essays, Articles, Reviews* (CLEAR), Vol. 6, No. 1/2, 1984.

Heidegger, Martin. *Sein und Zeit*, Tübingen: Max Niemeyer Verlag, 1979.

Henderson, John B. "The Original Analects: Sayings of Confucius and His Successors; A New Translation and Commentary by E. Bruce Brooks; A. Taeko Brooks", *The Journal of Asian Studies*, Vol. 58, No. 3, 1999.

Hermans, Theo. "The Translator's Voice in Translated Narrative", *Target*, Vol. 8, No. 1, 1996.

Hermans, Theo. *Translation in Systems*, Shanghai: Shanghai Foreign Language Education Press, 2004.

Hinton, David (trans.). *The Analects*, Washington: Counterpoint Press, 1998.

Hon, Tze-ki. "Confucius Analects, Translated by Edward Slingerland", *Journal of Chinese Philosophy*, Vol. 32, No. 2, 2005.

Horne, Charles F. (trans.). *The Analects of Confucius: Deeds and Sayings of the Master Teacher*, Whitefish: Kessinger Publishing, 2005.

Hsieh, Tehyi (trans.). *Confucius Said It First*, Boston: Chinese Service Bureau, 1931.

Huang, Chichung (trans.). *The Analects of Confucius*, New York: Oxford University Press Inc., 1997.

Hughes, Ernest R. *Chinese Philosophy in Classical Times*, London: J. M. Dent & Sons Ltd., 1942.

Intorcetta, Prospero & Philippe Couplet. *The Morals of Confucius*, New York: William Gowan, 1835.

Jennings, William (trans.). *The Confucian Analects: A Translation, with Annotations and an Introduction*, London: George Routledge and Sons, 1895.

Joshi, Sunder. "The Analects of Confucius by W. E. Soothill; Lady Hosie", *The Journal of Religion*, Vol. 18, No. 3, 1938.

Khu, John B. et al. (trans.). *The Confucian Bible, Book 1 Analects: The*

Non-Theocentric Code for Concerned Human Beings, Manila: Granhill Corporation, 1991.

Kim, Young Yun. "Beyond Cultural Identity", *Intercultural Communication Studies*, Vol. 4, No. 1, 1994.

Kirkland, Russell. "Confucius: The Essential Analects", *Religious Studies Review*, Vol. 33, No. 1, 2007.

Kline III, T. C. "The Original Analects: Sayings of Confucius and His Successors by E. Bruce Brooks; A. Taeko Brooks", *Pacific Affairs*, Vol. 72, No. 2, 1999.

Ku, Hung-ming (trans.). *The Discourses and Sayings of Confucius: A New Special Translation, Illustrated with Quotations from Goethe and Other Writers*, Shanghai: Kelly and Walsh, Limited, 1898.

Lai, Whalen. "The Original Analects: Sayings of Confucius and His Successors by E. Bruce Brooks; A. Taeko Brooks", *Asian Philosophy*, Vol. 9, No. 3, 1999.

Lau, Din Cheuk (trans.). *The Analects (Lun yü)*, London: Penguin Books Ltd, 1979.

Lau, Din Cheuk (trans.). *The Analects*, Hong Kong: The Chinese University Press, 1983/1992.

Lefevere, André (ed.). *Translation/History/Culture: A Sourcebook*, New York: Routledge, 1992.

Lefevere, André. "Mother Courage's Cucumbers: Text, System and Refraction in a Theory of Literature". Lawrence Venuti (trans.). In Lawrence Venuti (ed.). *The Translation Studies Reader*, London & New York: Routledge. 2000.

Lefevere, André. *Translation, Rewriting, and the Manipulation of Literary Fame*, Shanghai: Shanghai Foreign Language Education Press, 2004.

Legge, James (trans.). *The Chinese Classics: With a Translation, Critical and Exegetical Notes, Prolegomena, and Copious Indexes* (Vol. I-V), Hong Kong: The London Missionary Society's Printing Office, 1861.

Legge, James (trans.). *The Chinese Classics: With a Translation, Critical* and *Exegetical Notes*, *Prolegomena*, and *Copious Indexes* (Vol. I-V), Hong Kong: Hong Kong University Press, 1960.

Leys, Simon (trans.). *The Analects of Confucius*, New York: W. W. Norton & Company, 1997.

Li, David H. (trans.). *The Analects of Confucius, A New Millennium Translation*, Maryland: Premier Publishing Company, 1999.

Lin, Yutang. *The Wisdom of Confucius*, New York: The Random House, 1938.

Littlejohn, Ronnie. "Recent Works on Confucius and the Analects", *Philosophy East and West*, Vol. 55, No. 1, 2005.

Liu, Wu-chi. "*The Sayings of Confucius*, Translated by James R. Ware", *Philosophy East and West*, Vol. 6, No. 3, 1956.

Lo, Yuet Keung. "Confucius Analects, Translated by Edward Slingerland", *China Review International*, Vol. 11, No. 1, 2004.

Losik, Len (trans.). *Confucius Analects: A Western Interpretation*, Santa Cruz: SanLen Publishing, 2016.

Lyall, Leonard A. (trans.). *The Sayings of Confucius* (First Edition), London: Longmans, Green and Co. Ltd., 1909.

Lyall, Leonard A. (trans.). *The Sayings of Confucius* (Third Edition), London: Longmans, Green and Co. Ltd., 1935.

Ma, Tom Te-Wu (trans.). *Confucius Said*, Bloomington: First Book Library, 2001.

Makeham, John. *Transmitters and Creators: Chinese Commentators and Commentaries on the Analects*, Cambridge: Harvard University Press, 2003.

Makeham, John. "A New Hermeneutical Approach to Early Chinese Texts: The Case of the Analects", *Journal of Chinese Philosophy*, Vol. 33, No. s1, 2006.

Makeham, John. "The Analects of Confucius, Translated by Burton Watson", *Journal of Chinese Studies*, No. 49, 2009.

Marshman, Joshua (trans.). *The Works of Confucius, Containing the Original Text, with a Translation* (Vol. 1), Serampore: The Mission Press,

1809.

McLeod, Alexus. "Ren as a Communal Property in the *Analects*", *Philosophy East and West*, Vol. 62, No. 4, 2012.

McQuail, Denis & Sven Windahl. *Communication Models for the Study of Mass Communications*, London & New York: Longman Inc., 1981.

Munday, Jeremy. *Introducing Translation Studies: Theories and Applications*, Shanghai: Shanghai Foreign Language Education Press, 2010.

Newmark, Peter. *A Textbook of Translation*, Shanghai: Shanghai Foreign Language Education Press, 2001a.

Newmark, Peter. *Approaches to Translation*, Shanghai: Shanghai Foreign Language Education Press, 2001b.

Ni, Peimin (trans.). *Understanding the Analects of Confucius: New Translation of Lunyu with Annotations*, New York: State University of New York Press, 2017.

Nida, Eugene A. *Toward a Science of Translating*, Shanghai: Shanghai Foreign Language Education Press, 2004.

Nida, Eugene A. & Charles R. Taber. *The Theory and Practice of Translation*, Leiden: E. J. Brill, 1969.

Nord, Christiane. "Skopos, Loyalty and Translational Conventions", *Target*, Vol. 3, No. 1, 1991.

Nord, Christiane. *Translating as a Purposeful Activity: Functionalist Approaches Explained*, Shanghai: Shanghai Foreign Language Education Press, 2001.

North American Review. "The Sayings of Confucius by Leonard A. Lyall", *The North American Review*, Vol. 191, No. 654, 1910.

Paradise, James F. "China and International Harmony: The Role of Confucius Institutes in Bolstering Beijing's Soft Power", *Asian Survey*, No. 4, 2009.

Pound, Ezra (trans.). *Analects*, New York: Square Dollar Series, 1951.

Pound, Ezra (trans.). *Confucius: The Great Digest, the Unwobbling Pivot, the Analects*, New York: New Directions Publishing Corporation,

1969.

Pym, Anthony. *Method in Translation History*, Manchester: St. Jerome Publishing Ltd. , 1998.

Raphals, Lisa. "The Original Analects: Sayings of Confucius and His Successors", *International Studies in Philosophy*, Vol. 35, No. 4, 2003.

Reiss, Katharina & Hans J. Vermeer. *Grundlegung einer allgemeinen Translationtheorie*, Tubingen: Niemeyer, 1984.

Reiss, Katharina. *Translation Criticism: The Potentials & Limitations*, Shanghai: Shanghai Foreign Language Education Press, 2004.

Richards, Ivor A. *Practical Criticism: A Study of Literary Judgment* (2nd impression), London: Kegan Paul, Trench, Trubner & Co. Ltd. , 1930.

Richards, Ivor A. *Mencius on the Mind Mencius on the Mind: Experiments in Multiple Definition*, London & New York: Routledge, 1932.

Richey, Jeffrey L. "Discussions/Conversations, or the Analects (Lun-Yu) by David R. Schiller", *Religious Studies Review*, Vol. 36, No. 3, 2010.

Robinson, Douglas. *Western Translation Theory: From Herodotus to Nietzsche*, Shanghai: Shanghai Foreign Language Education Press, 2006.

Schaberg, David. " 'Sell it! Sell it! ' : Recent Translations of Lunyu", *Chinese Literature: Essays, Articles, Reviews* (CLEAR), No. 23, 2001.

Schiller, David R. (trans.). *CONFUCIUS: Discussions/Conversations, or The Analects [Lun-yu]* (Volume I&II), Charlton, MA: Saga Virtual Publishers, 2011.

Setton, Mark. "Ambiguity in the Analects: Philosophical and Practical Dimensions", *Journal of Chinese Philosophy*, Vol. 27, No. 4, 2000.

Sia, Adam (trans.). *The Complete Analects of Confucius* (Vols. 3), Singapore: Asiapac Books Pte Ltd, 1997 – 1998.

Simpson, John A. & Edmund S. C. Weiner. *The Oxford English Dictionary* (Volume III, 2nd edition), Oxford: Oxford University Press, 1989.

Slingerland, Edward G. "Why Philosophy Is Not 'Extra' in Understanding the Analects?", *Philosophy East and West*, Vol. 50, No. 1, 2000a.

Slingerland, Edward G. "Reply to E. Bruce Brooks and A. Taeko Brooks", *Philosophy East and West*, Vol. 50, No. 1, 2000b.

Slingerland, Edward G. *Effortless Action: Wu-wei as Conceptual Metaphor and Spiritual Ideal in Early China*, Oxford: Oxford University Press, 2003a.

Slingerland, Edward G. (trans.). *Confucius: Analects*, Indianapolis/Cambridge: Hackett Publishing Company, Inc., 2003b.

Slingerland, Edward G. (trans.). *The Essential Analects*, New York: Hackett Publishing Company, 2006.

Smarandache, Florentin & Fu Yuhua (trans.). *Neutrosophic Interpretation of the Analects of Confucius*, Columbus: Zip Publishing, 2011.

Soles, David. "The Analects of Confucius by David Hinton", *Asian Philosophy*, Vol. 10, No. 3, 2000.

Soothill, William E. (trans.). *The Analects of Confucius*, Yokohama: The Fukuin Printing Company, Ld., 1910.

Spence, Jonathan D. "Why Confucius Counts", *The New York Review of Books*, Vol. 26, No. 4, 1979.

Spence, Jonathan D. "What Confucius Said", *The New York Review of Books*, Vol. 44, No. 6, 1997.

Sullivan, John P. *Ezra Pound and Sextus Propertius: A Study of Creative Translation*, Austin: University of Texas Press, 1964.

Taam, Cheuk-Woon. "On Studies of Confucius", *Philosophy East and West*, Vol. 3, No. 2, 1953.

Taylor, Randal. *The Morals of Confucius*, London: Printed for Randal Taylor near Stationers-Hall, 1691.

Temple, Richard & T. Wade. "Political Lessons of Chinese History", *Transactions of the Royal Historical Society*, New Series, No. 1, 1883 – 1884.

Toury, Gideon. *Descriptive Translation Studies and Beyond*, Shanghai: Shanghai Foreign Language Education Press, 2001.

Tymoczko, Maria. *Enlarging Translation, Empowering Translators*, Manchester: St. Jerome, 2007.

Tymoczko, Maria. *Translation in a Postcolonial Context: Early Irish Literature in English Translation*, Manchester: St. Jerome Publishing, 1999.

Van Norden, Bryan W. *Confucius and the Analects: New Essays*, Oxford: Oxford University Press, 2002.

Venuti, Lawrence. *The Translator's Invisibility: A History of Translation*, Shanghai: Shanghai Foreign Language Education Press, 2004.

Wade, Thomas F. (trans.). *The Lun Yü; Being Utterances of Kung Tzǔ, Known to the Western World as Confucius*, London, 1869.

Waley, Arthur (trans.). *The Analects of Confucius*, London: George Allen & Unwin Ltd., 1938.

Waley, Arthur. "Our Debt to China", *Asiatic Review*, No. 36, 1940.

Waley, Arthur. "Notes on Translation", *The Atlantic Monthly*, No. 11, 1958.

Wang, Q. Edward. "The Analects of Confucius: A Literal Translation with an Introduction and Note. Trans. Chichung Huang; Kwong-loi Shun. Mencius and Early Chinese Thought", *Chinese Historians*, No. 11, 1996.

Ware, James R. (trans.). *The Best of Confucius*, New York: Halcyon House, 1950.

Ware, James R. (trans.). *The Sayings of Confucius*, New York: The New American Library of World Literature, Inc., 1955.

Ware, James R. "Notes on the History of the Wei Shu", *Journal of the American Oriental Society*, Vol. 52, No. 1, 1932.

Watson, Burton (trans.). *The Analects of Confucius*, New York: Columbia University Press, 2007.

Wu, John C. H. (Wu Ching-hsiung). "The Real Confucius", *T'ien Hsia*, Vol. 1, No. 1/2, 1935.

[法] 埃斯卡皮:《文学社会学》,王美华、于沛译,安徽文艺出版社1987年版。

[美] 安乐哲、罗思文:《〈论语〉的哲学诠释》,余瑾译,中国社会科

学出版社 2003 年版。

［美］安乐哲：《和而不同：比较哲学与中西会通》，温海明编，北京大学出版社 2002 年版。

［美］安乐哲：《全球化的本土化与文化传承——还中国哲学以本来面目》，汪泓译，载乐黛云、［法］李比雄《跨文化对话（18 辑）》，江苏人民出版社 2006 年版。

安作璋：《论语辞典》，上海古籍出版社 2004 年版。

［法］巴柔：《形象》，孟华译，载孟华《比较文学形象学》，北京大学出版社 2001 年版。

（汉）班固：《汉书》，赵一生点校，浙江古籍出版社 2000 年版。

包通法：《中国对外文化战略与中华典籍外译翻译批评范式研究》，载汪榕培、郭尚兴《典籍英译研究（第五辑）》，外语教学与研究出版社 2011 年版。

曹威：《英译〈论语〉的哲学诠释研究——20 世纪 70 年代后英语世界的〈论语〉研究》，博士学位论文，黑龙江大学，2010 年。

曹阳、刘占辉：《浅议中国文化走出去的现状和策略》，《中国报业》2012 年第 4 期。

陈国兴：《论安乐哲〈论语〉翻译的哲学思想》，《中国比较文学》2010 年第 1 期。

陈克培：《偏见与宽容，翻译与吸纳——理雅各的汉学研究与〈论语〉英译》，博士学位论文，上海师范大学，2006 年。

陈霞飞：《越过重洋的追悼——记在一个研究项目中与费正清教授的文字交往》，《近代史研究》1992 年第 2 期（a）。

陈霞飞：《中国海关密档：赫德、金登干函电汇编（1874—1907）（第四卷）》，中华书局 1992 年版（b）。

陈霞飞：《中国海关密档：赫德、金登干函电汇编（1874—1907）（第七卷）》，中华书局 1995 年版。

陈霞飞、蔡渭洲：《海关史话》，社会科学文献出版社 2012 年版。

陈旸：《〈论语〉三个英译本翻译研究的功能语言学探索》，《外语与外语教学》2009 年第 2 期。

陈勇、彭媛媛：《海外中国学研究的新收获——读〈美国中国学史研究〉》,《史学理论研究》2005年第1期。

陈友良、申连云:《当代翻译研究的后现代特征》,《外语与外语教学》2006年第2期。

成中英:《从本体诠释学看中西文化异同》,载汤一介、杜维明《百年中国哲学经典（80年代以来卷）》,海天出版社1998年版。

成中英:《创造和谐》,上海文艺出版社2002年版。

程钢:《理雅各与韦利〈论语〉译文体现的义理系统的比较分析》,《孔子研究》2002年第2期。

程焕文:《裘开明年谱》,广西师范大学出版社2008年版。

程静宇:《中国传统中和思想》,社会科学文献出版社2010年版。

程龙:《威妥玛〈文件自迩集〉浅析》,《中国文化研究》2012年春之卷。

程石泉:《论语读训》,上海古籍出版社2005年版。

程树德:《论语集释》,中华书局1990年版。

崔玉军:《陈荣捷与美国的中国哲学研究》,社会科学文献出版社2010年版。

戴一峰:《序言》,载詹庆华《全球化视野:中国海关洋员与中西文化传播（1854—1950年）》,中国海关出版社2008年版。

（清）戴震:《戴震全书（五）》,黄山书社1995年版。

邸爱英:《对汉字的痴迷对孔子的信仰——庞德的〈论语〉翻译》,《电子科技大学学报（社科版）》2009年第6期。

丁小英:《苏慧廉英译〈论语〉中宗教思想的体现——兼议理雅阁〈论语〉英译》,《宜宾学院学报》2009年第10期。

董方奎:《〈局外旁观论〉新议》,《华中师范大学学报（哲学社会科学版）》1993年第1期。

段峰:《深度描写、新历史主义及深度翻译——文化人类学视阈中的翻译研究》,《西华师范大学学报（哲学社会科学版）》2006年第2期。

方真:《后现代文化与当代中国社会》,《社会科学战线》2007年第2期。

[法]费赖之:《入华耶稣会士列传》,冯承钧译,商务印书馆1938

年版。
［美］费正清:《费正清对华回忆录》,陆惠勤等译,知识出版社 1991 年版。
［美］费正清:《费正清自传》,黎明等译,天津人民出版社 1993 年版。
［美］格尔茨:《文化的解释》,韩莉译,译林出版社 1999 年版。
［日］谷学:《全球论语(中英日对照本)》,上海译文出版社 2007 年版。
(清) 辜鸿铭:《辜鸿铭文集》,黄兴涛等译,海南出版社 1996 年版。
顾犇:《〈论语〉在海外的传播》,《北京图书馆馆刊》1999 年第 2 期。
顾颉刚:《古史辨自序(上)》,河北教育出版社 2000 年版。
管兵:《国家软实力、汉语热和孔子学院》,《武汉大学学报(哲学社会科学版)》2012 年第 3 期。
郭庆光:《传播学教程》,中国人民大学出版社 2011 年版。
郭尚兴:《论中国哲学典籍英译的目的与性质》,《语言教育》2013 年第 1 期。
［德］海德格尔:《存在与时间(修订译本)》,陈嘉映、王庆节译,生活·读书·新知三联书店 1999 年版。
韩星、韩秋宇:《儒家"君子"概念英译浅析——以理雅各、韦利英译〈论语〉为例》,《外语学刊》2016 年第 1 期。
［美］郝大维、安乐哲:《孔子哲学思微》,蒋弋为、李志林译,江苏人民出版社 1998 年版。
何刚强:《瑕瑜分明,得失可鉴——从 Arther Waley 的译本悟〈论语〉的英译之道》,《上海翻译》2005 年第 4 期。
何刚强:《文质颉颃,各领风骚——对〈论语〉两个海外著名英译本的技术评鉴》,《中国翻译》2007 年第 4 期。
何刚强:《笔译理论与技巧》,外语教学与研究出版社 2009 年版。
何明星:《莫言作品的世界影响地图》,《中国出版》2012 年第 21 期。
何晓夏、史静寰:《教会学校与中国教育近代化》,广东教育出版社 1996 年版。
贺翠香:《中国儒家的民主与宗教——访国际汉学家安乐哲》,《哲学动态》2002 年第 5 期。

贺麟:《严复的翻译》,载罗新璋、陈应年《翻译论集(修订本)》,商务印书馆 2009 年版。

[美] 亨廷顿:《文明的冲突与世界秩序的重建》,周琪等译,新华出版社 1998 年版。

洪汉鼎:《诠释学——它的历史和当代发展》,人民出版社 2001 年版。

侯林平、姜泗平:《我国近十年来译者主体性研究的回顾与反思》,《山东科技大学学报(社会科学版)》2006 年第 3 期。

胡庚申:《翻译适应选择论》,湖北教育出版社 2004 年版。

胡显耀、李力:《高级文学翻译》,外语教学与研究出版社 2009 年版。

胡优静:《英国 19 世纪的汉学史研究》,学苑出版社 2009 年版。

[德] 加达默尔:《哲学解释学》,夏镇平、宋建平译,上海译文出版社 2004 年版。

姜林祥:《儒学在国外的传播与影响》,齐鲁书社 2004 年版。

姜倩:《开辟译史研究的多维视角:简评皮姆的翻译多元因果论》,《复旦外国语言文学论丛》2008 年春季号。

姜倩:《翟氏父子〈论语〉英译本的得失评鉴》,《外语与翻译》2016 年第 2 期。

蒋洪新:《庞德的翻译理论研究》,《外国语》2001 年第 4 期。

蒋洪新、郑燕虹:《庞德与中国的情缘以及华人学者的庞德研究——庞德学术史研究》,《东吴学术》2011 年第 3 期。

(清) 焦循:《孟子正义》,沈文倬点校,中华书局 1987 年版。

金学勤:《〈论语〉英译之跨文化阐释——以理雅各、辜鸿铭为例》,四川大学出版社 2009 年版。

金学勤:《通俗简洁,瑕不掩瑜——评戴维·亨顿的〈论语〉和〈孟子〉英译》,《孔子研究》2010 年第 5 期。

老舍:《谈翻译》,载中国翻译工作者协会、《翻译通讯》编辑部《翻译研究论文集(1949—1983)》,外语教学与研究出版社 1984 年版。

(宋) 黎靖德:《朱子语类》,杨绳其、周娴君点校,岳麓书社 1997 年版。

李冰梅:《冲突与融合——阿瑟·韦利的文化身份与〈论语〉翻译研究》,博士学位论文,首都师范大学,2009 年。

李冰梅：《文学翻译新视野》，北京大学出版社 2011 年版。

李钢：《威妥玛〈论语〉译本介评》，《学术论坛》2011 年第 2 期。

李钢：《和而不同——历史文化视阈下的〈论语〉英译研究》，博士学位论文，湖南师范大学，2012 年（a）。

李钢：《森舸澜〈论语〉英译介评》，《名作欣赏》2012 年第 3 期（b）。

李珺平：《〈论语〉：孔子弟子博弈之成果——兼谈战国后期儒家八派之争及荀卿的态度》，《社会科学》2007 年第 10 期。

李特夫：《杜甫诗歌在英语世界的传播——20 世纪英语世界主要杜诗英译专集与英语专著解析》，《杜甫研究学刊》2012 年第 3 期。

李天辰：《〈论语〉英译体会点滴》，《外语教学》1999 年第 2 期。

李学勤：《国际汉学著作提要》，江西教育出版社 1996 年版。

李学勤：《论语注疏》，何晏注，邢昺疏，北京大学出版社 1999 年版。

李学勤：《礼记正义》，何晏注，邢昺疏，北京大学出版社 2000 年版。

李玉良、罗公利：《儒家思想在西方的翻译与传播》，中国社会科学出版社 2009 年版。

［英］李约瑟：《中国之科学与文明（第 2 册）》，台北商务印书馆 1973 年版。

［英］李约瑟：《中国科学技术史（第 5 卷第 7 分册）》，刘晓燕等译，科学出版社 2005 年版。

李泽厚：《论语今读》，生活·读书·新知三联书店 2004 年版。

李真：《以西音之法通中国之音——近代汉语拉丁化的历史》，《中国社会科学报》2011 年 11 月 10 日第 13 版。

梁漱溟：《东西文化及其哲学》，商务印书馆 1999 年版。

［美］列文森：《赵元任传》，焦立为译，河北教育出版社 2010 年版。

林煌天：《中国翻译词典》，湖北教育出版社 1997 年版。

林精华等：《文学经典化问题研究》，人民文学出版社 2010 年版。

林语堂：《论翻译》，载罗新璋、陈应年《翻译论集（修订本）》，商务印书馆 2009 年版。

（清）刘宝楠：《论语正义》，中华书局 1990 年版。

刘殿爵：《采掇英华：刘殿爵教授论著中译集》，《采掇英华》编辑委员会编译，香港中文大学出版社 2004 年版。

刘敬国：《中哲西传，一代宗师——陈荣捷先生的翻译事业》，《中国翻译》2012 年第 1 期。

刘敬国：《平实行文显"异质"，精彩阐释藏失误——雷蒙·道森〈论语〉英译本评析》，《英语研究》2014 年第 3 期。

刘敬国：《简洁平易，形神俱肖——华兹生〈论语〉英译本评鉴》，《天津外国语大学学报》2015 年第 1 期。

刘凌维：《翻译家理雅各》，《金陵神学志》1996 年第 4 期。

刘绍铭：《文学岂是东西》，辽宁教育出版社 1999 年版。

（汉）刘熙：《释名》，中华书局 1985 年版。

刘雪芹：《〈论语〉英译语境化探索——从译本之辅文本看到的风景》，博士学位论文，上海外国语大学，2011 年。

刘云虹：《复译重在超越与创新》，《中国图书评论》2005 年第 9 期。

刘重德：《〈论语〉两个英文译本的对比研究》，载刘重德《英汉语比较与翻译》，青岛出版社 1998 年版。

刘重德：《〈论语〉韦利英译本之研究——兼议里雅各、刘殿爵英译本》，《山东外语教学》2001 年第 2 期。

柳存仁：《百年来之英译〈论语〉其一——读西蒙·李（Simon Leys）新译〈论语〉》，载张立文《他乡有夫子——汉学研究导论（上）》，外语教学与研究出版社 2005 年版。

鲁迅：《鲁迅全集（第六卷）》，人民文学出版社 2005 年版。

吕俊：《翻译研究：从文本理论到权力话语》，《四川外语学院学报》2002 年第 1 期。

吕俊：《意识形态与翻译批评》，《外语与外语教学》2008 年第 2 期。

马旭、赵绮娣：《孔子学院：全球化视野中的中国文化传播》，《新闻界》2011 年第 2 期。

马祖毅：《中国翻译简史：五四以前部分（增订版）》，中国对外翻译出版公司 1998 年版。

马祖毅、任荣珍：《汉籍外译史（修订本）》，湖北教育出版社 2003 年版。

［美］迈哈内：《通往和谐之路——马克思主义、儒家与和谐概念》，载吕增奎《执政的转型：海外学者论中国共产党的建设》，中央编译

出版社 2011 年版。

梦海：《西方学者心目中孔子的思想与信念》，《社会科学战线》2011 年第 2 期。

潘文国：《译入与译出——谈中国译者从事汉籍英译的意义》，《中国翻译》2004 年第 2 期。

潘文国：《中籍外译，此其时也——关于中译外问题的宏观思考》，《杭州师范学院学报》2007 年第 6 期。

钱穆：《论语新解》，九州出版社 2011 年版。

钱钟书：《钱钟书散文》，浙江文艺出版社 1997 年版。

秦宝琦：《五千年中外文化交流史（第四卷）》，福建人民出版社 2000 年版。

秦英君：《科学乎，人文乎：中国近代以来文化取向之两难》，河南大学出版社 2005 年版。

容新芳：《论 I. A. 理查兹〈美学基础〉中的中庸思想》，《外国文学评论》2009 年第 1 期。

儒风：《〈论语〉的文化翻译策略研究》，《中国翻译》2008 年第 5 期。

［美］芮玛丽：《同治中兴：中国保守主义的最后抵抗》，房德邻等译，中国社会科学出版社 2002 年版。

［美］萨义德：《东方学》，王宇根译，生活·读书·新知三联书店 2000 年版。

尚延延：《〈论语〉马士曼英译本中副文本与正文本的意义关系探索》，《中国海洋大学学报（社会科学版）》2016 年第 6 期。

沈弘、郭晖：《最早的汉译英诗应是弥尔顿的〈论失明〉》，《国外文学》2005 年第 2 期。

［美］史景迁：《中国纵横——一个汉学家的学术探索之旅》，夏俊霞等译，上海远东出版社 2005 年版。

（汉）司马迁：《史记》，中华书局 1959 年版。

孙修福：《中国近代海关史大事记》，中国海关出版社 2005 年版。

孙越生、李明德：《世界中国学家名录》，社会科学文献出版社 1994 年版。

［法］索安：《西方道教研究编年史》，吕鹏志等译，中华书局 2002

年版。

谭文介:《〈论语〉名言翻译初探》,《湖南大学学报(社会科学版)》1988年第2期。

汤文华:《符际翻译视角下蔡志忠〈论语〉漫画研究》,《济宁学院学报》2014年第6期。

陶友兰:《译注结合,读者至上——David H. Li 的〈论语〉英译本特色扫描》,《外语与翻译》2014年第4期。

[美]特威切尔:《庞德的〈华夏集〉和意象派诗》,张子清译,《外国文学评论》1992年第1期。

童庆炳:《文学理论要略》,人民文学出版社1998年版。

屠国元、李静:《欲望化他者与言说自我——清末明初拜伦形象本土化中的译者主体身份检视》,《中国翻译》2012年第5期。

屠国元,许雷:《译在家国之外——黄继忠〈论语〉英译的策略选择》,《中南大学学报(社会科学版)》2013年第4期。

王承礼:《辽金契丹女真史译文集》,吉林文史出版社1990年版。

王东波:《〈论语〉英译比较研究——以理雅各译本与辜鸿铭译本为案例》,博士学位论文,山东大学,2008年(a)。

王东波:《〈论语〉英译的缘起与发展》,《孔子研究》2008年第4期(b)。

王宏:《中国典籍英译:成绩、问题与对策》,《外语教学理论与实践》2012年第3期。

王宏印:《中国文化典籍英译》,外语教学与研究出版社2009年版。

王辉:《〈论语〉中基本概念词的英译》,《深圳大学学报(人文社会科学版)》2001年第5期。

王辉:《理雅各与〈中国经典〉》,《中国翻译》2003年第2期。

王建开:《翻译史研究的史料拓展:意义与方法》,《上海翻译》2007年第2期。

王建平、曾华:《美国战后中国学》,东北大学出版社2003年版。

王克非:《翻译文化史论》,上海外语教育出版社1997年版。

王淼:《论中国哲学典籍英译译者的跨文化传播能力》,《长春大学学报》2012年第9期。

王世舜：《庄子注译》，齐鲁书社2009年版。

王先谦：《荀子集解（上册）》，中华书局1988年版。

王琰：《国内外〈论语〉英译研究比较》，《外语研究》2010年第2期（a）。

王琰：《〈论语〉英译与西方汉学的当代发展》，《中国翻译》2010年第3期（b）。

王琰：《汉学视域中的〈论语〉英译研究》，上海外语教育出版社2012年版。

王勇：《E·斯林格伦德〈论语〉译本介评》，《中国科技翻译》2007年第1期。

王勇：《〈论语〉英译简史》，《潍坊学院学报》2011年第5期（a）。

王勇：《〈论语〉英译的转喻视角研究（英文版）》，上海交通大学出版社2011年版（b）。

王悦晨：《一场由翻译触发的社会运动：从马礼逊的圣经翻译到太平天国》，《中国翻译》2013年第3期。

[英]威妥玛：《威妥玛新议略论》，载《续修四库全书》编纂委员会《续修四库全书（同治卷四十）》，上海古籍出版社2002年版。

[美]韦努蒂：《〈翻译再思〉前言》，吴兆朋译，载陈德鸿、张南峰《西方翻译理论精选》，香港城市大学出版社2000年版。

[英]维特根斯坦：《逻辑哲学论》，郭英译，商务印书馆1985年版。

魏家海：《诗学、意识形态、赞助人与伯顿·沃森英译中国经典》，《合肥工业大学学报（社会科学版）》2009年第3期。

魏望东：《跨世纪〈论语〉三译本的多视角研究：从理雅各、庞德到斯林哲兰德——兼议典籍复译的必要性》，《中国翻译》2005年第3期。

魏望东：《刘殿爵的〈论语〉翻译策略》，《当代外语研究》2013年第6期。

巫宁坤：《记一位久被遗忘的文学翻译家——纪念黄继忠教授逝世四周年》，《文汇读书周报》2005年9月2日。

吴赟：《中国当代文学译介伦理探讨——以白睿文、陈毓贤英译〈长恨歌〉为例》，《中国翻译》2012年第3期。

吴志杰：《和合翻译研究刍议》，《中国翻译》2011年第4期。

肖丽：《副文本之于翻译研究的意义》，《上海翻译》2011年第4期。

谢天振：《译介学》，上海外语教育出版社2003年版。

熊文华：《英国汉学史》，学苑出版社2007年版。

徐志刚：《论语通译》，人民文学出版社1997年版。

许钧：《翻译研究之用及其可能的出路》，《中国翻译》2012年第1期。

许雷、屠国元、曹剑：《后现代语境下跨文化传播的"图像转向"——蔡志忠漫画中英文版〈论语〉的启示》，《贵州大学学报（社会科学版）》2010年第2版。

（汉）许慎、（清）段玉裁：《说文解字注》，上海古籍出版社1988年版。

许渊冲：《汉英对照论语》，高等教育出版社2005年版。

阎纯德：《汉学历史和学术形态（序二）》，载胡优静《英国19世纪的汉学史研究》，学苑出版社2009年版。

阎振瀛：《理雅各氏英译论语之研究》，台湾商务印书馆1971年版。

杨伯峻：《春秋左传注（修订本）》，中华书局1990年版。

杨伯峻：《论语译注》，中华书局2009年版。

杨联升：《中国制度史研究》，彭刚、程钢译，江苏人民出版社1998年版。

杨平：《〈论语〉英译的概述与评析》，《浙江教育学院学报》2009年第5期。

杨平：《中西文化交流视域下的〈论语〉英译研究》，光明日报出版社2011年版。

杨平：《论中国哲学的翻译》，《外国语》2012年第6期。

杨晓荣：《翻译批评导论》，中国对外翻译出版公司2005年版。

姚梅琳：《中国海关史话》，中国海关出版社2005年版。

[英]伊格尔顿：《后现代主义的幻象》，华明译，商务印书馆2000年版。

佘凤翥：《科学技术理性是人类文明进步的阶梯——后现代主义思潮述评》，《科技管理研究》2009年第5期。

余英时：《〈论语〉只能"冷读"，不能"热读"》，《新京报》2007年7月7日第C11版。

岳峰：《架设东西方的桥梁——英国汉学家理雅各研究》，博士学位论文，福建师范大学，2003年。

詹庆华：《全球化视野：中国海关洋员与中西文化传播（1854—1950年）》，中国海关出版社2008年版。

张春柏：《翻译批评的一种语言学模式——简评〈翻译批评——其潜能与局限〉》，《上海科技翻译》2001年第2期。

张德福：《起笔质直求真 文成瑕瑜互见——赖发洛〈论语〉英译本研究》，《复旦外国语言文学论丛》2012年秋季号。

张德福：《魏鲁男〈论语〉英译本之大醇小疵》，《上海翻译》2015年第4期。

张德福：《威妥玛与〈论语〉翻译》，《外语研究》2016年第1期。

张德福：《森舸澜〈论语〉英译本的"丰厚翻译"》，《外语学刊》2017年第5期。

张德福：《语义显明，交际见效——亨顿〈论语〉英译本鉴评》，《复旦外国语言文学论丛》2017年秋季号。

张德福：《孔子思想与西方教育的新探索——〈孔子、《论语》与西方教育〉介评》，《国际汉学》2018年第4期。

张广志：《走进中国海关博物馆》，中国海关出版社2012年版。

张佩瑶：《从"软实力"的角度自我剖析〈中国翻译话语英译选集（上册）：从最早期到佛典翻译〉的选、译、评、注》，《中国翻译》2007年第6期。

张玮瑛等：《燕京大学史稿》，人民中国出版社1999年版。

张西平：《中国与欧洲早期宗教和哲学交流史》，东方出版社2001年版。

张西平：《树立文化自觉，推进海外汉学（中国学）的研究》，《学术研究》2007年第5期（a）。

张西平：《西方汉学研究导论》，载阎纯德《汉学研究》（第十集），学苑出版社2007年版（b）。

张晓雪：《译笔带批判锋芒，阐述现宗教偏见——高大卫〈论语〉英译本特色评析》，《上海翻译》2014年第1期。

［日］长泽规矩也：《中国版本目录学书籍解题》，书目文献出版社1990

年版。

（清）赵尔巽等：《续修四库全书（297）（史部·正史类）》，《续修四库全书》编纂委员编，上海古籍出版社 2002 年版。

赵润生、赵树好：《威妥玛与 1870—1880 年中英教案初探》，《聊城师范学院学报（哲学社会科学版）》1996 年第 1 期。

赵彦春：《翻译学归结论》，上海外语教育出版社 2005 年版。

赵勇：《"深度翻译"与意义阐释：以梭罗〈瓦尔登湖〉的典故翻译为例》，《外语与外语教学》2010 年第 2 期。

甄春亮：《理雅各翻译的论语》，载于德全、张旭《高校外语教学与研究（第一辑）》，吉林人民出版社 2005 年版。

郑海凌：《文学翻译学》，文心出版社 2000 年版。

郑志民等：《英国剑桥大学威妥玛中文特藏》，《江苏图书馆学报》1992 年第 2 期。

中共中央马克思、恩格斯、列宁、斯大林著作编译局：《马克思恩格斯全集》，人民出版社 1972 年版。

中国社会科学院近代史研究所、中华民国史研究室：《中华民国史资料丛稿大事记（第四辑）》，中华书局 1976 年版。

中国社会科学院情报研究所：《美国中国学手册》，中国社会科学出版社 1981 年版。

钟玲：《美国诗与中国梦》，广西大学出版社 2003 年版。

钟叔河：《走向世界——近代中国知识分子考察西方的历史》，中华书局 1985 年版。

钟兆云：《解读辜鸿铭》，《书屋》2002 年第 10 期。

周发祥：《西人读孔今犹新》，载阎纯德《汉学研究》，中华书局 2004 年版。

周少连、吴汉祥：《凤凰文史资料（第 3 辑）》，中国文史出版社 1990 年版。

周一良：《周一良集（第 5 卷）》，辽宁教育出版社 1998 年版。

朱仁夫等：《儒学国际传播》，中国社会科学出版社 2004 年版。

（宋）朱熹：《四书章句集注》，中华书局 1983 年版。

朱政惠：《美国中国学史研究——海外中国学探索的理论与实践》，上海古籍出版社2004年版。

卓振英、李贵苍:《典籍英译中的逻辑调适》,《中国翻译》2011年第4期。

本书《论语》英语全译本列表

初版时间	译本	译者	出版机构	备注
1828	The Lun Yu (Dialogues)	David Collie	The Mission Press	*The Chinese Classical Work Commonly Called The Four Books* 之一部分
1861	Confucian Analects	James Legge	The London Missionary Society's Printing Office	*The Chinese Classics*（Vol. I）之一部分、汉英对照
1869	The Lun Yü; Being Utterances of Kung Tzǔ, Known to the Western World as Confucius	Thomas F. Wade		非公开出版
1895	The Confucian Analects: A Translation, with Annotations and an Introduction	William Jennings	George Routledge and Sons	
1898	The Discourses and Sayings of Confucius: A New Special Translation, Illustrated with Quotations from Goethe and Other Writers	Ku Hung-ming	Kelly and Walsh, Limited	
1909	The Sayings of Confucius	Leonard A. Lyall	Longmans, Green and Co. Ltd.	
1910	The Analects of Confucius	William E. Soothill	The Fukuin Printing Company, Ld.	汉英对照

续表

初版时间	译本	译者	出版机构	备注
1938	*The Analects of Confucius*	Arthur D. Waley	George Allen & Unwin Ltd.	
1948	The Analects of Confucius	Cheng Lin	The World Publishers	*The Four Books, Confucian Classics* 之一部分
1951	*Analects*	Ezra Pound	New Directions Publishing Corporation	
1955	*The Sayings of Confucius: Teachings of China's Greatest Sage*	James R. Ware	New American Library	
1965	The Confucian Analects, or Lun Yü	Ch'u Chai & Winberg Chai	Bantam Books, Inc.	*The Humanist Way in Ancient China: Essential Works of Confucianism* 之一部分
1979	*The Analects*（Lun yü）	Din Cheuk Lau	Penguin Books Ltd	
1986	*The Confucian Analects: A New Translation of the Corrected Text of Lun Yu*	Shih-chuan Chen	Li Ming Cultural Enterprise Co. Ltd.	
1991	*The Confucian Bible, Book 1 Analects: The Non-Theocentric Code for Concerned Human Beings*	John B. Khu, Vicente B. K. Khu, William B. S. Khu & Jose B. K. Khu	Granhill Corporation	英汉（附现代汉语译文）对照
1993	*The Analects*	Raymond S. Dawson	Oxford University Press	
1997	*The Analects of Confucius*	Simon Leys	W. W. Norton & Company	

续表

初版时间	译本	译者	出版机构	备注
1997	The Analects of Confucius: A Literal Translation with an Introduction and Notes	Chichung Huang	Oxford University Press Inc.	
1997	The Analects of Confucius: A Standard English Version with a Chinese Study Text	Jack J. Cai & Emma Yu	Americd-rom Publishing Company	英汉（附现代汉语拼音）对照
1997—1998	The Complete Analects of Confucius	Adam Sia	Asiapac Books	汉（附现代汉语译文）英对照漫画译本
1998	The Analects	David Hinton	Counterpoint Press	
1998	The Analects of Confucius: A Philosophical Translation	Roger T. Ames & Henry Rosemont, Jr.	The Ballantine Publishing Group	汉英对照
1998	The Original Analects: Sayings of Confucius and His Successors	E. Bruce Brooks & A. Taeko Brooks	Columbia University Press	
1999	Analects of Confucius: A New-Millennium Bilingual Edition	David H. Li	Premier Publishing Company	汉英对照
2003	Confucius: Analects	Edward G. Slingerland	Hackett Publishing Company, Inc.	
2005	The Analectsof Confucius: Deeds and Sayings of the Master Teacher	Charles F. Horne	Kessinger Publishing	
2005	Confucius Modernized: Thus Spoke the Master	X. Y. Z. (Xu Yuanchong)	Higher Education Press	汉英对照
2007	The Analects of Confucius	Burton Watson	Columbia University Press	

续表

初版时间	译本	译者	出版机构	备注
2007	*The Global Lun Yu*	Manabu Tani	Shanghai Translation Publishing House	中英日对照
2011	*CONFUCIUS: Discussions/Conversations, or The Analects [Lun-yu]*	David R. Schiller	Saga Virtual Publishers	
2011	*Neutrosophic Interpretation of the Analects of Confucius*	Florentin Smarandache & Fu Yuhua	Zip Publishing	英汉双语
2014	*The Analects*	Annping Chin	Penguin Group	附汉语原文
2015	*The Analects of Confucius*	Robert Eno		在线教学译本
2016	*Confucius Analects: A Western Interpretation*	Len Losik	SanLen Publishing	
2016	*The Analects of Confucius*	Andrea Gouveia	Createspace Independent Publishing Platform	
2016	*The Analects of Confucius Revisited*	Jianguo Chen & Chungmin Tu	Nishan Press, Inc.	汉英对照
2017	*Understanding the Analects of Confucius: New Translation of Lunyu with Annotations*	Peimin Ni	State University of New York Press	汉英对照
2017	*The Analects of Confucius*	The Editorial Board	Confucius Publishing Co. Ltd.	中英对照电子书
2018	*The Analects of Confucius*	A. Charles Muller		在线最新译本

本书《论语》英译者人名索引

A

阿连壁(Clement Francis Romilly Allen, 1844—1920) 23
安乐哲(Roger Thomas Ames, 1847—) 5,9,10,12,96,123,130-137,145, 153,161,163,186,193,195,208, 213,214,216,225,235,238-240

B

巴纳德(L. E. Barnard) 22
白妙子(A. Taeko Brooks) 8,9,123, 133,137-142,153,155,161,183, 184,193,205,208,213,214,219, 235,238
白牧之(E. Bruce Brooks,1936—) 8,9, 123,128,133,137-142,153,155, 161,183,184,193,205,208,213, 214,219,235,238
柏啸虎(Brian J. Bruya) 154,155
柏应理(Philippe Couplet,1623—1693) 2,22,130
波特(William Sumner Appleton Pott, 1893—1967) 62

C

陈建国(Jianguo Chen) 156
陈荣捷(Wing-Tsit Chan,1901—1994) 97,145,153,216
程石泉(Shih-chuan Chen,1909—2005) 89,94,96,97,122,153

D

道森(Raymond Stanley Dawson,1923—2002) 9,10,61,123-126,148, 153,163,208,213,214,235,238-240
德布林(Alfred Döblin,1878—1957) 62
杜钟敏(Chungmin Tu) 156

E

厄普沃德(George Allen Upward,1863—1926) 62

F

福赛特(Lawrence William Faucett, 1892—1978) 98
傅昱华(Fu Yuhua) 156

G

高大卫（David Collie,? —1828） 3,17, 18,54,153,233

格林利斯（Duncan Greenlees, 1899—1966） 62

辜鸿铭（Ku Hung-ming, 1857—1928） 6,7,11,19,25,53,60,61,64,65, 69,87,147

古维亚（Andrea Gouveia） 156

谷学（Manabu Tani,1948—） 156

H

亨顿（David Hinton, 1954—） 10,24, 83,123,153,157,158,162 - 164, 168,169,172,174 - 177,179,191, 207,208,213,214,224,235,238

花之安（Ernst Faber,1839—1899） 22

华兹生（Burton Watson,1925—2017） 123,141 - 143,153,193,209,213, 214,235,238

霍恩（Charles Francis Horne, 1870—1942） 22,156

J

贾德讷（Daniel K. Gardner） 123,154, 155,209

金安平（Annping Chin, 1950—） 123, 146,151,209

K

考克斯（E. A. Cox） 62

柯立瑞（Thomas F. Cleary, 1949—） 123,154,155,209

L

赖发洛（Leonard Arthur Lyall, 1867—1940） 20,55,59,63 - 70,72,74, 78,83,86 - 88,164,206,212,214, 218,220,224,234,237,239,240

李祥甫（David Hsiang-fu Li, 1928—） 85,123,146,150,209

理雅各（James Legge,1815—1897） 4 - 8,10 - 12,14,17,19 - 23,25,51, 53,54,58,60 - 62,64,68,69,74, 79,81,83,87,92,105,121,125, 130,133,145,147,148,153,156, 164,193,202,206,222,233,234

利斯（Simon Leys, 1935—2014） 5,9, 10,59,123,125 - 130,143,153, 161,163,186,208,213,214,225, 226,235,236,238 - 240

林语堂（Lin Yutang,1895—1976） 11, 217,227

刘殿爵（Din Cheuk Lau,1921—2010） 4,5,8 - 10,12,14,81,89,94 - 96, 122,125,127,133,145,148,163, 191,235

罗思文（Henry Rosemont, Jr., 1934—2017） 9,10,12,123,130 - 137, 153,154,161,163,186,193,195, 208,213,214,225,235,238 - 240

洛赛克（Len Losik） 156

M

马德五（Tom Te-Wu Ma, 1932—）

154,155

马士曼(Joshua Marshman,1768—1837) 3,5,17,153,233

梅贻宝(Yi-pao Mei,1900—1997) 97

穆勒(A. Charles Muller, 1953—) 156,157

N

倪培民(Peimin Ni,1954—) 123,146,152,209

P

庞德(Ezra Weston Loomis Pound,1885—1972) 4,5,12,21,89-94,122,153,182,212,214,234,237,239

Q

丘文郊(Vicente B. K. Khu) 146
丘文明(John B. Khu) 146
丘文祁(Jose B. K. Khu) 146
丘文星(William B. S. Khu) 146

S

萨德勒(Arthur Lindsay Sadler,1882—1970) 62

森舸澜(Edward Gilman Slingerland) 10,12,123,145,153,179-187,189,192,195,200,201,203,205-207,209,213,214,218,219,224,235,238,239

司马仁达齐(Florentin Smarandache,1954—) 156

苏慧廉(William E. Soothill,1861—1935) 8,11,14,20,55,58-60,88,233

T

泰勒(Randal Taylor) 2

W

威妥玛(Thomas Francis Wade, 1818-1895) 4,14,17,23-30,38-41,48,51-54,59,61,88,95,121,185,212,213,218,220,224,233,234,237,239,240

韦利(Arthur David Waley,1889—1966) 4-6,8,9,11,12,55-59,72,74,88,93,105,121,125,127,133,138,143,145,147,148,153,191,193,206,208,212,214,234,237,239,240

魏鲁男(James Roland Ware, 1901—1993) 81,82,88,89,98-104,108-110,114,118,121,122,148,182,206,212,214,218,224,234,237,239,240

吴明珠(Goh Beng Choo,1952—) 97

X

希勒(David R. Schiller) 14,123,143-146,209,213,214,235,236,238,239

谢德怡(Tehyi Hsieh,1884—1972) 63

谢维万(Adam Sia) 123,146,149,150,209

修中诚(Ernest Richard Hughes,1883—1956) 11,62

许渊冲(Xu Yuanchong,1921—) 51,
　　106,110,111,118,120,166-168

Y

伊诺(Robert Eno) 156
殷铎泽(Prospero Intorcetta,1626—1696)
　　2,22

Z

翟楚(Ch'u Chai) 89,94

翟林奈(Lionel Giles,1875—1958) 11,
　　53,55,60,61,68,88,233
翟文伯(Winberg Chai,1932—) 89,94
詹宁斯(William Jennings,1847—1927)
　　17,20-22,53,54,61,92,156,233
郑麐(Cheng Lin) 62

后　　记

　　本书是在笔者博士论文基础上增订完善而成的。毕业前夕，论文作为复旦大学外文学院2014年度三篇博士论文（英、俄、韩语种各一）之一被学院推荐申报学校"复旦博学文库"，因考虑到研究成果有待改善、校订时间有限等因素，我当时虽犹豫再三还是主动放弃了这一宝贵的机会。

　　毕业后，我继续行走在《论语》英译研究之路。通过努力，本书相关研究成果以系列汉学家《论语》英译研究论文的形式，先后发表于《上海翻译》《外语研究》《外语学刊》等学术期刊，不仅助力我典籍翻译研究，也让书中有关研究内容更为严谨而充实，在此对相关期刊及编辑老师深表谢忱。本书相关研究先后获得全国高校外语教学科研项目、江苏省社会科学基金项目等资助并得以出版，这里再次表示感谢。在本书即将付梓之际，回想我在复旦大学的读博经历，三年难得可贵的求学时光历历在目，再次谨向指导、帮助以及鼓励过自己的诸多师长和朋友表示诚挚的感谢。

　　首先我要特别感谢我的导师何刚强教授。读博期间，何老师广博精深的学识、严谨治学的精神以及平易近人的风范都令我感受至深，帮助自己不断进步，必将受益一生。回想入学之初，我有幸参加何老师主持的有关《论语》翻译研究的复旦大学"985工程"三期整体推进项目（以及后来于2013年立项的上海市哲学社会科学规划课题），虽然当时诚惶诚恐，深忧难以胜任，但先生的热心鼓励与积极引导让我逐渐树立信心和决心，并进而以此选定后来的研究目标。从毕业论文的选题、构思、开题直至最终的撰写，何老师一直循循善诱，尤其是深邃的思想和睿智的话语时而令我醒悟，并从论文题目、研究思路乃至文字的推敲都进行了高屋建瓴的悉心指导，使论文的顺利脱稿成为可能，也为自己将来的学术研究打下坚实基础。本书撰写完成后，何老师拨冗作序更让我感动不已。

感谢王建开教授、汪洪章教授、陶友兰教授和孙靖博士。诸位老师博学多识，见解犀利而深刻，在论文开题和预答辩过程中提出了十分宝贵的建设性意见和建议，令我茅塞顿开，也让论文能够不断得以改进与完善。感谢张春柏教授、彭青龙教授、邵志洪教授、孙建教授、王宏印教授、王宏志教授、熊学亮教授、周领顺教授等诸位先生。从他们身上让我看到非凡的学者风范，在请教和交流中获得思想的灵感，远见卓识的话语启迪我进一步的学术探索与思考。

感谢复旦大学各位同门师友，与他们的交流和讨论轻松愉快，让我从中受益良多，特别是翻译研究团队的共同经历让自己的求学生涯更加充实，增添了一抹别样的色彩，其间的深情厚谊难以忘怀。感谢朝夕相伴的博士生学友，生活上的彼此关心和照顾，学业上的相互鼓励和切磋，令我较为单调的求学之途充满友爱和快乐，留下了美好的记忆。

感谢江苏理工学院外国语学院的领导和同事，他们的支持和帮助让我能够致力于学术研究。感谢复旦大学图书馆馆员老师的热情服务，让阅览室紧张学习的氛围多了一丝温馨，特别感谢席永春老师为我查询论文研究所需资料而提供的热心帮助。感谢中国社会科学出版社，尤其感谢刘艳女士认真负责的编辑工作。

最后还要感谢的是我的家人，特别是父母、妻子和姐妹长期以来的理解与支持，成为自己不断前行的重要动力，必将激励自己在漫漫学术之路继续求索。

张德福
2018 年 8 月 16 日